# 汉语水平步步高

## 名词与形容词


主　编　陆庆和　黄　兴

编写者　吉　旭　陆庆和　郁　梅
　　　　李亚娟　华晴岚　何小静
　　　　黄晓晔

苏州大学出版社
Suzhou University Press

**图书在版编目(CIP)数据**

汉语水平步步高．名词与形容词／陆庆和，黄兴主编．苏州：苏州大学出版社，2009.6
ISBN 978-7-81137-251-9

Ⅰ．汉…　Ⅱ．①陆…②黄…　Ⅲ．①汉语-名词-对外汉语教学-教学参考资料②汉语-形容词-对外汉语教学-教学参考资料　Ⅳ．H195.4

中国版本图书馆 CIP 数据核字(2009)第 096053 号

汉语水平步步高
**名词与形容词**
陆庆和　黄　兴　主编
责任编辑　周　敏

苏州大学出版社出版发行
(地址:苏州市干将东路 200 号　邮编:215021)
南京市溧水秦源印务有限公司印装
(地址:南京市溧水县开发区溧淳路　邮编:211200)

开本 787×1092　1/16　印张 19　字数 472 千
2009 年 6 月第 1 版　2009 年 6 月第 1 次印刷
ISBN 978-7-81137-251-9　定价:34.00 元

苏州大学版图书若有印装错误，本社负责调换
苏州大学出版社营销部　电话:0512-67258835
苏州大学出版社网址 http://www.sudapress.com

# 编者的话

当前，随着我国国际地位的提升，学习汉语的外国人越来越多。形势喜人也逼人。这一形势向从事对外汉语教学的教师提出了新的挑战——如何让外国人更快更好地学习和掌握汉语的语法与词汇知识。

长期处于教学第一线的教师们不难发现这样的事实：汉语的句法和词法方面的知识，特别是其中的重点与难点，都不是教一两次就能让外国学生掌握的，有的难点，教师反复强调多次，一些学生还是会出现这样或那样的问题。

于是，很多教师都希望能有这样一套讲练结合的参考书：将汉语的句法与词法知识系统化、细化，将其中的内容，特别是对学生来说较难掌握的部分按照由浅入深、由易到难的原则，有计划、分层次、螺旋式地复现，不仅如此，还应针对汉语中的难点与重点，让学生反复进行操练，让学生在练习中不断提升自己。

另外，外国学生在学习汉语的过程中，经常会提出这样一些问题："我吃饭了"和"我把饭吃了"有什么不同？"我不习惯"和"我还没习惯"有什么不同？"想不起来"和"想不出来"有什么不同？"漂亮"和"美丽"有什么不同？"时间"和"时候""时光"有什么不同？"省得""免得"和"以免"是否用法完全一样？简言之，随着学习的深入，外国学生对意义和形式相似或相关的句式、结构、词语的区别越来越关注。这些确实是汉语学习的重点和难点。他们期待着教师能把这类疑团一个个辨析清楚，但是，有的问题并不是一下子能够讲清楚的，或者很难讲清楚。对很多刚刚踏上这一教学岗位的年轻教师来说，更是如此。本丛书的主编曾以考官的身份参加过几次出国汉语教师及志愿者的选拔考试工作，发现很多综合素质很好的年轻教师对这类辨析问题的回答很不尽如人意。

《汉语水平步步高》就是为了满足广大对外汉语教师的上述需要，同时也是为了满足那些已有一定汉语基础、有较高自学能力的汉语学习者的需要而编写的讲解与练习相结合的大型汉语学习丛书。该丛书由三十位作者参与，从策划、编写、修改到定稿，历经三年。编写者大多是苏州大学长期从事对外汉语教学的教师，也有对外汉语教学方向的一些研究生。在编写过程中，我们一方面参考了目前已有的对对外汉语教学有直接指导意义的专著及论文;另一方面,书中的不少分析与说明,都是编者们自己通过对语料的调查分析得出的,对已有的研究成果作了必要的补充,有些结论是编者们的新发现。

《汉语水平步步高》分八册:《句型与句式》《名词与形容词》《动词　助动词》《副词》《介词　代词》《助词》《句子成分》《关联词语　量词》。

上述八个分册的内容参考基础、初中级《中国汉语水平考试大纲》和《高等学校外国留学生汉语教学大纲》(长期进修)几个大纲加以编排,换句话说,这几个大纲中有关句型与句式、语法成分、短语(主要是动补短语)、常用实词或虚词中的重点难点等内容,这八册基本上都涵盖了。这些内容是根据难易程度的不同和水平的高低加以编排的。第一单元的讲练内容一般都是针对初级较低水平的学生的,凡是学过250个学时(45分钟一学时)汉语的学生可以先通过学习这一部分内容复习所学的知识(句式或词汇的),打好基础。第二单元的内容一般是针对初级中水平较高的学生的,同时也往往是该学习阶段的重点和难点。学生如果学习并掌握了第二单元的内容,就可由初级水平向中级水平迈进。第三单元和第四单元所讲的内容,是中级偏高到高级的水平,因此例句与练习都有一定的难度。

有些较难学习的语法点或词语,一般会在几个单元中反复出现,多次练习,为的是让学生在不同层次的上下文中多次理解与把握它们,使他们学得更加扎实和深入。

本丛书每一册前面都阐述该册总的内容,句式或词类的语法功能和特点,编写的体例与使用方法。希望读者们能够认真阅读这一部分的内容,以便更好地使用它们。

本丛书是编者们在承担繁重的教学任务的同时经过长期的艰苦努力编写而成的,有许多分析也是前人未做过的,因而出现疏漏与错误在所难免。不足之处,请专家与学者多提宝贵意见。

本丛书能够编写完成,首先要感谢华东师范大学国际汉语教师研修基地执行副主任张建民教授对本书编写指导思想的充分肯定、鼓励与指导。本丛书的顺利出版,离不开苏州大学海外教育学院黄兴院长的积极参与与鼓励,离不开苏州大学出版社高敏社长的大力支持与帮助,在此一并对他们致以诚挚的谢意。

# 目录


总说 …………………………………………………………………………………… (1)


## · 第一单元 ·


前编　名词

第一课　名词的语法特点 ……………………………………………………… (3)

第二课　特殊名词 …………………………………………………………… (6)

第三课　天天、每天　时间、时候、时　气味、味道 ……………………… (9)

第四课　年纪、年龄、岁数　天气、气候 ………………………………… (17)

第五课　价格、价钱、价值　从前、以前 ………………………………… (22)

第六课　以后、后来、然后(连) ………………………………………… (27)

后编　形容词

第一课　形容词的语法特点……………………………………………… (31)

第二课　形容词作状语和补语…………………………………………… (35)

第三课　冷、凉　冰凉、冰冷　暖和、温暖 ……………………………… (38)

第四课　用功、努力　简单、容易　高兴、愉快………………………… (45)

第五课　重、沉、沉重　热情、热心 ……………………………………… (52)

单元练习…………………………………………………………………… (57)


## · 第二单元 ·


前编　名词

第一课　时代、时期、……期　才能、能力、才干………………………… (65)

第二课　成绩、成就、成果　风景、景色、风光………………………… (71)

第三课　材料、资料　技能、技巧、技术　标记、标志、记号 …………………… (75)
第四课　后、之后、以后　前、之前、以前　全部、全体 …………………… (80)
第五课　力气、力量　希望、愿望　时候、时机、时光 …………………… (88)
第六课　平常、平时、日常　头脑、脑袋、脑子、脑筋 …………………… (96)
后编　形容词
第一课　有名、著名、闻名　伟大、巨大、宏大 …………………… (103)
第二课　优美、美丽、漂亮、好看 …………………… (108)
第三课　有趣、有意思　合适、适合 …………………… (112)
第四课　一般、普通　本来、原来 …………………… (116)
第五课　严格、严肃、严厉　舒服、舒适 …………………… (121)
第六课　整齐、整洁　正确、准确 …………………… (127)
单元练习 …………………… (133)


## ·第三单元·


前编　名词
第一课　房子、屋子、房间、房屋　活动、运动 …………………… (142)
第二课　表情、脸色、神色　办法、方法、方式、法子、点子 …………………… (148)
第三课　部分、局部　差别、区别、分别、差异 …………………… (154)
第四课　规定、规则、规矩、规范　后果、结果 …………………… (159)
第五课　左右、前后、上下　中间、中央、中心 …………………… (165)
第六课　根本、基本　目标、目的 …………………… (171)
后编　形容词
第一课　优良、优秀、优异　亲切、亲热、亲爱 …………………… (177)
第二课　充分、充足、充沛　大量、大批 …………………… (182)
第三课　活泼、活跃　坚固、牢固　坚定、坚决 …………………… (187)
第四课　宝贵、可贵、珍贵、贵重　和蔼、和气、温柔、温和 …………………… (193)
第五课　灵活、灵敏、敏捷、灵巧　激烈、热烈、猛烈、剧烈 …………………… (199)
第六课　虚心、谦虚　谨慎、小心 …………………… (205)
单元练习 …………………… (210)


## ·第四单元·


前编　名词
第一课　风俗、习惯　动作、举动、行动、行为 …………………… (217)
第二课　场合、场所　地方、地点、地区 …………………… (223)

第三课　机会、时机、机遇　感觉、感受……………………………………………………（228）
第四课　作用、用处、用途　风气、风尚……………………………………………………（233）
第五课　消息、信息、新闻　启示、启事……………………………………………………（238）
第六课　情景、情况、情形　情绪、感情……………………………………………………（243）
第七课　友好、友爱、友谊、友情……………………………………………………………（248）
后编　形容词
第一课　广大、广阔、辽阔　宽阔、宽敞、宽广　…………………………………………（251）
第二课　安稳、平稳　草率、轻率、轻易……………………………………………………（256）
第三课　公平、公正、公道、平等　机灵、机智　…………………………………………（261）
第四课　安静、平静、宁静、寂静　镇定、镇静、冷静……………………………………（266）
第五课　快乐、快活、欢乐、欢快　悲哀、悲伤、悲痛……………………………………（271）
第六课　仓促、匆忙、急忙、慌忙　慌张、惊慌、恐慌……………………………………（276）
第七课　疲劳、疲倦、疲乏、疲惫　重要、主要、要紧、关键　…………………………（282）
单元练习　……………………………………………………………………………………（288）

# 总　说

**一、本分册的主要内容**

本分册是为了帮助外国人掌握汉语常用名词和形容词而编写的综合习题。整个分册分四个单元,每个单元分前后两编,前编是名词,后编是形容词。

名词相对于汉语其他词类来说,数量相当大。名词可以进行以下几种分类:

1. 专用名词与一般名词。

专用名词,如“中国、北京、黄河、李白”等。

一般名词,如“桌子、大学、足球、国家”等。

2. 个体名词与集体名词。

个体名词,如“学生、孩子、汽车、房间”等。

集体名词,如“人民、房屋、树木、花草”等。

3. 具体名词与抽象名词。

具体名词,如“桌子、石头、男人、石油”等。

抽象名词,如“思想、道德、精神、民主”等。

4. 时间名词。如“昨天、星期一、冬天、以后、夜晚”等。

5. 方位名词。如“右、下面、外边、中间、南方”等。

6. 处所名词。如“法国、南京路、青岛、公司、图书馆、剧场”等。

汉语的形容词根据不同的标准可以分为以下几类:

从音节上分,可以分为单音节形容词和双音节形容词。

单音节形容词,如“大、小、多、少、好、坏、冷、热”等。

双音节形容词,如“认真、马虎、严格、安静、凉快、暖和”等。

从语法功能上分,可以分为一般形容词和非谓形容词。

一般形容词,指既可以作谓语又能作定语的形容词。这类形容词是大量的。如“干净、轻松、伟大、清楚、漂亮、复杂”等。

非谓形容词,指不能作谓语、状语和补语,只能修饰名词作定语的形容词(又有称作“区别词”的)。非谓形容词不多,主要有:“男、女、金、银、正、副、主要、次要、长期、短期、根本、基本、个别”等。

汉语的形容词量很大。我们将形容词的语法特征编成两课,放在第一单元后编的一开始。

**二、学习方法**

1. 名词和形容词的量很大,但语法特征与功能并不复杂。我们将名词的这部分内容与上面所提到一些特殊的名词编成两课,放在第一单元前编的开头;又将形容词的语法特征与功能编成两课放在第一单元后编的开头。学习者可以通过前后编这两课的学习,了解和掌握一下名词和形容词的语法特点。

2. 学习汉语名词和形容词比较难的是近义词的辨析。因此本分册的重点放在近义词的辨析方面。学习者在学习这类内容时,应特别注意所辨析的近义词的意义、语法特点、语用功能以及各自能与哪些词语搭配。为了便于掌握,我们在很多近义词辨析部分列出了对比表,请注意仔细阅读这类表格。

**三、本分册的使用方法**

这本名词和形容词分册共分四个单元。每一单元下又分数课。每课下都有“讲一讲”、“练一练”两大部分。在辨析的每一课,“讲一讲”部分一般会对几组近义名词或形容词的意义和用法进行对比分析。“练一练”则是针对“讲一讲”所编的练习。

希望读者先认真阅读、理解并记忆“讲一讲”部分的内容、提示及正确的例句。然后再做“练一练”下的练习。只有这样才能达到较好的学习效果。

每一单元后都有单元练习,读者可以通过这一部分了解自己对该单元名词或形容词掌握的情况。在成绩较为理想的情况下再开始下一单元的学习与练习。如果前一单元成绩不够理想,最好再复习、练习之后再开始下一单元的学习。

本书附有各课练习与单元练习的参考答案,供读者参考。

# ·第一单元·

## 前编　名词

## 第一课　名词的语法特点

### 讲一讲

名词是表示人或事物名称的词。有些名词比较具体。如：

桌子　教室　铅笔　衣服　本子　花儿　老师　家庭　爱人

有些名词比较抽象，如：

友谊　文明　兴趣　礼貌　愿望　经验　办法　道理

名词主要有以下语法特点：

1. 可以接受数量词组的修饰。例如：

一个学生　两位老师　一杯水　一支笔　几只猫　三块橡皮　一些水果

汉语的名词是单数还是复数，一般是通过修饰它的数量词语来表示的。名词本身并没有单、复数的变化。

2. 普通的名词一般不能受副词修饰。下面的说法都是错的：

*不学生　*很老师　*非常朋友

少数表示限定范围的副词可以修饰名词。如：

就一个学生参加了这次活动。

她衣服很多，光裙子就有十多条。

3. 普通名词在句中常常作主语、宾语、定语。时间名词和处所名词还可以作状语。如：

老师和同学一起参加了今天的晚会。

玛丽的爸爸妈妈都喜欢中国的点心。

星期天，我们7点就起床了。

4. 除了一些表示时间、年龄和籍贯的名词可以作谓语外，其他名词是不能作谓语的。如：

今天星期六。

他19岁。

我北京人。

*玛丽好朋友。

*中国很大的国家。

## 练一练

**一、找出下面词语中的名词并在下面画线。**

本子　同学　学习　春天　但是　当然　作业　方便　课本　高兴　介绍　汽车　南边　容易　热闹　商店　问题　小时　意思　刚　时候　注意　颜色　学校　漂亮　中午　歌　椅子　参观　远　寒假　喜欢　认真　祖国

**二、判断对错并改正错句(正确的打"√",错误的打"×")。**

1. 苏州大学的学生很多。

2. 他不小王,他小李。

3. 今天星期三。

4. 今天很好的天气。

5. 我们都喜欢他,因为他非常朋友。

6. 王先生是大学老师。

**三、从下面所给的名词中选择恰当的填空。**

教室　网球　北京人　和平　5岁　身体　理想　中国　汉语　花儿

1. 我们在苏州大学学习__________。
2. 大卫喜欢打__________。
3. 弟弟的__________是将来做一个科学家。
4. 爷爷每天运动,__________很好。
5. 我们热爱__________,不喜欢战争。
6. 小王送给朋友一束__________,朋友们都说非常好看。
7. 我们对__________的文化很感兴趣。
8. 她是__________,家在天安门附近。
9. __________的旁边有一个图书馆。
10. 冬冬今年__________。

## 参考答案

一、<u>本子</u> <u>同学</u> 学习 <u>春天</u> 但是 当然 <u>作业</u> 方便 <u>课本</u> 高兴 介绍 <u>汽车</u> <u>南边</u> 容易 热闹 <u>商店</u> <u>问题</u> <u>小时</u> <u>意思</u> 刚 <u>时候</u> 注意 <u>颜色</u> <u>学校</u> 漂亮 <u>中午</u> <u>歌</u> <u>椅子</u> 参观 远 <u>寒假</u> 喜欢 认真 <u>祖国</u>

二、1. √

2. × 改为:他不是小王,他是小李。(普通名词不能作谓语,“不”是副词,不能修饰名词)

3. √

4. × 改为:今天天气很好。

5. × 改为:我们都喜欢他,因为他非常够朋友。(“够……”意思是“称得上”,比如够朋友、够意思、够兄弟、够哥们)

6. √

三、1. 汉语 2. 网球 3. 理想 4. 身体 5. 和平 6. 花儿 7. 中国 8. 北京人 9. 教室 10. 5 岁

# 第二课 特殊名词

## 讲一讲

1. 处所名词

表示处所的名词叫处所名词。它们常作“在”“到”等的宾语，还常用在“到……去”的结构中。如：

在北京　在教室里　到上海去　到西湖去

2. 时间名词

表示时间的名词为时间名词。时间名词可以作“到”“在”“等到”的宾语。如：

在晚上　在白天　到9点　等到明年

时间名词可以单独作谓语(见第一课)。如：

今天星期一。

现在快6点钟了。

明天春节。

时间名词和处所名词常作状语。如：

我们早上八点就到了车站。

他们一直在中国学习汉语。

王老师现在在大学教英语。

孩子将来都会成为国家的主人。

3. 方位名词

表示方位的名词叫方位名词。有以下这些单音节方位词：

上　下　前　后　里　外　内　中　左　右　东　西　南　北

上面这些词除了“中、内”外，大多可以与“边”“面”或“头”构成合成方位词。如：

上面　前面　外面　左边　北边　西头　后头　下边

**注意：**没有“左头、右头”的说法。

(1) 方位名词常和处所名词组成方位短语，表示处所，在句中充当成分。如：

校园里有很多学生。

自行车都放在门外吧。

请不要在教室里抽烟。

(2) 有些方位名词如“前、后、内”等也可以和时间名词构成短语，表示时间或时间范围。如：

他一星期前就走了。

三天内一定要把工作做完。

（3）方位词有时可受副词修饰。如：

我们的座位太后了，看不清楚。

我们站最里面吧，因为我们到终点站呢。

那个城市在中国的最北边。

## 练一练

**一、判断对错并改正错句（正确的打“√”，错误的打“×”）。**

1. 现在早上8点。

2. 我们学习汉语在中国。

3. 他们明天上午去上海。

4. 孩子们从山跑下来了。

5. 我们食堂吃饭。

6. 你的辞典在桌子上。

7. 他一个月前就走了。

8. 书包有很多本书。

**二、在下面的词语中选择合适的词完成句子。**

三天前　门外　后面　中国　最南边　家里　8点　前面　桌子上　北京　东边

1. 我们每天__________上课。
2. 玛丽一直在__________学习汉语。
3. 我的妈妈到__________去出差了。
4. 太阳从__________升起来了。
5. 我们在__________走，爷爷在__________跟着。
6. __________有很多书。
7. 请把雨衣挂在__________。
8. 小林早就出院了，__________就回家了。
9. 海南岛在中国的__________。
10. 我的汉语辞典放在__________，明天带给你，好吗？

**三、模仿例子组词成句。**

例：王平　起床　每天　7点半——→王平每天7点半起床。

1. 我　国外　暑假　到　旅行　打算　去

2. 上边　汉语辞典　的　本　书架　在　那

3. 睡觉　晚上　多　才　李丽　11点

4. 学到　晚上　汉语　学习　你　几点

5. 的　放在　自行车　呢　你　哪儿

## 参考答案

一、1. √

2. ×　改为：我们在中国学习汉语。（地点状语应该放在谓语的前面，不能放在句尾）

3. √　（时间状语可以放在谓语前面，也可以放在句首）

4. ×　改为：孩子们从山上跑下来了。

5. ×　改为：我们在食堂吃饭。

6. √

7. √

8. ×　改为：书包里有很多本书。

二、1. 我们每天__8点__上课。

2. 玛丽一直在__中国__学习汉语。

3. 我的妈妈到__北京__去出差了。

4. 太阳从__东边__升起来了。

5. 我们在__前面__走，爷爷在__后面__跟着。

6. __桌子上__有很多书。

7. 请把雨衣挂在__门外__。

8. 小林早就出院了，__三天前__就回家了。

9. 海南岛在中国的__最南边__。

10. 我的汉语辞典放在__家里__，明天带给你，好吗？

三、1. 我暑假打算到国外去旅行。

2. 那本汉语词典在书架的上边。

3. 李丽晚上11点多才睡觉。

4. 你晚上学习汉语学到几点？

5. 你的自行车放在哪儿呢？

# 第三课 天天、每天　时间、时候、时　气味、味道

## 天天、每天

### 讲一讲

“每天”强调任何一天，分开看每一个日子。可以修饰动词、形容词，也可以修饰时间名词。经常用于说明带规律的情况。如：

你每天都这么早起来吗？

小林每天都会给家里写一封信。

她每天早上起来后的第一件事情就是看报纸。（“每天早上”构成时间状语）

“每天”常作定语修饰名词，一般要加“的”。如：

告诉我你每天的工作情况！

“天天”是名词“天”的重叠，强调所有的日子（从总的方面看，没有例外），比“每天”语气重。可以修饰动词或时间名词，修饰形容词的情况较少。如：

我天天锻炼，身体好多了。

只有天天练习，汉语水平才能提高。

这里天天都很热，很多人都生病了。

“天天”是总的看，不能指分开的每一日，不能作定语。下面的句子是错的：

*她天天的工作就是接电话。

*我看到了她天天的日记。

“天天”有时候还有“一天比一天”的意思。除了固定的说法外，前面一般要带“一”。如：

好好学习，天天向上！（固定说法）

吃了您的药，身体一天天好起来了。

“每天”没有“天天”的这种用法。

### 提示

“天天”是名词“天”的重叠，“每天”不能重叠。下面的句子是错的：

*他工作很多，每天每天都很忙。

改为：他工作很多，每天/天天都很忙。

“天天”和“每天”的区别

| 词语 | 语义特点 | 修饰动词 | 修饰形容词 | 时间名词 | 修饰一般名词作定语 |
|---|---|---|---|---|---|
| 每天 | 分开看每个日子 | + | +<br>较多 | + | +<br>一般要加“的” |
| 天天 | 总的看所有的日子 | + | +<br>较少 | + | － |
| | 一天比一天 | + | + | － | － |

（“ + ”表示肯定，“ － ”表示否定，全书同）

## 练一练

**一、用“每天”“天天”填空。**

1. 我要__________学习，__________进步！
2. 星期六也没空吗？你真的__________都要去图书馆？
3. 大家看看__________的课程安排。
4. 你必须__________写一篇日记，一天都不能少。
5. 从星期一到星期五，你__________迟到！
6. 这种药，__________要吃三次，记住了吗？
7. 好像最近__________下雨，天气真让人不舒服。

**二、用句后括号中的词语完成句子。**

1. 我最近忙死了，____________________。（每天的）
2. 已经四月了，天气一____________________。（天天）
3. 她不想见你，你就别_______________，烦（fán）不烦啊？（天天）
4. 我的工作很没有意思，_________________，我都不想干了。（每天）

## 参考答案

一、1. 天天　天天（表示“一天比一天”）
2. 每天（强调任何一天，比如星期六）
3. 每天（作定语）
4. 每天（强调任何一天，一次都不能少）
5. 天天（强调全部）
6. 每天
7. 天天

二、1. 我最近忙死了，每天的工作都很多。
2. 已经四月了，天气一天天暖和起来。
3. 她不想见你，你就别天天打电话了，烦不烦啊？
或：她不想见你，你就别天天找她了，烦不烦啊？
4. 我的工作很没有意思，每天只是接电话，我都不想干了。

## 时间、时候、时

### 讲一讲

“时间”“时候”“时”这三个词都是表示时间的名词，在少数情况下，“时间”“时候”可以互换。如：

时候/时间不早了，我该回去了。

“时间”常受指示代词、动词等修饰，表示明确的时点或有精确起点和终点的某个时段。如：

这段时间大家不要出门。（表示确定的时段，下同）

上午8点到下午5点是办公时间。

上课的时间到了，快进教室吧。（表示确定的时点，下同）

形容词“长”“短”“多”“少”等词可以修饰“时间”，也可以作“时间”的谓语。如：

短时间内他还没办法找到房子。

这部电影时间很长，你慢慢看。

每天她要用很多时间做家务。

现在我们玩的时间很少。

“时间”可以受数量词修饰，可作动词“有”或“没有”的宾语。如：

这本书她花了2个月的时间才看完。

只用了5分钟时间，大卫就画出了一张地图。

你今天有时间吗？（表示“空闲的时间”，下同）

“时候”常受动词修饰，表示实行或发生动作的某个时间范围，没有“时间”那么精确，起点和终点可以比较模糊。常用在“（在/当）……的时候”的格式中。如：

她回国的时候，我去机场送她了。

你来的时候，打个电话！

事故发生的时候，你在哪儿？

“时候”可构成固定的“小时候”一词，表示年纪小的一段时间。如：

小时候，我一直不太听话。

“时候”也可受指示代词修饰（详见下面“提示”）。

“时”有三个意思。一是指事情发生的某个时间范围，受动词、代词等修饰。如：

早上出门时，外面正在下雨。

她回国时，把那只小狗送给了我。

“时”前不可以有“的”，下面的句子是错的：

*过马路的时要走斑马线，不能闯红灯。

*我开学的时，姐姐送了我一套漂亮的衣服。

二是指规定的时间，常用“到时”“准时”或“按时”。如：

下午两点有课，可我现在有点困，想先睡一会儿，到时你叫我。

明天早上8点在学校东门上车，请大家准时到。

三是指时间的单位，与“点”表示的时间单位相同。口语中常用“点”，正式文体（书面语）中常用“时”。如：

7月2日上午8时，在A楼报告厅举行毕业典礼，请大家准时参加。

他于4月10日4时逝世。

**提示**

1. 当要问具体的时点时，用“什么时候”“何时”；当要问动作所用的精确的时间长度时，用“多长时间”。如：

大卫什么时候到？

＊大卫什么时间到？

汉字究竟何时传入日本的，各家说法不一。

＊汉字究竟什么时间传入日本的，各家说法不一。

你走了多长时间？

＊你走了多长时候/时？

2. “时间”和“时候”都可以受“多少”修饰，都可用于不清楚时间的长短，大概地估计时间；“时”则不可以。如：

这篇论文你打算用多少时间/时候写完？

我不知在床上睡了多少时候/时间，醒来时天已经黑了。

我想跟你说两句话，用不了多少时间/时候。（时间不多的意思）

＊我想跟你说两句话，用不了多少时。

如果问动作和动作之间相隔（gé）的时间，一般用“多少时间”。如：

你在外地工作以后，多少时间回家看一次父母？（指动作和动作之间的时间）

3. 因为“时候”“时”不太精确，所以不能受“长、短、多、少”等形容词修饰，也不能受数量词修饰。下面的句子是错的：

＊时候/时不多了，咱们得赶快做才能完成。

4. “时间”“时候”“时”这三个词都可以受指示代词“这”修饰，“这段时间”可以指说话时前后一段时间。也可以指离说话时较近的一段时间；量词“段”不能省略。“这（个）时候”可指说话时的时点，也常指前面所说的某个时间范围；量词“个”可以省略。“这时”仅指前面所说的某个时间范围，不能加“个”。

哥哥从20岁到30岁在图书馆工作，这段时间他读了不少书。

他怎么到这时候还没来？

下班之后和同事喝两杯，聊几句，你会发觉在这时候/这时，许多问题都能轻松地解决。

5. “有时间”表示“空闲的时间”；“有的时候”和“有时”则表示某个不确定的时间。

6. “时”表示时间范围时与“时候”的区别主要在于语体色彩，“时”是书面语，“时候”是口语，“时”不加“的”（详见上）。“时候”和“时间”都能单独作主语，“时”不能。

"时间""时候""时"的区别

| 词语 | 语义特点 | 受动词修饰 | 受"长、短、多、少"修饰 | 受数量词修饰 | 受指示代词、疑问代词修饰 | 常用搭配 |
| --- | --- | --- | --- | --- | --- | --- |
| 时间 | 表示明确的时点或有精确起点和终点的某个时段 | + | + | + | 这段时间、多长时间、多少时间 | 有时间<br>没(有)时间 |
| 时候 | 某个时间范围不太精确 | + | – | – | 这(个)时候、什么时候、多少时候 | 当/在……的时候 有的时候 |
| 时 | 时间范围不太精确 | + | – | – | 这时、那时、何时 | 有时 |
| | 规定的时间 | + | – | – | – | 到时 准时<br>按时 |
| | 时间单位 | – | – | + | – | – |

## 练一练

**一、用"时候""时间""时"填空。**

1. 你周末有__________吗？咱们去看电影吧。
2. 从 12 点到下午 1 点半是休息__________。
3. 放假的__________,校园里安安静静的。
4. 夜里 11 点到凌晨 1 点是最好的睡眠__________。
5. 今天的作业花了我一个小时的__________。
6. 回家的__________,别忘了买点吃的。
7. 我们好像很长__________没有见面了。
8. 累的__________,我就趴在桌子上睡一会儿。
9. 请帮我通知一下开会的__________,好吗?
10. 天冷的__________,我喜欢坐在床上看书。

**二、判断对错并改正错句(正确的打"√",错误的打"×")。**

1. 坐火车就花了我 5 个小时的时候。

2. 你什么时候有空?

3. 爸爸告诉我们,吃饭的时间不能说话。

4. 从这里到你家骑车要多长时间?

5. 时间不多了,快点儿出发吧!

**三、HSK 仿真题:在下面的答案中选择唯一正确的填在横线上。**

1. 在我最困难的________,是他们帮助了我。

A. 时间　　B. 时候　　C. 时

2. 过了很长________，他一直没有来。

A. 时间　　　　B. 时候　　　　C. 时

3. 看电影________，我见到了王经理。

A. 时间　　　　B. 时候　　　　C. 时

**四、HSK 仿真题：将下面句后括号中的词语放在唯一合适的地方。**

1. 我们 A 是没有 B 完成 C 这份工作的 D。（时间）
2. 你 A 去哪儿 B 了？我们一直 C 等到这 D 你才来！（时候）
3. 昨天 A 考试 B，李丽突然 C 肚子 D 疼了。（时）

**五、用句后括号中的词语完成对话。**

1. A：你周末一般玩什么？

   B：一般作业都很多，______________。（时间）

2. A：你平时想家吗？

   B：当然想啊！不过现在打电话方便得很，______________。（时候）

3. A：______________，怎么才来呀？（等　时间）

   B：今天堵车，所以来晚了。



## 参考答案

一、1. 时间　2. 时间　3. 时候　4. 时间　5. 时间　6. 时候　7. 时间　8. 时候　9. 时间　10. 时候

二、1. ×　改为：坐火车就花了我 5 个小时的时间。

2. √

3. ×　改为：爸爸告诉我们，吃饭的时候不能说话。

4. √

5. √

三、1. B　2. A　3. C

四、1. B　2. D　3. B

五、1. A：你周末一般玩什么？

B：一般作业都很多，没有时间玩。

2. A：你平时想家吗？

B：当然想啊！不过现在打电话方便得很，想家的时候就打电话。

3. A：等了你这么长时间，怎么才来呀？

B：今天堵车，所以来晚了。



# 气味、味道

## 讲一讲

这两个词都是名词，都可以表示鼻子闻到的味儿。如：

房间里好像有什么味道/气味。

"气味"主要表示鼻子闻到的味儿,不能表示舌头尝到的味儿。如:

这种香水的气味很特别。

煤气已经关了,怎么还有奇怪的气味?

*这个菜气味不错,很好吃!

"气味"还可比喻性格和志趣(多含贬义),一般用在下面的固定短语中。

他们俩真是气味相投。

"味道"没有"气味"的这种用法。

"味道"主要表示舌头尝到的味儿。如:

这几个菜味道都不错,你尝尝吧。

红茶和绿茶的味道是不一样的,你喝了就知道。

苏南菜一般味道都比较淡。

在某些方言中,"味道"也可以指鼻子闻到的气味。如:

我们突然闻到空气中传来一股很怪的味道。

"味道"还常可表示事物或人使人产生的某种兴趣、感觉或体会到的某种特性。常作"有"或"没有"的宾语。这种用法是"气味"所没有的。如:

这本小说越看越有味道,你也买一本看看?

一个6岁的孩子大唱爱情歌曲,让人听了有种说不出的味道。

他们的表演商业味道很浓。

玛丽说,她和她丈夫的关系很一般,没有味道。

"有味道"可以作状语或定语。如:

妈妈很有味道地跟她的孩子谈话。

我喜欢有味道的女孩子。

**提示**

"味道"和"气味"的区别

| 语义特点 | 味道 | 气味 |
|---|---|---|
| 鼻子闻到的味 | 闻到~　有一股~ | 闻到~　有一股~ |
| 舌头尝到的味 | ~好极了　尝~ | – |
| 引起的兴趣、感觉、能体会到的特性 | 有~　有……的~ | – |
| 性格和志趣(多含贬义) | – | ~相投 |

## 练一练

**一、用"味道""气味"填空。**

1. 这栋(dòng)房子很有旧上海的__________。
2. 什么__________?你闻到了吗?
3. 这个菜的__________太甜了,我有点儿不习惯。
4. 这段弹词她唱得很有__________。

5. 他们两个人__________相投，整天呆在一起！

6. 这件衣服上有一种很怪的__________。

**二、用句后括号中的词语完成句子。**

1. 看着老师满头的白发，他心里______________________。（味道）

2. 大卫在烧什么东西？我闻______________________。（气味）

3. 这个电视剧演得真不错，越______________________。（味道）

## 参考答案

一、1. 味道　2. 气味　3. 味道　4. 味道　5. 气味　6. 气味/味道

二、1. 看着老师满头的白发，他心里有种说不出的味道。

2. 大卫在烧什么东西？我闻到了一种奇怪的气味。

3. 这个电视剧演得真不错，越看越有味道。

# 第四课 年纪、年龄、岁数 天气、气候

## 年纪、年龄、岁数

### 讲一讲

“年纪”“年龄”“岁数”这三个词都是表示人已经活的年数的名词。如：

你今年多大岁数/年龄？

“年纪”“岁数”常常用于询问老年人的年龄。如：

老爷爷您今年多大年纪了？

你爸爸多大岁数？

“年纪”“岁数”多用于口语说明人的年龄，既可用于老年人，也可用于年轻人。如：

你们要帮助年纪小的同学。

别看他年纪轻，喜欢玩，但能力很强。

王平年纪轻轻，已经出了两本书了！（“年纪轻轻”，强调年纪轻）

“上了岁数/年纪”“一把年纪”“这岁数”都是强调年龄大的意思，但都不能换成“年龄”，也不能说“一把岁数”“这年纪”。如：

她父亲已经上了年纪。

我这岁数，哪里还能去爬山？

咱妈已经是一把年纪的人了，就别让她再操心了。

“年龄”可表示人、动植物或宇宙的年数。如：

一些动物的年龄可以从牙齿上看出来。

银河系的年龄才不过 100 多亿年。

你知道王老师的年龄吗？

“年龄”可以用于不同岁数的人，多用于书面语，比较正式，常带定语。有些句子中的“年龄”是不能换成“年纪”“岁数”的。如：

不到结婚年龄是不能结婚的。

我们应该关心那些已到入学年龄但还没有上学的孩子。

他看起来比实际年龄小。

## 提示

"年龄""年纪""岁数"的区别

| 词语 | 使用范围 | 常用搭配 |
| --- | --- | --- |
| 年纪 | 多用于口语，问老年人年龄；说明不同年龄人的岁数 | 多大～　～大　～小　～轻　上～　一把～ |
| 岁数 | | 多大～　～大　～小　上～　这～ |
| 年龄 | 多用于书面语，可用于不同岁数的人、动物和植物 | ～大　～小　～轻　多大～(很少用)<br>实际～　入学～　结婚～　入伍～　劳动～ |

"年纪""岁数""年龄"都可与"大""小"搭配使用。但"轻"最常见的是与"年纪"搭配，不与"岁数"搭配，在少数书面语中可与"年龄"搭配，但一般是并列短语时。

一大批年龄轻、有文化、能力强的年轻人当了干部。

## 练一练

**一、用"年纪""年龄""岁数"填空。**

1. 他们＿＿＿＿＿轻，走路没问题。
2. 谁知道玛丽的实际＿＿＿＿＿？
3. 父亲＿＿＿＿＿大了，很多事情都要靠别人帮忙。
4. 有些人，＿＿＿＿＿轻轻，不想工作，却总想着向父母要钱！
5. 中国法定的结婚＿＿＿＿＿是多少岁？
6. 您今年多大＿＿＿＿＿？

**二、判断对错并改正错句（正确的打"√"，错误的打"×"）。**

1. 他们岁数轻，这个工作让他们去做吧！

2. 你孩子今年多大年龄？

3. 都是上了年纪的人，我们哪里有这个兴趣？

4. 我儿子今年到了入学年纪了。

5. 你孩子这个年龄，看这种电影不太好吧。

**三、HSK 仿真题：在下面的答案中选择唯一正确的填在横线上。**

1. 就是那个＿＿＿＿＿很轻的老师，她教我们 HSK 辅导课。
   A. 年纪　　B. 年龄　　C. 岁数
2. 这棵树的＿＿＿＿＿跟这座寺庙（sìmiào）一样长。
   A. 年纪　　B. 年龄　　C. 岁数
3. 她的实际＿＿＿＿＿比看上去小得多。
   A. 年纪　　B. 年龄　　C. 岁数

四、用句后括号中的词语完成对话。

1. A:我想到你们公司来工作。
   B:你________________,过两年再来吧。(岁数)
2. A:您怎么没有报名学跳舞?
   B:我________________,学不会啦!(年纪)
3. A:爷爷,一上高中我就发现我的英语不好,我都担心死了。
   B:你们________________,还会学不好英语?(年纪)
4. A:25 岁的熊猫,就已经进入老年了啊?
   B:是的,动物的________________________。(年龄)

## 参考答案

一、1. 年纪　2. 年龄　3. 年纪/岁数　4. 年纪　5. 年龄　6. 年纪/岁数

二、1. ×　改为:他们年纪轻,这个工作让他们去做吧。

2. ×　改为:你孩子今年多大了?("年龄"一般不用于询问别人多大了)

3. √

4. ×　改为:我儿子今年到了入学年龄了。

5. √

三、1. A　2. B　3. B

四、1. A:我想到你们公司来工作。
   B:你 岁数太小 ,过两年再来吧。

2. A:您怎么没有报名学跳舞?
   B:我 都这么大年纪了 ,学不会啦!

3. A:爷爷,一上高中我就发现我的英语不好,我都担心死了。
   B:你们 年纪轻轻 ,还会学不好英语?

4. A:25 岁的熊猫,就已经进入老年了啊?
   B:是的,动物的 年龄跟人的年龄很不一样 。

# 天气、气候

## 讲一讲

"天气""气候"这两个词都是表示天气方面的情况的名词。

"天气"表示某个地方的、较短时间的天气情况。如:

最近天气很好,很适合旅游。

天气太热了,还是呆在家里吧!

今天晚上天气可能会变化。

"气候"表示某个地区(由很多小的地方组成的)、多年的、概括性的气象情况。如:

江南的气候条件跟北方很不一样。

云南省的昆明市是一个气候温暖、四季如春的城市。

北极地区常年气候寒冷，不适合动植物生存。

“气候”还常常表示政治、经济等方面的发展趋势，常带“政治、经济”等作定语。如：

这几年经济气候不错，要努力把公司发展起来。

这个国家最近政治气候跟天气一样变化无常。

“气候”还可以比喻结果或成就。如：

他们两个人还真的成了气候。（有发展前途）

李东这个人做事太胆小，成不了气候！（不会做出什么成就）

**提示**

“天气”和“气候”的区别

| 词语 | 语义特点 | 常用搭配 |
|---|---|---|
| 天气 | 一个地方、较短时间的天气情况 | ～热　～冷　好～　坏～　～暖和　～凉　～预报 |
| 气候 | 一个地区、概括性的天气特征 | ～寒冷　～炎热　～潮湿　～干燥　～温暖 |
|  | 发展趋势 | 政治～　经济～ |
|  | 比喻结果或成就 | 成了～　成得了/不了～ |

## 练一练

**一、用“气候”“天气”填空。**

1. 最近的__________情况不适合游泳。
2. 他们每天只知道吃喝玩乐，能成什么__________？
3. __________真热，下午做什么呢？
4. 中国很大，不同的地方，__________很不一样，十分复杂。
5. 苏州地区的__________条件对种植茶叶非常有利。
6. __________预报说明天会下雨。

**二、HSK 仿真题：在下面的答案中选择唯一正确的填在横线上。**

1. 最近__________这么高，你还穿长袖？

A. 气温　　B. 气候　　C. 天气　　D. 空气

2. 岛上__________炎热，生活艰苦。

A. 气温　　B. 天气　　C. 气候　　D. 温度

3. 这个星期天，只要__________晴好，比赛就会照常进行。

A. 气温　　B. 气候　　C. 天气　　D. 气象

**三、用句后括号中的词语完成对话。**

1. 这个地区____________________，不适合热带动物生活。（气候）
2. 你还别说，他们兄弟俩还____________________，在全国已经很有名了。（气候）
3. 这些天____________________，你怎么不出去玩玩呢？（天气）

## 参考答案

一、1. 天气 2. 气候 3. 天气 4. 气候 5. 气候 6. 天气

二、1. A 2. C 3. C

三、1. 这个地区<u>气候寒冷</u>,不适合热带动物生活。

2. 你还别说,他们兄弟俩还<u>真成了气候</u>,在全国已经很有名了。

3. 这些天<u>天气这么好</u>,你怎么不出去玩玩呢?

第一单元

第五课

# 价格、价钱、价值 从前、以前

## 价格、价钱、价值

### 讲一讲

“价格”“价钱”“价值”这三个词都可以表示购买商品的花费。如：

这种材料价值惊人，没有哪家公司使用得起。

这只书包的价格比较便宜，那只比较贵。

“价格”表示商品值“多少钱”，常常跟“高”“低”“合理”“公道”等词搭配。如：

他们公司的产品价格低，质量好，很受欢迎。

这套家具，只要价格合理，我们就买下来。

“价钱”的意思同“价格”，但一般用于口语，常与“贵”“便宜”“大”搭配。“讲价钱”“花大价钱”“出大价钱”是较固定的说法。如：

买两件价钱便宜的就行了，质量无所谓。

这块旧手表我可是花大价钱买来的。

“价钱”只能用于具体商品，而“价格”既可以用于具体商品，也可以用于一般商品，所以常可以带定语。如：

你们公司报的价格太高，我们不能接受。

服装的批发价格一般比零售价格要低很多。（“价格”不能换成“价钱”，下同）

近几个月来，农牧业产品市场上的商品价格也普遍下降。

“价值”作为名词，使用的范围与“价格、价钱”不同。主要表示事物或某个工作有积极的作用、有意义、有影响，很少用于商品。常与形容词“高”“低”“大”“小”或动词“有”“没有”搭配，前面可以带很多定语。如：

研究人员认为这枚钱币没有收藏的价值。

这部作品有很高的艺术价值。

这种鱼不仅好吃，而且还有很高的观赏价值。

大卫办学校，主要不是为了钱，而是为了实现他的人生价值。

“价值”可以作动词，一般用于评价事物（商品与非商品）值多少钱。如：

这种宝石价值10万美元，比较珍贵。

他们生产的机器总是出现质量问题，使价值10万元的产品受到了追查，损失很大。

“价值”还是一个经济学术语，表示商品中的劳动量。如：

价值是商品中的社会必要劳动的量。

提示

"价格""价钱""价值"的区别

| 词语 | 语义特点 | 对象 | 常用搭配 | 语体色彩 |
|---|---|---|---|---|
| 价格 | 商品值多少钱 | 具体商品<br>一般商品 | ~高 ~低 ~合理 ~公道 | 多用书面语 |
| 价钱 | 商品值多少钱 | 具体商品 | ~贵 ~便宜 ~大 | 多用于口语 |
| 价值 | 事物有积极作用、商品中的劳动量、事物值多少钱(动) | 各种事物 | ~高 ~低 ~大 小有~ 没有~ | 用于书面语 |

## 练一练

**一、HSK仿真题:在下面的答案中选择唯一正确的填在横线上。**

1. 王教授的研究很有__________,你注意了吗?

A. 价格　　B. 价值　　C. 价钱

2. 这篇小说在文学史上的__________很高。

A. 价格　　B. 价值　　C. 价钱

3. 这类商品的出厂__________一般都是比较低的。

A. 价格　　B. 价值　　C. 价钱

4. 写作文要选择有__________的材料。

A. 价格　　B. 价值　　C. 价钱

5. 那台机器__________几万元呢!

A. 价格　　B. 价值　　C. 价钱

6. 房屋__________过高是很不正常的。

A. 价格　　B. 价值　　C. 价钱

7. 谁高兴花这么大__________买个假货啊?

A. 价格　　B. 价值　　C. 价钱

8. 那个人喊的__________实在太贵了,你不觉得?

A. 价格　　B. 价值　　C. 价钱

9. 一些物品,其没有经过人类劳动加工,比如空气,即使具有使用__①__,也不具有__②__。

① A. 价格　　B. 价值　　C. 价钱

② A. 价格　　B. 价值　　C. 价钱

**二、用括号中的词语完成句子。**

1. 你的发言______________,我们会认真考虑的。(价值)
2. 这个饭店的菜______________,所以收入低的人都愿意到这儿来吃饭。(价钱)
3. 一般大商场的东西______________,超市要低得多。(价格)
4. 这把刀是一千多年以前的,有______________。(价值)

5. 你要是肯________________,我就卖给你!(价钱)

三、HSK 仿真题:在下面的 A、B、C、D 中选择最接近画线词语的解释。

1. 最近水、电的价格一直在涨。

A. 价钱　B. 代价　C. 价值　D. 货币

2. 对我来说,这些书已经没有什么价值了。

A. 价格　B. 价钱　C. 作用　D. 值钱

3. 谁出的价高,这盆花就卖给谁!

A. 价钱　B. 价值　C. 作用

## 参考答案

一、1. B　2. B　3. A　4. B　5. B　6. A　7. C　8. C

9. ①B(表示有作用)　②B(经济学术语,表示商品中的劳动量)

二、1. 你的发言__很有价值__,我们会认真考虑的。

2. 这个饭店的菜__价钱便宜__,所以收入低的人都愿意到这儿来吃饭。

3. 一般大商场的东西__价格比较高__,超市要低得多。

4. 这把刀是一千多年以前的,有__很高的收藏价值__。

5. 你要是肯__出大价钱__,我就卖给你!

三、1. A　2. C　3. A

# 从前、以前

## 讲一讲

"从前""以前"这两个词都可以作名词,都可表示早于现在的某个时候。在下面的句中可以互换:

以前/从前,这里是一片农田,现在已变成城市了。

他们俩以前/从前是很好的朋友,后来不知道为什么分了手。

"从前"表示离现在很久以前的时候。如:

这块地方从前长满了草。

"从前"常用于故事的开头,表示很久很久以前。如:

从前,太湖边住着一位美丽的姑娘。

"以前"可以表示过去较久的时间,也可以表示不久前发生的事情。如:

以前我一直觉得他是个好人。(不久前)

你还记得以前的事情?已经过去那么多年了!(很久前)

提示

1."以前"表示任何早于现在的时间,可以指离说话时不远的时候。"从前"一般离说话时较远,"很久很久以前"可以用"从前"。试比较:

我们从前来过这里。(很久以前来过)

我们以前来过这里。(可能很久前来过,也可能刚来过)

从前/很久很久以前,那座山里住着一位老人。

2."以前"常可以带表示时间的名词、形容词、动词及其短语,表示早于某个时点的时候,可以指过去,也可以指将来。"从前"没有这种用法,也不能带定语。如:

我们毕业以前去了一趟北京。

2002 年以前,这所学校只有不到 5 000 个学生。

"从前"和"以前"的区别

| 词语 | 离说话时的时间 | 前面带定语 | 表示将来 | 表示过去 |
| --- | --- | --- | --- | --- |
| 从前 | 较长 | – | – | + |
| 以前 | 长短都可以 | + | + | + |

## 练一练

**一、判断对错并改正错句(正确的打"√",错误的打"×")。**

1. 我从前来过这里,好像就是今年。

2. 三个小时以前,这里还一个人都没有。

3. 下学期从前,我一定完成作业。

4. 以前你们在一起住过,忘了吗?

5. 放假从前,学院会组织一次比赛。

6. 很多年从前,我在这个城市生活过。

**二、用"从前""以前"填空。**

1. ________你不是这么小气的啊?怎么几天就变了一个人似的?
2. 老师讲了发生在不久________的一件事情。
3. 大概三天________,有个男孩子找过你。
4. ________,这里是一片海洋,后来变成了高山。
5. 别忘了下课________完成作业。
6. ________,有一个地主非常有钱,但他对仆人却非常小气。

三、HSK 仿真题:在下面的答案中选择唯一正确的填在横线上。

1. 大卫很早________就开始学习汉语了,你不知道吧?

A. 从前　　B. 以前　　C. 以后　　D. 前面

2. 我________一直不知道这件事情,现在才明白。

A. 前面　　B. 前　　C. 以前　　D. 从前

3. 6 月底________一定要完成这个工作。

A. 前面　　B. 从前　　C. 后来　　D. 以前

四、HSK 仿真题:将下面句后括号中的词语放在唯一合适的地方。

1. 我 A 三个星期 B 去过一次南京,不过 C 没有 D 去看长江大桥。(以前)

2. 明天 A 下班 B 你 C 可以完成 D 这些工作吗?(以前)

五、用括号中的词语完成句子。

1. ______________去过一次南京,不过没有去看长江大桥。(以前)

2. ______________,现在变成了一个现代化的大都市。(从前)

3. 班长说,______________必须把教室全部打扫干净。(以前)

## 参考答案

一、1. ×　改为:我以前来过这里,好像就是今年。

2. √

3. ×　改为:下学期以前,我一定完成作业。

4. √

5. ×　改为:放假以前,学院会组织一次比赛。

6. ×　改为:很多年以前,我在这个城市生活过。

二、1. 以前　2. 以前　3. 以前　4. 从前　5. 以前　6. 从前

三、1. B　2. C　3. D

四、1. B　2. B

五、1. 我很久以前 去过一次南京,不过没有去看长江大桥。

2. 这里从前是一个十分落后的农村 ,现在变成了一个现代化的大都市。

3. 班长说, 放学以前 必须把教室全部打扫干净。

# 第六课 以后、后来、然后(连)

讲一讲

"以后"是时间名词,表示所说的某时之后或现在之后。可以指过去,也可以指将来。可以单用。如:

以后我们还要去黄山玩呢。(指现在、说话时之后,发生在将来)

他去年来找过我,以后再也没来过。(指过去某个时点之后)

"以后"前常带修饰语,一起在句中作状语,指某个确定的时点之后,修饰语可以是介词短语、动词或动词性短语、名词、形容词、指示代词等。如:

从今以后你就是我们的班长了。(指现在之后)

下课以后,你到办公室来一下。(指将来某个时点之后)

那件事以后,李丽就很讨厌他。(指过去某个时点之后)

"以后"还可以作定语,同样可以指过去,也可以指将来。如:

以后五年里,隋代皇帝又两次征发民工,开通运河。(指过去某个时点之后)

现在解释不清楚的人体现象,一定会被以后的科学技术所解释。(指现在、说话时之后)

"后来"有两个用法,一是时间名词,指在过去某一时点之后。"后来"常单用,这一意义的"后来"大多可以换成"以后"。如:

他还是去年 2 月份来过一封信,后来/以后再没有来过信。

2003 年,玛丽来中国留学过两年,后来/以后就去当翻译了。

"后来"比"以后"更多地单独用在一段话的开头,表示某一时点之后新情况的出现。如:

后来,小王就去无锡工作了。(较多见)

以后,小王就去无锡工作了。(较少见)

"后来"可与"开始""最初"等词语前后呼应,都表示新情况的出现或动作的发展。"后来"也可放在"到"或"动词+到"的之后作宾语,表示某个动作或情况发展到一定的阶段。这几类用法的"后来"一般不能换成"以后"。如:

大卫开始练书法,一直写不好,后来王老师教他怎么写,他写的字才好看起来。

*大卫开始练书法,一直写不好,以后王老师教他怎么写,他写的字才好看起来。

我们在森林里迷了路,一直走了 5 天,到后来,一点儿力气也没有了。

*我们在森林里迷了路,一直走了 5 天,到以后,一点儿力气也没有了。

他一开始打工是送报纸,直到后来才找到现在这份工作。

*他一开始打工是送报纸,直到以后才找到现在这份工作。

"后来"不能像"以后"那样表示现在或将来某个时点之后,也不能带修饰语(详见前)。

下面的句子是错的：

＊身体不舒服最好早点去看医生，免得后来小病变成大病。

＊打那后来，我再也没见过他。

“后来”另一个用法是形容词，指后到的，后成长起来的。如：

历史是一面镜子，可以照见过去，更重要的是能教育后来人。

中国古代的四大发明，为我们这些后来者所景仰。

“然后”是连词，表示一件事情之后接着又发生另一件事情。前句有时用“先、首先”等，后句有时用“再、又、还”等。如：

那位顾客向她笑了笑，然后说了声“谢谢”，就走了。

写作文之前要先构思、打草稿，然后再动笔写。

先讨论一下，然后再作决定。

**提示**

1．“以后”“后来（时间名词）”是名词，表示具体的时间；“然后”是连词，只起连接一前一后的动作的作用。

2．“以后”可以单用，也可以带很多修饰成分；“后来”和“然后”都不能带修饰成分。

3．“后来”可以作“到、动词＋到”的宾语，表示动作或情况发展到了某个阶段；“以后”和“然后”没有这种用法

4．“以后”“然后”后接的句子既可以叙述过去的情况，又可以叙述将来的情况；“后来”后接的句子只能叙述过去的情况。

“以后”“后来”“然后”的区别

| 词语 | 词性 | 单用 | 前带修饰成分 | 作“到、动词＋到”的宾语 | 表示过去 | 表示将来 |
| --- | --- | --- | --- | --- | --- | --- |
| 以后 | 名词 | ＋（少） | ＋ | － | ＋ | ＋ |
| 后来 | | ＋（多） | － | ＋ | ＋ | － |
| 然后 | 连词 | ＋ | － | － | ＋ | ＋ |





## 练一练

**一、HSK 仿真题：在下面的答案中选择唯一正确的填在横线上。**

1. 打那__①__，我下定决心抓紧__②__，认真学习。

① A. 后来　B. 以后　C. 然后　D. 之后

② A. 时代　B. 时期　C. 时间　D. 时候

2. 听了英雄的事迹，我决心向他学习，__①__一定要不怕困难，努力工作，争取更大的__②__。

① A. 后来　B. 然后　C. 以后　D. 之后

② A. 成绩　B. 成果　C. 成就　D. 结果

3. 你的表演水平要有所提高，首先要__①__听取别人的意见，__②__再认真改进。

① A. 谦虚　B. 谨慎　C. 小心　D. 虚心

② A. 后来　B. 以后　C. 然后　D. 之后

4. 到___①___，小王终于明白父亲听到这个消息的时候，为什么会是那种___②___了。

① A. 然后　　B. 以后　　C. 后来　　D. 之后

② A. 表情　　B. 脸色　　C. 神态　　D. 面容

5. 为了早日完成任务，王平连续几天没有睡觉，干到___①___，因___②___过度而病倒了。

① A. 然后　　B. 以后　　C. 后来　　D. 之后

② A. 疲倦　　B. 辛苦　　C. 辛劳　　D. 疲劳

6. 老师___①___我们___②___能更努力地学习。

① A. 期望　　B. 渴望　　C. 愿望　　D. 希望

② A. 后来　　B. 以后　　C. 然后　　D. 之后

7. 分别是暂时的，我们___①___总会有___②___再见面的。

① A. 然后　　B. 以后　　C. 后来　　D. 之后

② A. 时机　　B. 机会　　C. 机遇　　D. 时运

8. 他还是去年二月里来过一封信，从那___①___再没有听到过他的任何___②___。

① A. 然后　　B. 以后　　C. 后来　　D. 之后

② A. 新闻　　B. 信息　　C. 来信　　D. 消息

**二、HSK 仿真题：在下面的句子中找出错误的部分并改正。**

1. 有个调课通知(A)，大家听好啦(B)：明天上午先上汉语(C)，后来再上口语(D)。

2. 有了钱然后(A)，他就在城里买了套大房子(B)，并计划在 08 年(C)给这房子找个女主人(D)。

**三、HSK 仿真题：在下面的 A、B、C、D 中选择最接近画线词语的解释。**

1. 结婚<u>之后</u>，她就辞了工作，开始当全职太太了。

A. 后面　　B. 以后　　C. 后来　　D. 然后

2. 我们最终决定了这次的旅游路线：先去上海，<u>接着</u>去苏州。

A. 然后　　B. 后来　　C. 以后　　D. 后面

**四、用句后括号中的词语完成句子。**

1. 我们俩是大学同学，但______________________，所以，我不知道她现在的情况。（以后）

2. 下课后，我会先回趟宿舍，______________________。（然后）

3. 他原来在我们公司工作，______________________。（后来）

4. 这件事情今天肯定解决不了了，______________________！（以后）

## 参考答案

一、1. ①B ②C 2. ①C ②A 3. ①D ②C 4. ①C ②A 5. ①C ②D 6. ①D ②B 7. ①B ②B
8. ①B ②D

二、1. D 改为:然后再上口语
2. A 改为:有了钱以后

三、1. B 2. A

四、1. 我们俩是大学同学,但 毕业以后我们就没再见过面 ,所以,我不知道她现在的情况。
2. 下课后,我会先回趟宿舍, 然后再去食堂吃饭 。
3. 他原来在我们公司工作, 后来去了别的公司 。
4. 这件事情今天肯定解决不了了, 以后再说吧 !

# 后编　形容词

## 第一课　形容词的语法特点

### 讲一讲

形容词是表示人、事物、动作、行为等的性质或状态的词，主要有以下一些特点。

1. 大多数形容词能受程度副词“很、非常、十分”等修饰。如：

很大　非常好　十分慢　很努力　很高兴　很有意思

但是，有一小部分形容词本身已经包括“程度很深”的意思，就不能再受程度副词修饰。如：

雪白（像雪一样白）　笔直（像笔一样直）　冰冷（像冰一样冷）

类似的形容词还有：

碧绿　碧蓝　滚圆　漆黑　乌黑

2. 大多数形容词能作谓语，构成形容词谓语句。形容词在句中作谓语时，前面一般要受“很”等程度副词的修饰。如：

教室很大。

同学很多。

这里非常漂亮。

当形容词谓语带有比较、对比的意义时，可以不加“很”。如：

家里暖和，我们快进屋谈吧。（比外面暖和）

上海大，苏州小，但各有各的好。

**提示**

当形容词谓语句只是说明性质状态时一般不要用“是”连接。下面的句子是错的：

*我们学校是很漂亮。

只有在肯定别人的意见时，才可以在形容词谓语前用“是”。如：

今天风是很大，你说得一点儿都不错。

有人说，这家饭店的菜好吃，我去吃了一次，是不错。

3. 汉语中有一类不能作谓语的形容词，叫做“非谓形容词”，它们主要作定语，修饰名词，修饰名词时不要加“的”。如：

初级汉语　大型飞机　超级模特　国产机器

下面的用法是错的：

*玛丽的汉语水平很初级。

4. 形容词常作定语，修饰名词。形容词是单音节的话，一般不要用“的”。如：

小学校　白房子　好天气　坏孩子　红苹果　黑眼睛

双音节形容词作定语，一般要带“的”。有少数双音节形容词经常修饰某些名词，用法比较固定，就可以不带“的”。如：

漂亮(的)姑娘　干净(的)衣服　雪白的墙　好看的电影　诚实的孩子

“多”“少”等形容词不能单独修饰名词，要加上“很”等程度副词才可以修饰名词。如：

很多朋友　很少的几本书

5. 形容词一般不能带宾语，但少数形容词可以以数量词为宾语，表示比较。如：

我比你大了好几岁。

这个钟快了5分钟。

6. 相当一部分形容词可以重叠。重叠的形式主要有以下几种：

| | |
|---|---|
| A→AA | 大大　红红　白白　好好　高高 |
| A→ABB | 红通通　白花花　慢腾腾　绿油油　黑乎乎　亮堂堂 |
| AB→AABB | 漂漂亮亮　高高兴兴　干干净净　清清楚楚 |
| AB→ABAB | 雪白雪白　乌黑乌黑 |
| AB→A里AB | 糊里糊涂　傻里傻气 |



## 提示

1. 形容词重叠后就带有程度加深的意思，所以形容词重叠形式前不能再受程度副词修饰。下面的句子是错的：

*妹妹的脸一直很红红的。

*夜深了，外面非常黑乎乎的，什么也看不见。

*那个老人穿着一件很干干净净的衣服。

2. 在学习形容词时，不要只记形容词的意思，应该把形容词和常跟它搭配使用的词语一起记。如：

大卫的能力很强。(不能用“大”)

水(颜色、关系)很深。

又如“高、好”可以作很多名词的谓语，但是反义词却因不同的名词而有区别，不注意就会用错。如：

个子(房子、树)很高/矮(ǎi)。(*个子很低。)

水平(温度、工资、要求)很高/低。

时间(路、头发、裙子、裤子)很长/短。(*裙子很矮。)

天气(脾气、关系、成绩、身体)很好。

坏天气(脾气)。

成绩(关系)很差(chà)。(*成绩很坏。)

有的形容词可以作几个名词的谓语，换一个近义的形容词就不行。如：

这个箱子(病、责任)很重/轻。

这个箱子很沉/轻。(*病很沉。)

我的心情很沉重/轻松。(*心情很沉)(详见本单元第五课)

有的形容词从结构和意思上看起来很相近,但搭配的词语很不一样。如:

光明的前途(tú)("光明"可以比喻有希望的,这里不能用"明亮")

房间很亮(*房间很光明)

明亮的玻璃(*光明的玻璃)

我们在下面的近义形容词辨析中会重点分析它们的不同搭配,请大家要特别注意记忆。

## 练一练

**一、判断对错并改正错句(正确的打"√",错误的打"×")。**

1. 苏州大学的学生多。

2. 我们的汉语水平很初级。

3. 你提的意见是对。

4. 汽车快,船慢,还是坐汽车吧!

5. 他是一个很可爱的孩子,大家都很喜欢他。

6. 我不喜欢冬天刮大的风,很冷。

7. 我有多中国朋友,别的留学生都很羡慕我。

8. 他们的学校非常干净。

9. 玛丽的衣服很漂漂亮亮。

10. 这条马路笔直笔直的。

**二、在下面所给的形容词中选出适当的填空。**

热情　高　重　方便　长　差　安静　矮　认真　漂亮　好　大　坏　长　强

1. 我们的学校很__________,也很__________。
2. 今天的温度很__________,大家都觉得很热。
3. 小林每天都来上课,做作业,老师都夸他是一个__________的好学生。
4. 咱们下个星期找一个__________天气去春游吧。
5. 市中心太热闹了,我更喜欢住在__________的地方。

6. 弟弟不喜欢学习，成绩一直很＿＿＿＿＿，爸爸让我帮助他。

7. 老刘的病很＿＿＿＿＿，在医院里已经住了很＿＿＿＿＿时间了。

8. 我住的地方有很多商店，还有银行、医院、饭店，生活很＿＿＿＿＿。

**三、把下面的名词和形容词组成短语。**

| | |
|---|---|
| 很高的 | 困难 |
| 干净的 | 青菜 |
| 便宜的 | 衣服 |
| 漂亮的 | 东西 |
| 很大的 | 姑娘 |
| 红红的 | 水平 |
| 热闹的 | 车 |
| 简单的 | 大街 |
| 快 | 问题 |
| 好 | 太阳 |
| 隆重的 | 天气 |
| 绿油油的 | 节日 |

**四、HSK 仿真题：在下面的答案中选择唯一正确的填在横线上。**

1. 我们学校的校长能力很＿＿＿＿＿，我们都很喜欢他。

A. 大　　B. 高　　C. 强

2. 今天考试全考完了，我觉得很＿＿＿＿＿。

A. 轻　　B. 松　　C. 轻松

3. 谁都希望自己有一个＿＿＿＿＿的前途。

A. 光明　　B. 亮　　C. 明亮

## 参考答案

一、1. × 改为：苏州大学的学生很多。

2. × 改为：我们的汉语水平比较低。（“初级”是非谓形容词，不能作谓语）

3. × 改为：你提的意见很对。

4. √

5. √

6. × 改为：我不喜欢冬天刮大风，很冷。

7. × 改为：我有很多中国朋友，别的留学生都很羡慕我。

8. √

9. × 改为：玛丽的衣服很漂亮。

10. √（“笔直”本身已经包括“程度很深”的意思，不能再受程度副词修饰）

二、1. 大　漂亮　2. 高　3. 认真　4. 好　5. 安静　6. 差　7. 重　长　8. 方便

三、很高的水平　干净的衣服　便宜的东西　漂亮的姑娘　很大的困难　红红的太阳　热闹的大街　简单的问题　快车　好天气　隆重的节日　绿油油的青菜

四、1. C　2. C　3. A

# 第二课 形容词作状语和补语

讲一讲

**一、形容词作状语**

部分形容词也可以作状语修饰动词。单音节形容词作状语的比较少，主要有：多、少、早、晚、快、慢、新、大、轻。

单音节形容词作状语多修饰单音节动词，用法相对固定，能够被修饰的动词也比较有限。如：

东西要轻拿轻放。

少说话，多做事。

我可能会晚来几天。

请慢走。我不远送了。（一般用于送客人出门时说）

我们准备大干一场。（“大”常修饰的动词有“吃、喝、吵、闹、哭、笑”）

单音节形容词作状语不带“地”，大多数双音节形容词作状语可以带“地”，经常作状语的形容词可以不带“地”。如：

我要认真学习，努力工作。（“认真、努力”常作状语，可不带“地”）

同学们安静地在听老师讲课。

大家高兴地叫起来。

另外，形容词重叠形式、“程度副词+形容词”也常作状语，这类状语如果音节较多（超过两个音节），一般要带“地”，双音节表示强调时也可带“地”。如：

我很快明白了他的意思。

大卫非常激动地握着警察的手说：“谢谢你们的帮助！”

老人慢慢地走过来。

**二、形容词作补语**

不少单音节、双音节形容词都可以放在动词后作状态补语，常要带程度副词“很“等修饰。如：

他走得特别快。

黑板擦得很干净。

这个暑假过得很愉快！

状态补语的形容词不带“很”等程度副词，一般用于下面两种情况：

干得好！（表示称赞，下同）

动作做得漂亮！

姐姐长得矮,妹妹长得高。(不同情况的对比)

因此,下面的句子常常含有对照、比较的意味。如:

他走得快。(别人走得不快)

玛丽唱得好。(别人唱得不好)

有些形容词还可以单独作结果补语,单音节形容词常作补语的有:“好、破、坏、满、多、少、早、晚”等;双音节形容词作结果补语的比较少,如“清楚、干净、整齐、明白、端正”等(另参见《句子成分》分册第一单元中有关结果补语的说明)。如:

我们都听清楚了。

我们已经准备好了。

墙上长满了草。

单音节形容词重叠式或 ABB 式形容词重叠式作补语的,一般要加上“的”。如:

玛丽的脸总是红红的。

*玛丽的脸总是红红。

青菜长得绿油油的。

*青菜长得绿油油。

双音节形容词重叠后作补语,有的加“的”,有的也可以不加。如:

节日里,人们都穿得漂漂亮亮的。

李丽把孩子们打扮得干干净净、漂漂亮亮,然后带着他们去参加歌舞比赛。

## 练一练

**一、句中画线处都应是状语,从下面所给的形容词中选出适当的填空。**

热情　早　远　满意　匆匆忙忙　轻轻　仔仔细细　慢　快　高兴

1. ________睡________起对身体有好处。
2. ________走!我们要迟到了。
3. 玛丽________地唱起歌来。
4. 看到孩子的进步,爸爸________地笑了。
5. 其实,这件事情老师很________就知道了。
6. 看到孩子已经睡着了,妈妈________地关上房门。
7. 李教授送我到门口,对我说:“________走,我不________送了。”
8. 一大早,他就________地出去了,好像有什么急事。
9. 写完论文以后,马克又________地检查了一遍。
10. 我一进门,他就________地让我坐下,给我倒茶。

**二、句中画线处都应是补语,从下面所给的形容词中选出适当的填空。**

漂亮　干净　有意思　晚　快　好　高兴　整齐　对　厉害

1. 玛丽回答得很________。
2. 老人年纪很大了,但走路还是走得很________。
3. 昨天晚上玩得________吗?
4. 这件衣服一点儿都没洗________。

5. 你的孩子长得真__________！

6. 他这次病得很__________。

7. 对不起，我来__________了。让你们久等了。

8. 我跟朋友约__________了，明天下午去看电影。

9. 房间收拾得真__________！谢谢你。

10. 张老师讲课讲得很__________，大家都爱听。

**三、用句后括号中的词语完成对话。**

1. A：你昨天去公园玩得怎么样？

   B：我昨天______________________________。（高兴）

2. A：这个词我总是记不住。

   B：你__________________________。（多）

3. A：你______________，这个题目很难。（认真）

   B：好，知道了。

4. A：后面的同学，你们能听见吗？

   B：没问题，老师，我们______________________________。（清楚）

## 参考答案

一、1. 早　早　2. 快　3. 高兴　4. 满意　5. 早　6. 轻轻　7. 慢　远　8. 匆匆忙忙　9. 仔仔细细　10. 热情

二、1. 对　2. 快　3. 高兴　4. 干净　5. 漂亮　6. 厉害　7. 晚　8. 好　9. 整齐　10. 有意思

三、1. 我昨天<u>玩得很高兴</u>。

2. 你<u>多看几遍就记住了</u>。

3. 你<u>认真地做</u>，这个题目很难。

4. 没问题，老师，我们<u>听得很清楚</u>。

# 第三课 冷、凉 冰凉、冰冷 暖和、温暖

## 冷、凉

### 讲一讲

“冷”“凉”这两个词都是形容词，表示温度不高。如：

茶快要凉了，快点儿喝吧！

天气越来越冷了，要多穿点儿衣服。

“冷”主要指空气的温度低，人不需要触摸就可以感觉到。如：

房间里好冷啊！

外面冷得很，还是呆在屋子里吧！

空调坏了吧？教室里怎么还是这么冷。

“冷”还可表示对人的态度不热情，不温和，常重叠使用。如：

这个孩子对人一点儿都不热情，整天都冷冷的。

我问他什么时候有空，他冷冷地说了一句，我根本没听清。

“冷”还可以表示事物不热闹，比较少见，或者不受欢迎。如：

在日本，MBA也同样经过了从冷到热的变化。

原来这个专业很热，因为读的人太多，不好找工作，现在变冷了。

“冷”还可以表示灰心或失望，搭配比较固定，与“心”搭配，或用于“心灰意冷”一语中。如：

王平心灰意冷，决定放弃自己的专业。

“凉”常常表示需要通过触摸才能感觉到的温度低。如：

你摸一摸，孩子的手好凉啊。

菜都凉了，再热一下吧！

井水太凉，不要直接用它洗澡，加点儿热水吧！

“凉”也可以表示空气的温度低，但跟“冷”有程度上的差别。“冷”表示温度非常低，“凉”表示温度比较低。如：

教室里冷死了，快开空调吧！

今天外面比较凉，加件衣服再出去散步！

秋天了，天气凉了，很多人家都不再用空调了。

今年冬天特别冷，我几乎一直在家里呆着。

"凉"也可以表示灰心或者失望。如：

她一走，我的心都凉了。

看到那份通知，他的心凉了，这次比赛他没有被选上。

**提示**

"凉"和"冷"的区别

| 词语 | 感知方式 | 空气的温度 | 物体、肢体温度 | 态度不热情 | 表示灰心、失望 | 事物不热闹不受欢迎 |
|---|---|---|---|---|---|---|
| 凉 | 靠触摸皮肤感觉 | +<br>比"冷"高 | + | − | + | − |
| 冷 | 皮肤感觉不用触摸 | + | − | + | + | + |

## 练一练

**一、用"冷""凉"填空。**

1. 冬天，中国的北方比南方__________得多。
2. 秋天的早上已经比较__________了，锻炼的人要注意多穿衣服。
3. 这种汤得趁热喝，__________了就不好喝了。
4. 她今天的态度__________得让人觉得奇怪。
5. 泉水很__________，非常舒服！
6. 没有暖气，同学们都__________得发抖。
7. 春天来了，天气已经不那么__________了。
8. 别睡了，起来吧，石头上那么__________。

**二、HSK 仿真题：在下面的 A、B、C、D 中选择最接近画线词语的解释。**

1. 她对你越冷，你就得对她越热！
   A. 凉快　　B. 冷淡　　C. 冷清　　D. 冷落
2. 对于这些冷言冷语，先生早就习以为常了。
   A. 冷静　　B. 冷清　　C. 冷淡　　D. 冷热
3. 菜都冷了，快点儿吃吧。
   A. 凉　　B. 冷清　　C. 冷淡　　D. 冷静
4. 听到这个消息，她的心一下子就凉了。
   A. 凉快　　B. 冷　　C. 冷淡　　D. 失望

**三、HSK 仿真题：在下面的句子中找出错误的部分并改正。**

1. 看着地上厚厚的雪(A)，北面的窗子偏偏又坏了，怎么也关不上(B)，北风直往屋子里吹(C)，你说屋子里能不凉吗？(D)

2. 我见到玛丽，跑过去叫她，没想到她凉凉地看着我，好像不认识我一样。

A　　　　B　　　　C　　　　D

**四、用句后括号中的词语完成句子。**

1. 菜别这么早做，等爸爸回来________。（凉）
2. 玛丽这个人对人________，所以大家都不太喜欢她。（冷）
3. 这就是一年努力的结果吗？我的心________。（凉）
4. 虽然已经是夏天，但是________。（凉）

## 参考答案

一、1. 冷　2. 凉　3. 凉　4. 冷　5. 凉　6. 冷　7. 冷　8. 凉

二、1. B　2. C　3. A　4. D

三、1. D　改为：你说屋子里能不冷吗

　　2. C　改为：她冷冷地看着我

四、1. 菜别这么早做，等爸爸回来 就凉了 。

　　2. 玛丽这个人对人 总是冷冷的 ，所以大家都不太喜欢她。

　　3. 这就是一年努力的结果吗？我的心 一下子就变凉了 。

　　4. 虽然已经是夏天，但是 晚上还是有点儿凉 。

# 冰冷、冰凉

## 讲一讲

“冰凉”“冰冷”这两个形容词都表示温度很低，有时可以互换。如：

　　她掉进了冰凉/冰冷的湖水中，周围一个人都没有。

“冰凉”只可表示触摸到的低温。如：

　　她用自己的手温暖着母亲冰凉的手。

　　在夏天的晚上，坐在河边，喝着冰凉的啤酒，别提多舒服了。

　　尽管冰凉的雨点打在身上，她却并不觉得冷。

“冰冷”表示物体或肢体的温度很低，有的是触摸到的，有的只是空气的感觉。如：

　　你的手冰冷的，生病了吗？

　　在这冰冷的冰雪世界多呆一会儿都会受不了的。

“冰冷”还可表示使人感到缺乏温暖，无情的神态、表情、感情、环境或气氛。如：

　　在这个冰冷的群体中，孩子得不到任何人的关心和帮助。

　　母亲的爱终于打动了她冰冷的心。

　　她冰冷的脸上，没有一点表情。

“冰冷”的第二种用法是“冰凉”没有的。

## 提示

"冰冷"和"冰凉"的区别

| 词语 | 表示触及到的低温 | 不是触及到的低温 | 使人感到缺乏温暖、无情 | 常用搭配 |
| --- | --- | --- | --- | --- |
| 冰凉 | + | − | − | 手、脚～ ～的雨点 ～的世界 ～的石头 ～的啤酒(使人舒服) |
| 冰冷 | + | + | + | 手～ ～的世界 ～的寒气 ～的月光 ～的脸 ～的眼睛 ～的城市 ～的人群 ～的现实 |

1. "冰冷"是让人感到不舒服的感觉。"冰凉"有时是不舒服的,但"冰凉的啤酒"则是让人感到舒服的。

2. 这两个词的重叠形式都是 ABAB 式。如:

这水冰冷冰冷的,怎么洗澡啊?

这玩意儿摸上去冰凉冰凉的,喝起来却整个人都很暖和。

3. "冰冷"和"冰凉"都表示程度较深,不能再接受程度副词修饰。下面的说法都是错的:

*很冰冷　*非常冰凉　*十分冰冷　*不太冰凉

## 练一练

**一、用"冰凉""冰冷"填空。**

1. 李丽并不是人们想的那种心肠(cháng)__________的人。
2. 山洞里冬暖夏凉,再热的天走进这里,摸到的石头都是__________的。
3. 喝上几口__________的泉水,大卫马上又有了力气,向山顶爬去。
4. 我一打开窗子,马上就感觉到了外面__________的空气。
5. 摸着孩子__________的小脸,妈妈心里别提多心疼了。
6. 屋子里是__________的气氛,没有一个人愿意说话。

**二、HSK 仿真题:在下面的 A、B、C、D 中选择最接近画线词语的解释。**

1. 有人说,她永远不会笑,对人总是一张<u>冰冷</u>的脸。

A. 冷　　B. 冷冷　　C. 冷静　　D. 冷清

2. 孩子们一下子都掉进了<u>冰冷</u>的湖水中。

A. 很冷　　B. 冷淡　　C. 冷清　　D. 冰冻

3. 从水里爬出来,她浑身<u>冰凉</u>。

A. 凉快　　B. 冷淡　　C. 冷清　　D. 很凉

**三、用句后括号中的词语完成句子。**

1. 走了这么多的路,热得不得了,真想____________________。(冰凉)
2. 王大妈特地到城里来看孩子,却看到他这样__________________,很失望。(冰冷)
3. 风一吹,李华感觉到____________________。(冰凉)

## 参考答案

一、1. 冰冷　2. 冰凉　3. 冰凉　4. 冰冷　5. 冰凉　6. 冰冷

二、1. B　2. A　3. D

三、1. 走了这么多的路，热得不得了，真想＿喝一杯冰凉的水＿。

2. 王大妈特地到城里来看孩子，却看到他这样＿一张冰冷的脸＿，很失望。

3. 风一吹，李华感觉到＿全身冰凉＿。

# 暖和、温暖

## 讲一讲

"暖和""温暖"这两个词都是形容词，表示温度不冷不热，让人感觉比较舒服。如：

北京正在下雪的时候，云南还是和春天一样温暖。

屋子里挺暖和的，大家快点儿进来！

"暖和"表示不冷不热，多形容较小范围的天气、环境和衣服等。如：

今天很暖和，我们去外面坐吧。

北方人家里都有暖气，冬天屋子里还是比较暖和的。

这种衣服穿着很暖和，特别是在下雪天。

"暖和"有动词用法，使人感到暖和。常用 ABAB 重叠式。如：

在雪地里冻了一上午了，快进屋暖和暖和。

"温暖"表示不冷不热，主要形容较大范围的气候、季节、地区、阳光、海水等。如：

我喜欢去气候温暖、风景优美的地方旅游。

冬天的午后，温暖的阳光照在脸上，别提多舒服了。

"温暖"还常表示人与人的关系十分友好、和睦。常作谓语、定语或宾语。如：

王平有一个温暖的家庭。

听了他的话，李丽心里自然很温暖。

"温暖"也有动词用法，使人（心里）感到温暖，一般带宾语，常带"着"或"了"，可以重叠。如：

政府的关怀，温暖了下岗工人的心。

这位服务员对顾客特别热情，她始终像一团火，温暖着人们的心。

**提示**

“暖和”和“温暖”的区别

| 词语 | 温度不低,使人舒服 | 人和人的关系友好 | 重叠形式 | 语体色彩 |
|---|---|---|---|---|
| 温暖(形) | 气候～ 环境～ 衣服～ ～如春 ～的气候 ～的环境 ～的阳光 ～的地区 ～的海水 ～的被窝 家庭的～ 集体的～ | ～的家庭 ～的集体 感到～ 感觉到～ | – | 多用于书面语 |
| 温暖(动) | 使感到人的关心与温暖 | ～了……的心 ～着 在……的～下 | ABAB 式 | |
| 暖和(形) | 天气～ ～的天气 ～的屋子 ～的被窝 ～的毛衣 | – | AABB 式,多作状语、定语 | 多用于口语 |
| 暖和(动) | 使暖和,如:～一下 | – | ABAB 式 | |

1. “温暖“常表示人与人的关系友好、和睦,这一意义还有动词用法。“暖和”没有这种用法。

2. “暖和”可重叠为 AABB 式,在句中还可作谓语、状语或定语。“温暖”则不可以。如:

这里暖暖和和的,为什么还要出去玩?

我们暖暖和和地坐在桌子边,吃着年夜饭。

*屋子里温温暖暖的。

## 练一练

**一、用“暖和”“温暖”填空。**

1. 今天外面很冷,进屋来__________吧!
2. 虽然是冬天,但是这里却__________如春。
3. 老师的话让她感觉很__________。
4. 用电热毯,可以让被子变得很__________。
5. 天气越来越__________了,春天快要来了。
6. 人们热情的帮助__________着这个失去母爱的孩子的心。
7. 冬天的阳光特别__________,我们都不想回到教室去。
8. 如果人们之间关系冰冷,互不关心,就会使人感到周围环境的不__________,不安全。

**二、HSK 仿真题:在下面的句子中找出错误的部分并改正。**

1. 张老师对我们特别好(A),不但关心我们的学习(B),而且关心我们的生活(C),她对我们像妈妈一样暖和(D)。

2. 你在雪地里走了一天(A),一定冻坏了(B),快去洗个热水澡(C),温暖温暖吧(D)。

3. 缺少母爱的小明十分内向，不爱说话，在老师和同学们爱心的暖和下，他渐渐有了转变。

A（缺少母爱的小明十分内向） B（不爱说话） C（在老师和同学们爱心的暖和下） D（他渐渐有了转变）

**三、用句后括号中的词语完成句子。**

1. 今年冬天________________，我连棉衣都没穿。（暖和）
2. 看到同学们送给我的礼物，我突然觉得____________________。（温暖）
3. 你到这里来，靠着空调，__________________。（暖和）。
4. 同学的帮助________________，让她忘记了家庭的不幸。（温暖）
5. 快过来__________，外面多冷啊！（暖和）

## 参考答案

一、1. 暖和暖和　2. 温暖　3. 温暖　4. 暖和　5. 暖和　6. 温暖　7. 暖和　8. 温暖

二、1. D　改为：她对我们像妈妈一样温暖

2. D　改为：暖和暖和吧

3. C　改为：在老师和同学们爱心的温暖下

三、1. 今年冬天__特别暖和__，我连棉衣都没穿。

2. 看到同学们送给我的礼物，我突然觉得__心里一下子温暖起来__。

3. 你到这里来，靠着空调，__比那儿暖和多了__。

4. 同学的帮助__温暖了明明的心__，让她忘记了家庭的不幸。

5. 快过来__暖和暖和__，外面多冷啊！

# 第四课 用功、努力 简单、容易 高兴、愉快

## 用功、努力

### 讲一讲

"用功""努力"这两个词都可以作形容词,表示在学习方面勤奋、努力。如:

该校的学生一向是非常用功/努力的。

"用功"有两个词性,一是动词,表示努力学习。常作谓语。如:

还有几天就高考了,学生们都在拼命用功。

别用功了,都这么晚了,该睡觉了,明天再看吧!

二是形容词,指在学习、技巧训练或修炼等方面用的工夫多,花的力气大。一般在句中作谓语、状语或定语。如:

这个学校的孩子们读书都十分用功。

那位画家非常用功,有人说他画的速写可以用麻袋装。

王平被选进国家队之后,比以前更加用功了。

听说老李在深山老林用功修炼。

用功的人才能获得成功。

"努力"有两个词性,一是动词,指把力量尽量使出来,是离合词,中间可插入量词"一把"。如:

大家再努一把力。

二是形容词,指花很多精力,十分尽力地(去做好某事)。一般在句中作谓语、定语或状语。如:

她在大学里学习的时候是非常努力的。(学习方面的"努力"可换成"用功")

他要努力工作,做出更大的成绩。("努力"不能换成"用功",下同)

50 年前,在李爷爷的努力下,终于办起了第一家电厂。

**提示**

"用功"和"努力"的区别

| 词语 | 语义特点 | 使用方面 | 离合词用法 |
|---|---|---|---|
| 努力(动) | 把力量尽量使出来 | | 努一把力 |
| 努力(形) | 使出全部的力气,尽力去做 | 可用于各种方面 | – |
| 用功(动) | 努力学习 | | 用了这么久的功　用一下功 |
| 用功(动) | 花很多精力,十分尽力地(去做好某事) | 多用于学习、训练方面 | + |

1. "用功"多用于学习、训练方面肯下功夫;"努力"使用的范围比"用功"大,强调尽最大的力量去做好某事(详见上)。

2. "用功"一般用于单方面,"努力"可以用于几方面的动作者共同尽力。如:

在三个国家的共同努力下,这个经济合作区终于建成了。

3. "努力"可以作"尽、作"等的宾语。如:

我们已经尽最大的努力了,但成绩还是没法让人满意。

在宣布结果前的那个晚上,他还在作最后的努力。

4. 作为动词的"用功"和"努力"都是离合词,但结构和用法不太一样。"用功"有"用了半天功""用了这么久的功""用一下功"的形式,但"努力"只有"努一把力"的说法。如:

再用几年功,我就不信考不上大学。

他其实很聪明,稍微用一下功成绩就上去了。

咱们只要再努一把力,就能爬上山顶了。

## 练一练

**一、用"用功""努力"或"用……功"填空。**

1. 他无论工作、学习,都非常__________。
2. 学习中只要肯__________,成绩不可能不会提高。
3. 年轻人只有__________奋斗才会有好的前途。
4. 我们要__________把学校办成全国最好的学校。
5. 小王这孩子很聪明,只要__________上几年__________,肯定有出息。

**二、判断对错并改正错句(正确的打"√",错误的打"×")。**

1. 用了几年功,她终于考上了理想的大学。

2. 平时不努力,工作怎么能做好呢?

3. 在家用功学习,在单位用功工作,他就是这样一个人。

4. 同学们正在教室里用功呢。

5. 中美双方经过共同努力，最终达成了协议。

6. 经过几年的用功，做了数百次试验后，终于成功了。

**三、HSK 仿真题：将句后括号中的词语放在唯一合适的地方。**

1. A 只有 B 学习，C 才会 D 有好的成绩。（努力）
2. 她在学习方面比你 A 一点儿 B，当然成绩也会好 C 一点儿 D。（用功）
3. 年轻时 A 奋斗 B，将来才能 C 获得 D 成功。（努力）

**四、HSK 仿真题：在下面的答案中选择唯一正确的答案填在横线上。**

1. 院长批评我们没有尽最大的__________。

A. 勤奋　B. 努力　C. 用功　D. 认真

2. 我们学校将__________为国家输送人才。

A. 负责　B. 认真　C. 努力　D. 用功

3. 只要你__________一个月__________，成绩肯定会有所提高。

A. 认……真　B. 尽……力　C. 努……力　D. 用……功

4. 最后的__________还是没有带来成功。

A. 用功　B. 努力　C. 认真　D. 勤劳

## 参考答案

一、1. 努力　2. 努力/用功　3. 努力　4. 努力　5. 用……功

二、1. √

2. √

3. ×　改为：在单位努力工作。

4. √

5. √

6. ×　改为：经过几年的努力。

三、1. B　2. A　3. A

四、1. B　2. C　3. D　4. B

# 简单、容易

## 讲一讲

“简单”指结构不复杂或理解、使用和处理事情等不复杂，反义词是“复杂”。常作谓语、状语、补语或定语，可以重叠。如：

这台机器比较简单，那台就复杂多了。

咱们简单吃点吧，别去饭店了。

你把问题看得太简单了。

很简单的事情为什么弄得这么复杂？

我就简简单单地说几句吧！

“简单”还表示经历、能力比较平凡，常常用于否定式。如：

你别小看她，她这个人可不简单。

“容易”指做事情不费事，跟“难”相对，常作谓语、状语、定语或补语，不能重叠。如：

老师提的问题比较容易回答。

这个动作太容易了，三岁的孩子都可以完成。

考试不会只考容易的题目。

刚工作的人往往把事情看得很容易，碰到困难后才知道不是那么好办的。

“容易”还可以表示“可能性比较大”，常作状语。如：

奶奶身体不好，很容易感冒。

你这样走过去，容易被人发现。



提示

“简单”和“容易”的区别

| 语义特点 | 简单 | 容易 |
|---|---|---|
| 结构或理解、使用和处理事情不复杂 | + | − |
| 经历、能力比较平凡 | + | − |
| 不费事，不难 | − | + |
| 可能性较大 | − | + |
| 重叠 | AABB | − |

练一练



**一、用“简单”“容易”填空。**

1. 昨天发生的事情，你能__________说一下吗？
2. 小孩子想问题总是比较__________。
3. 这么__________做的题目你怎么不会做呢？
4. 学游泳其实很__________就能学会的。
5. 山并不高，爬上去很__________。
6. 下雨天比较__________发生交通事故，所以要特别小心。
7. 这支笔很__________，我会修。
8. 淋了雨__________感冒。

**二、HSK 仿真题：在下面的答案中选择唯一正确的填在横线上**

1. 这件事情其实很__________，没有你们想象的那么复杂。

A. 简单　　B. 容易　　C. 理解　　D. 好懂

2. 夏天，食物比较__________变质。

A. 简单　　B. 容易　　C. 方便　　D. 能

3. 现在由厂长__________介绍一下厂里的基本情况。

A. 简单　　B. 容易　　C. 清楚　　D. 明白

**三、HSK 仿真题：在下面的 A、B、C、D 中选择最接近画线词语的解释。**

1. 公司的新经理可是一位<u>不简单</u>的人。

A. 不容易　　B. 聪明　　C. 不平凡　　D. 富有

2. 我来<u>简单</u>说几句，5 分钟就结束。

A. 容易地　　B. 好懂地　　C. 清楚地　　D. 大概地

3. 孩子选择了一个大人<u>不容易</u>找到的地方。

A. 不简单　　B. 不经常　　C. 很难　　D. 复杂

4. 这么<u>简单</u>的问题，三岁的孩子都能答出来。

A. 容易　　B 平凡　　C. 概括　　D. 常见

**四、用句后括号中的词语完成句子。**

1. 张老师____________________，毕业后一直呆在学校里。（简单）
2. 你别看____________________，全班就没几个人做对的。（容易）
3. 这个女孩____________，全国比赛得过第一名。（简单）
4. 还有很多工作要做，今天开会请你_______________。（简单）
5. 你这样开快车，__________________，到时候后悔也来不及了。（容易）
6. 小王妈妈既要工作，又要照顾老人和三个孩子，____________。（容易）

## 参考答案

一、1. 简单　2. 简单　3. 容易　4. 容易　5. 容易　6. 容易　7. 简单　8. 容易

二、1. A　2. B　3. A

三、1. C　2. D　3. C　4. A

四、1. 张老师<u>经历很简单</u>，毕业后一直呆在学校里。

2. 你别看<u>这个题目好像很容易</u>，全班就没几个人做对的。

3. 这个女孩<u>可不简单</u>，全国比赛得过第一名。

4. 还有很多工作要做，今天开会请你<u>说得简单一些</u>。

5. 你这样开快车，<u>很容易出事</u>，到时候后悔也来不及了。

6. 小王妈妈既要工作，又要照顾老人和三个孩子，<u>真不容易</u>。

# 高兴、愉快

## 讲一讲

"高兴"主要表示因为发生了让人满意的事情、或者希望得到实现，从而心情喜悦。可以

重叠。如：

你的到来让我们全家都很高兴。

他们都高高兴兴地上班去了。

“高兴”还可作动词，表示很愿意做什么事情。如：

我今天不高兴上班，就休息一天吧！

你高兴来就来，不高兴来就别来了，随便你。

“愉快”常表示在一段较长时间内心情舒畅。修饰的词语多为可长时间持续的。如：

在中国的这些日子里，我过得非常愉快！

常常出去散步，可以保持愉快的心情。

祝你旅行愉快！

提示

“高兴”和“愉快”的区别

| 词语 | 语义特点 | 常用搭配 | 重叠 |
| --- | --- | --- | --- |
| 高兴（形） | 愉快而兴奋<br>多用于口语 | 很～　吃得很～　喝得很～　玩得很～　～地说　～地告诉　～地回答　～回去　～地跳舞　～地唱　～地握手　～地答应　～地接受 | AABB |
| 高兴（动） | 喜欢做（某事） | ～＋动词　～去　～来　～写 | |
| 愉快（形） | 心情舒畅<br>多用于书面语 | 过得很～　生活得很～　合作得很～　～地度过　～地生活　～地工作　～地学习　～地回忆　～地回顾　～地期待　～地答应　～地接受　～地服从　～地告别　～地离开　～地放弃　～地下岗 | 无 |

1. “高兴”表示愉快而兴奋，修饰的词语多为动作动词，动作持续的时间可以很短；而“愉快”一般修饰的是能持续较长时间的动词（详见上）。

2. “愉快”比“高兴”更多地用于书面语，更强调心情舒畅，没有什么不满，所以可以形容一般人不太愿意接受的动作，如“放弃、下岗、服从、告别、离开”等。

3. “高兴”还可以作动词，表示很喜欢做什么事情。“愉快”没有这样的用法。

4. “高兴”可以重叠，“愉快”则不能。





## 练一练

**一、用“高兴”“愉快”填空。**

1. 你总是这个不＿＿＿＿做，那个不＿＿＿＿做，你到底想做什么？
2. 医生说的话让大家怎么也＿＿＿＿不起来。
3. 你这次云南旅行过得＿＿＿＿吗？
4. 在朋友们的关心、帮助下，我在这里生活得非常＿＿＿＿。
5. 你要是不＿＿＿＿看书就出去玩吧！
6. 买到了新房子，他能不＿＿＿＿吗？
7. 我们上次合作还是很＿＿＿＿的，而这次却完全不一样了。
8. 老师＿＿＿＿地同意了我们的要求。

二、HSK 仿真题：在下面的答案中选择唯一正确的填在横线上。

1. 我们请了她，不过她好像不__________来。

A. 高兴　B. 愉快　C. 喜悦　D. 快乐

2. 看到自己的成绩，小明一下子就__________起来了。

A. 高兴　B. 愉快　C. 喜悦　D. 幸福

3. 火车快到站了，祝大家旅行__________！

A. 高兴　B. 愉快　C. 快乐　D. 幸福

4. 孩子们__________地上学去了。

A. 高高兴兴　B. 愉愉快快　C. 幸幸福福　D. 欢欢乐乐

三、用句后括号中的词语完成句子。

1. 虽然这个工作很难做，但我们还是________________。（愉快）

2. 听到爸爸要给自己买礼物，孩子________________。（高兴）

3. 祝你们________________！（愉快）

4. 快把这个消息告诉奶奶，让她________________。（高兴）

5. 这次，我们两个公司________________，以后一定要加强联系。（愉快）

## 参考答案

一、1. 高兴　高兴　2. 高兴　3. 愉快　4. 愉快　5. 高兴　6. 高兴　7. 愉快　8. 愉快

二、1. A　2. A　3. B　4. A

三、1. 虽然这个工作很难做，但我们还是<u>愉快地接受了</u>。

2. 听到爸爸要给自己买礼物，孩子<u>一下子高兴了起来</u>。

3. 祝你们<u>旅行愉快</u>！

4. 快把这个消息告诉奶奶，让她<u>也高兴高兴</u>。

5. 这次，我们两个公司<u>合作得非常愉快</u>，以后一定要加强联系。

# 第五课 重、沉、沉重 热情、热心

## 重、沉、沉重

### 讲一讲

“重”“沉”“沉重”这三个词可以作形容词，都可以表示重量比较大，跟“轻”相对。如：

行李太沉了，你帮妈妈拎吧。

你的包怎么这么重？

工人抬着沉重的担子，慢慢地走着。

“重”可用于客观地说明具体事物或人体重量大，可受数量词的修饰。如：

他最近可重多了。

这袋苹果有五斤重？

大卫太重了，我根本背不动他。

“重”可以形容动作的力量、重量大，可以重叠。如：

大卫重重地打了那人一拳(quán)。

你的批评是不是太重了？

“重”还可以表示味道、颜色、伤病等程度较深。如：

四川人口味都比较重，爱吃咸、辣的食物。

他的病越来越重了。

“重”可以作动词，表示“以……为重”。如：

中国古代有重文轻理的传统。

我们公司招工重能力，轻学历。

“沉”多用于表示搬动某物体或抱某人时，负重者主观感觉重量大。如：

这只箱子太沉，女孩子搬不动。

妈妈说我小时候太胖、太沉，抱都抱不动。

“沉”有时表示人感觉身体某个部位很不轻松、不舒服的感觉。如：

我睡了十几个小时，醒来觉得头很沉。

今天不知怎么了，胳膊很沉，抬不起来。

“沉”不能用于客观说明事物的重量大，不能受数量词修饰。下面的用法是错的：

*现在的小孩体重都偏沉。

*这只西瓜大概3公斤沉。

"沉"又可以表示动作状态的程度很深。可以重叠。如：

他睡得很沉，叫都叫不醒。

她陷入了沉沉的思考。

"沉"还有动词的几种用法。如：

眼看着石头沉入了水底。（在水里往下落）

房屋的地基下沉了。（物体向地下陷）

搞研究得沉下心来。（使下沉；向下放，多用于抽象事物，下同）

沉住气，不要慌。

一听见批评，他就把脸沉了下来，不说话了。（"把脸沉了下来"表示的是"不高兴的样子"）

"沉重"表示具体物体重量大的时候，程度较深，指物体重量非常大，多用于书面语。如：

沉重的树木被运到了北京。

这是一块非常沉重的石头，是谁把它搬到山顶的呢？

"沉重"多用于表示精神上感到压力大，多与"心情、生活、负担"等搭配。如：

母亲的病，让这个孩子的心情很沉重。

经济状况的变化，使他的生活不再沉重。

听到这个消息，大家都感觉心里非常沉重。

不要说这个沉重的话题，谈点儿别的吧！

**提示**

"重""沉""沉重"的区别

| 词语 | 事物的重量 | 人的体重 | 受数量词修饰 | 常用搭配 | 语体色彩 |
|---|---|---|---|---|---|
| 重 | +<br>客观说明 | +<br>同左 | + | 味道很～　颜色很～　动作很～　病很～<br>～～地打了一拳　～～地摔倒了 | 用于口语和书面语 |
| 沉 | +<br>搬运、负重的主观感觉 | 少用 | – | 行李很～　家具很～　孩子抱着很～<br>睡得很～ | 用于口语和书面语 |
| 沉重 | +<br>精神上的感觉 | 少用 | – | ～的打击　～的代价　～的包袱　～的担子<br>～的翅膀　～的石头　～的心情　～的语气<br>精神或生活负担很～　～的话题　～的问题<br>～的文字　生活得很～　爱得很～ | 多用于书面语 |

"重"和"沉"都可以重叠，都有动词用法；"沉重"不能重叠，没有动词用法。

## 练一练

**一、判断对错并改正错句（正确的打"√"，错误的打"×"）。**

1. 这么大的包，拿着却一点儿都不沉。

2. 你孩子多沉了？

3. 这只小猪快10公斤沉了。

4. 他越来越胖,体重越来越沉。

5. 王平被车撞了,伤得很重。

6. 今天一早,我们就从报纸上看到了这条沉重的消息。

7. 画的颜色是不是太沉了?

8. 生病的弟弟是家里沉重的负担。

**二、HSK模拟题:在下面的答案中选择唯一正确的填在横线上。**

1. 他是一个__________感情的人。
A. 重　　B. 沉　　C. 沉重
2. 对他来说,这个成绩是一个__________的打击。
A. 重　　B. 沉　　C. 沉重
3. 这个石头大概有几吨__________。
A. 重　　B. 沉　　C. 沉重
4. 喝了酒之后,他睡得别提多__________了。
A. 重　　B. 沉　　C. 沉重
5. 他每天都称体重,但还是越来越__________了。
A. 重　　B. 沉　　C. 沉重
6. 这个人病得很__________,得去医院。
A. 重　　B. 沉　　C. 沉重
7. 夫妻之间要感情为__________,利益为轻。
A. 重　　B. 沉　　C. 沉重





**三、用句后括号中的词语完成句子。**

1. 我家那小胖子要是睡着了,你推都推不动,____________________。(沉)
2. 你____________________,孩子刚睡着。(重)
3. 别谈____________________,换点儿轻松的话题吧。(沉重)
4. 快点儿去医院看看父亲,____________________。(重)
5. 比较起来,苏南人____________________,一般烧菜盐放得很少。(重)
6. 爸爸最近工作很不顺利,____________________,你不要去打扰他。(沉重)

## 参考答案

一、1. √
2. × 改为:你孩子多重了?(人的体重应该用"重",不能用"沉")
3. × 改为:这只小猪快10公斤重了。

4. × 改为:他越来越胖,体重越来越重。

5. √

6. √

7. × 改为:画的颜色是不是太重了?

8. √

二、1. A 2. C 3. A 4. B 5. A 6. A 7. A

三、1. 我家那小胖子要是睡着了,你推都推不动,<u>比小猪都沉</u>。

2. 你<u>走路别太重</u>,孩子刚睡着。

3. 别谈<u>这么沉重的话题</u>,换点儿轻松的话题吧。

4. 快点儿去医院看看父亲,<u>医生说他的病挺重的</u>。

5. 比较起来,苏南人<u>口味不算重</u>,一般烧菜盐放得很少。

6. 爸爸最近工作很不顺利,<u>心情很沉重</u>,你不要去打扰他。

## 热情、热心、热烈

### 讲一讲

"热情"主要表示对人或者对事物有热烈的感情。如:

刚工作那几年,我们对工作都特别热情。

那家店的服务员都比较热情。

学生们向老师热情地打招呼。

"热心"常常表示对事物感兴趣,愿意参与,或愿意为别人出力。如:

对于捐款的事情,同学们都很热心。

大家提出了不少热心的建议。

父亲是个热心人,大家有问题都愿意找他解决。

感谢各位热心提供帮助的朋友!

"热烈"表示情绪高昂,兴奋激动。常形容很多人的行动或气氛。如:

我们向代表团表示热烈欢迎。

表演结束后,台下响起了热烈的掌声。

会议上,大家纷纷发言,讨论得很热烈。

### 提示

"热心"和"热情"都可以作名词,和它们本来的形容词意义有关,有细微的差别。如:

她的学习热情很高。(对学习充满感情)

我们的热情终于感动了他。(对人充满感情)

由于市民的热心,这些孩子得到了照顾和帮助。(愿意帮助他人)

"热心"还可以作动词,表示"对……很热心",可以带宾语。"热情"没有这种用法。如:

我的爷爷热心教育事业,在全国各地办了不少学校。

## 练一练

**一、用“热情”“热心”“热烈”填空。**

1. 社会需要像你们这样的__________人。
2. 你们的工作__________到哪里去了？为什么到现在还不肯干？
3. 代表团走到哪里，都能听到“欢迎欢迎，__________欢迎”的声音。
4. 中国人对我们都很__________，走到哪里都能看到他们的笑脸。
5. 知道我们有困难，邻居们都__________地帮助我们。
6. 感谢您__________参与我们的这次活动！

**二、HSK 模拟题：在下面的答案中选择唯一正确的填在横线上。**

1. 李丽对人特别__________，老远就会跟别人打招呼。

A. 热情　　B. 热心　　C. 热烈

2. 马克__________公益(yì)事业。

A. 热情　　B. 热心　　C. 热烈

3. 晚会上同学们纷纷表演节目，有的唱歌，有的跳舞，气氛非常________。

A. 热情　　B. 热心　　C. 热烈

4. 电视台向市民们征求那条老街改造的意见，很多__________的市民纷纷打来电话，出主意，想办法。

A. 热情　　B. 热心　　C. 热烈

5. 对于科学种田，少数人看起来很________，其实根本不感兴趣。

A. 热情　　B. 热心　　C. 热烈

**三、用句后括号中的词语完成句子。**

1. 这次买房子，同事们__________________，给了很多好的建议。（热心）
2. 王玉这人，表面上__________________，实际上很少真的帮别人忙。（热情）
3. 这份工作是没有任何报酬的，但是________________________。（热心）
4. 对于这次活动，同学们______________________，都愿意参加。（热心）
5. 在商店里，看到售货员____________________，真不好意思不买东西。（热情）





## 参考答案

一、1. 热心　2. 热情　3. 热烈　4. 热情　5. 热心　6. 热心

二、1. A　2. B　3. C　4. B　5. B

三、1. 这次买房子，同事们<u>都特别热心</u>，给了很多好的建议。

2. 王玉这人，表面上<u>对谁都很热情</u>，实际上很少真的帮别人忙。

3. 这份工作是没有任何报酬的，但是<u>热心的人并不少</u>。

4. 对于这次活动，同学们<u>个个都很热心</u>，都愿意参加。

5. 在商店里，看到售货员<u>的态度这么热情</u>，真不好意思不买东西。

# 单元练习

**一、将下面句后括号中的词语放在唯一合适的地方。**

1. 从操场 A 回到 B 教室 C,我们一下子觉得来到了春天 D。(里)
2. 好像 A 一个月 B 你就已经回国 C 了,怎么会突然出现在这儿 D 呢?(前)
3. 我 A 每天 B 都 C 会去操场跑步 D。(早上)
4. 张阿姨的儿子特别 A 喜欢跟朋友玩,不过 B,有 C 一个人在家看电视 D。(时候)
5. 你们都 A 轻轻 B,干什么 C 不好,为什么非要干这个 D 呢?(年纪)
6. 看完这部 A 电影,心里 B 什么 C,一时说不上来 D。(味道)
7. 别 A 看这篇课文 B 很长,实际上它比上一篇课文 C 多了 D。(简单)
8. 这两个人 A 都没什么 B 本事,C 成不了 D 的。(气候)
9. 本来 A 干干净净的屋子,B 一下子就被 C 多东西放 D 满了。(很)
10. 由于刚 A 起床 B,我可能要 C 来 D 几分钟。(晚)
11. 小姑娘本来漂漂亮亮 A,现在穿了这件奇怪的衣服 B,一点儿 C 都不好看 D。(的)
12. A 快来 B 烤烤火,C 一下 D。(暖和)
13. 我的手表不知道 A 怎么 B 突然 C 15 分钟 D。(快了)
14. 听说 A 这个 B 周末不能去黄山玩了,他的心 C 就 D 半截。(凉了)
15. 现在 A 我口渴得厉害 B,C 特别想喝一杯 D 饮料。(冰凉的)

**二、在下面的答案中选择唯一正确的填在横线上。**

1. 去旅行________,你是不是该准备点儿药带着?

A. 前　　B. 后　　C. 上　　D. 下

2. 今天________,该好好休息了。

A. 星期天的　　B. 到星期天　　C. 星期天　　D. 来星期天

3. 这本书是________被人借走的,你晚来了一个小时。

A. 前一个小时　　B. 一个小时前　　C. 后一个小时　　D. 一个小时后

4. 我________的任务就是了解顾客的意见、看法、态度什么的。

A 每天　　B. 天天　　C. 一直　　D. 总是

5. 正当汽车飞快地开过来的________,一只小猫不知道从哪儿跑到了马路上。

A. 时　　B. 时候　　C. 时间　　D. 当时

6. 到达山顶最短________也要 4 个多小时。

A. 时　　B. 时候　　C. 时间　　D. 时长

7. 人口的________结构如果不合理,会影响到经济建设等很多方面。

A. 年纪　　B. 岁数　　C. 年轻　　D. 年龄

8. 这里的________条件不适合种植热带植物。

A. 天气　　B. 气候　　C. 气色　　D. 气氛

9. 这家饭店菜的________很好。

A. 气味　　B. 气候　　C. 气色　　D. 味道

10. 现在是冬天了，每天都很__①__，所以早上实在是不想从__②__的被窝里爬出来。

① A. 冷淡　　B. 凉快　　C. 冷　　D. 凉

② A. 温和　　B. 温暖　　C. 冰冷　　D. 冰凉

11. 楼下的垃圾堆了很长__①__都没人清理，每天经过那儿的__②__都会闻到一股难闻的气味。

① A. 时　　B. 时候　　C. 天天　　D. 时间

② A. 时　　B. 时候　　C. 天天　　D. 时间

12. 看到这张旧照片__①__，我的心里突然有一种说不出来的__②__。

① A. 时　　B. 时候　　C. 时间　　D. 天天

② A. 气味　　B. 气候　　C. 味道　　D. 天气

13. 她想趁__①__轻的__②__，__③__工作，多挣点钱。

① A. 年龄　　B. 年纪　　C. 岁数　　D. 岁月

② A. 时　　B. 天天　　C. 时间　　D. 时候

③ A. 努力　　B. 用功　　C. 力气　　D. 用力

14. 我很__①__能来昆明工作，这儿一年四季__②__温暖，让人觉得很舒服。

① A. 高兴　　B. 愉快　　C. 喜悦　　D. 快乐

② A. 气味　　B. 味道　　C. 气候　　D. 天气

15. 这杯饮料__①__的，而且__②__有点甜，喝了感觉特别舒服。

① A. 冰冷冰冷　　B. 冰凉冰凉　　C. 冷冷　　D. 冷

② A. 气味　　B. 味道　　C. 气候　　D. 天气

16. 在讨论这件事情的__①__，大家觉得事情并不像我们想的那么__②__。

① A. 时　　B. 时间　　C. 时候　　D. 时刻

② A. 简单　　B. 好懂　　C. 方便　　D. 容易

17. 他们__①__地接受了我们的邀请，并表示会在适当的__②__来中国访问。

① A. 高兴　　B. 愉快　　C. 喜悦　　D. 快乐

② A. 时　　B. 时间　　C. 时候　　D. 天天

三、找出下面句子中错误的部分并改正。

1. 由于工作的原因，我去过很多的地方，但是仔细想想，还是觉得昆明是一最难忘城市。
　　A　　B　　C　　D

2. 不要忘了这个非常的地方，因为你是在这里出生，在这里长大的，这是你唯一的故乡。
　　A　　B　　C　　D

3. 你看看你，还到处找，你仔细看看你的桌子，你的本子不就在桌子？
　　A　　B　　C　　D

4. 新来的同学都在外面体育馆，你让他们进来吧，这里比较凉快，地方也够大！
　　A　　B　　C　　D

5. 你们什么时候到的？应该早点儿告诉我到站时候，我今天有时间，可以去车站接你们的！
A B C D

6. 本来打算这个星期天一家人去无锡玩，可是因为爸爸工作比较忙，没有时候，所以我们就改在下个星期去。
A B C D

7. 我们学校有一棵松树，它很粗，要四五个人才能抱住它，据说这棵松树的年纪不小了。
A B C D

8. 很多人都喜欢这个女演员，认为她唱得很有气味，所以不管她走到哪儿，总会有很多人找她签名。
A B C D

9. 小丽是总经理的秘书，她天天的工作很轻松，就是负责倒倒茶、接接电话。
A B C D

10. 别看她岁数很轻，可人家现在已经是一个公司的总经理了，管理着一百多号人呢，应该算是一个女强人了。
A B C D

11. 这几天气候太热了，我懒得出门了，整天在家看电视、吃西瓜，连作业都不高兴做了。
A B C D

12. 我来中国已经两年了，这两年我过得很开心，我非常喜欢中国，这儿的人都非常朋友。
A B C D

13. 你总是这么不小心，你看看你新买的衣服，本来很雪白的袖子，现在都变成风景画了。
A B C D

14. 今天早上冷，我都穿了这么多衣服，还是觉得风直往领子里钻，真想躲在家里不出门。
A B C D

15. 听张教授的课简单，你选他的课吧，我都上了一个星期了，都能听明白。
A B C D

16. 苏州是很漂亮，你看那小河、流水、人家，简直跟画中的一样，是那么美丽、神奇。
A B C D

17. 今天是一个好的天气，阳光那么温暖，晒在身上暖暖的，仿佛春天已经来了。
A　B　C　D

18. 在中国呆了这么多年，我慢慢地有了多中国朋友，虽然没在学习上花太多的时间，但是我的汉语水平却有了不小的提高。
A　B　C　D

19. 她是我们班最漂亮的女孩子，脸红通通的，衣服很干干净净的，看到人，不管是谁，都笑眯眯地跟你打招呼。
A　B　C　D

20. 山上的温度比山下低，连泉水也冰冰凉凉的，喝上一口，别提多舒服了。
A　B　C　D

21. 他凉凉地说："我可没那个王先生好，好得每天给你送鲜花，还送你回家！"
A　B　C　D

22. 不管我怎么解释，他就是不听，一直板着那副冰凉的面孔，一句话也不说。
A　B　C　D

23. 这几天天气转凉了，妈妈担心爷爷会冷，给他送去一床厚厚的棉被，让他可以温温暖暖地度过这个冬天。
A　B　C　D

24. 经过大家共同的用功，我们球队终于打赢了这场比赛，赢得了奖杯，我们每个人都很高兴。
A　B　C　D

25. 秋天到了，天气转凉了，注意不要淋雨，淋雨简单引起感冒。
A　B　C　D

26. 昨天听说弟弟考上北京大学了，家里每个人都很愉快，爷爷决定把所有亲戚都请到家里来，好好庆祝庆祝。
A　B　C　D

27. 我在老年大学教书，学生都是些上了年龄的人，虽然记忆力不如那些年轻人了，但是他们都很认真。
A　B　C　D

28. 老王不仅性格很好，乐意帮助同事，工作也十分用功，所以大家都很喜欢他。
A B C D

29. 春天到了，天气渐渐变温暖了，树都开始发芽了，河面上的冰也慢慢融化了。
A B C D

30. 你可别小看她，她可不容易，10 岁就开始演电视剧了，现在已经是大明星了。
A B C D

31. 她的手很冰凉冰凉的，脸却烧得通红，一定是病了，你快送她去医院吧。
A B C D

32. 下周三，学校要举行一次演讲比赛，老师希望我们都参加，可是没人愉快去。
A B C D

33. 我最近一直很忙，天天的工作量都很大，几乎天天要熬夜，真想好好休息休息。
A B C D

34. 上课的时，很多同学不认真听讲，一个劲儿地讲话，老师很生气。
A B C D

35. 我特别喜欢那个女生，觉得她特别有气味，真希望有一天能走近她，告诉她我爱她。
A B C D

36. 行李并不重，但是我的脚步却如此沉重，看着即将离开的家乡，心情比泰山更沉。
A B C D

**四、在下面的 A、B、C、D 中选择最接近画线词语的解释。**

1. 三天前他们就离开上海去北京了。

A. 前面　B. 前方　C. 以前　D. 从前

2. 就一个同学参加了这次比赛。

A. 就是　B. 只有　C. 只　D. 只要

3. 我没有时间参加这次旅行，心里觉得很难过。

A. 时候　B. 小时　C. 机会　D. 空儿

4. 那两个人真是气味相投，整天呆在一起。

A. 志趣　B. 味道　C. 气色　D. 气氛

5. 最近国家的经济气候很好，我们应该更努力地工作啊！

A. 天气　B. 形势　C. 气象　D. 气息

6. 明天我们学院有一个舞会，你高兴来吗？

A. 愉快　B. 欢乐　C. 愿意　D. 幸福

7. 屋子里的气味不好闻，快把窗户打开透透气。

A. 志趣　　B. 味道　　C. 气色　　D. 气氛

8. 老爷爷,您今年多大年纪了?

A. 年龄　　B. 年轻　　C. 岁数　　D. 年级

9. 这两种职业一个冷,一个热。

A. 受欢迎　　B. 温度低　　C. 凉　　D. 不受欢迎

10. 我们的新经理很不简单,他有很多创造发明。

A. 容易　　B. 方便　　C. 平凡　　D. 好懂

11. 他对我的态度有时热 ,有时冷。

A. 热情　　B. 热心　　C. 热烈　　D. 炎热

12. 政府的关怀温暖了灾区人民的心。

A. 温和　　B. 使……感到温暖　　C. 热情　　D. 暖和

13. 今天哥哥结婚,我们全家人都很高兴。

A. 兴奋　　B. 愉快　　C. 顺利　　D. 喜欢

14. 时间不早了,大家都回去吧。

A. 时代　　B. 时期　　C. 时候　　D. 时

15. 这种花的味道真好闻。

A. 志趣　　B. 气味　　C. 气色　　D. 气氛

16. 你知道爷爷多大岁数了吗?

A. 年龄　　B. 岁月　　C. 年纪　　D. 年轻

17. 爸爸希望我现在努力学习,以后能找个好工作。

A. 用功　　B. 力气　　C. 用力　　D. 用一下功

18. 小王对她很好,可她对小王的态度一直是冷冷的,这让人很好奇。

A. 凉　　B. 冷静　　C. 冷淡　　D. 冷清

19. 这两个人整天吃吃喝喝,到处玩,将来肯定成不了什么气候。

A. 不会遇到好天气　　B. 没有好机会　　C. 没有好工作　　D. 不会有成就

20. 老师的病并不重 。

A. 沉重　　B. 严重　　C. 难过　　D. 体重

21. 每个人都带着沉重的心情,来到这里。

A. 沉　　B. 重　　C. 严重　　D. 难过

22. 这幅画的颜色有点儿太重了。

A. 沉　　B. 沉重　　C. 深　　D. 严重

**五、使用句后括号中的词语完成句子。**

1. 要想在三个月内学会一门外语,________________________。(容易)
2. 天气太冷了,我的手脚都________________________。(冰凉)
3. 看到政府对我们这么关心,我觉得________________。(温暖)
4. 他们暑假去很多地方旅游了,度过了________________________。(愉快)
5. 这本书非常有趣,小张越读________________。(味道)
6. 虽然有困难,但我一定________________________。(努力)
7. 这件事大家都知道了,你只要________________就行了,不用多说。(简单)
8. 他是一个认真的学生,学习________________。(用功)

9. 大家都叫李丽“冰雪美人”,虽然漂亮,但从来不笑,________________。(冰冷)
10. 王平________________,谁有困难找他,他都尽力帮助。(热心)
11. ________________,就不可能有让人满意的收获。(努力)
12. 快要考试了,________________,但是我并不觉得累,反而觉得很有意思。(每天)
13. ________________? 你还不起来,要迟到了!(时候)
14. 这孩子________________,怎么会去当小偷呢?(年纪)
15. 我________________,但是我走起路来,不见得比你们小伙子差。(岁数)
16. 今年________________,明明是冬天,却暖和得跟春天一样。(气候)
17. 看书________________,没有意思的书不要看!(价值)
18. 大明怎么会变成这样了呢? 以前________________。(努力)
19. 玲玲跟她的大学同学结了婚,________________,现在听说生活得挺好的。(后来)
20. 你以为只让孩子________________? 其实这样更容易生病!(暖和)
21. 失去了丈夫,失去了孩子,没有人关心,王丽________________。(冰冷)
22. 学习要讲究方法,________________。(用功)
23. 这件事________________,做起来难!(简单)
24. 比赛时,观众们拼命为运动员加油,________________。(热烈)
25. 别人家________________,我们家却天天吵架。(高兴)

## 参考答案

一、1. C 2. B 3. B 4. C 5. A 6. C 7. C 8. D 9. C 10. C 11. A 12. C 13. C 14. D 15. D

二、1. A 2. C 3. B 4. A 5. B 6. C 7. D 8. B 9. D 10. ①C ②B 11. ①D ②B 12. ①A ②C 13. ①B ②D ③A 14. ①A ②C 15. ①B ②B 16. ①C ②D 17. ①B ②C

三、1. D 改为:还是觉得昆明是一个最难忘的城市
2. A 改为:不要忘了这个特别的地方
3. D 改为:你的本子不就在桌子上
4. A 改为:新来的同学都在体育馆外面
5. B 改为:应该早点儿告诉我到站时间
6. C 改为:没有时间
7. D 改为:据说这棵松树的年龄不小了
8. B 改为:认为她唱得很有味道
9. B 改为:她每天的工作很轻松
10. A 改为:别看她年纪很轻
11. A 改为:这几天天气太热了
12. D 改为:这儿的人都非常够朋友
13. C 改为:本来雪白的袖子
14. A 改为:今天早上很冷
15. A 改为:(听)张教授的课很容易懂
16. A 改为:苏州很漂亮
17. A 改为:今天是一个好天气
18. B 改为:我慢慢地有了很多中国朋友

19. C　改为:衣服干干净净的

20. B　改为:连泉水也冰凉冰凉的

21. A　改为:他冷冷地说

22. C　改为:一直板着那副冰冷的面孔

23. D　改为:让他可以暖暖和和地度过这个冬天

24. A　改为:经过大家共同的努力

25. D　改为:淋雨容易引起感冒

26. B　改为:家里每个人都很高兴

27. B　改为:学生都是些上了年纪的人

28. C　改为:工作也十分努力

29. B　改为:天气渐渐变暖和了

30. B　改为:她可不简单

31. A　改为:她的手冰凉冰凉的(重叠式前不能加“很”)

32. D　改为:可是没人高兴去

33. B　改为:每天的工作量都很大

34. A　改为:上课的时候

35. B　改为:觉得她特别有味道

36. D　改为:心情比泰山更沉重

四、1. C　2. B　3. D　4. A　5. B　6. C　7. B　8. C　9. D　10. C　11. A　12. B　13. A　14. C　15. B　16. C　17. A　18. C　19. D　20. B　21. D　22. C

五、1. 要想在三个月内学会一门外语,这可不是一件容易的事。

2. 天气太冷了,我的手脚都冻得冰凉的。

3. 看到政府对我们这么关心,我觉得心里很温暖。

4. 他们暑假去很多地方旅游了,度过了一个愉快的假期。

5. 这本书非常有趣,小张越读越觉得有味道。

6. 虽然有困难,但我一定会努力完成这个任务的。

7. 这件事大家都知道了,你只要简单地介绍一下就行了,不用多说。

8. 他是一个认真的学生,学习一直很用功。

9. 大家都叫李丽“冰雪美人”,虽然漂亮,但从来不笑,脸上的表情总是冰冷的。

10. 王平是个热心人,谁有困难找他,他都尽力帮助。

11. 学习、工作不努力,就不可能有让人满意的收获。

12. 快要考试了,每天都要看很多书,但是我并不觉得累,反而觉得很有意思。

13. 都什么时候了?你还不起来,要迟到了!

14. 这孩子年纪轻轻,怎么会去当小偷呢?

15. 我岁数虽然大了,但是我走起路来,不见得比你们小伙子差。

16. 今年气候很不正常,明明是冬天,却暖和得跟春天一样。

17. 看书要看有价值的,没有意思的书不要看!

18. 大明怎么会变成这样了呢?以前他是一个很努力的孩子。

19. 玲玲跟她的大学同学结了婚,后来去了北京,现在听说生活得挺好的。

20. 你以为只让孩子每天呆在暖和的屋子里就好吗?其实这样更容易生病!

21. 失去了丈夫,失去了孩子,没有人关心,王丽一个人生活在这冰冷的世界里。

22. 学习要讲究方法,只知道用功是不行的。

23. 这件事说起来简单,做起来难!

24. 比赛时,观众们拼命为运动员加油,气氛非常热烈。

25. 别人家天天都高高兴兴的,我们家却天天吵架。

# · 第二单元 ·

## 前编　名词

## 第一课　时代、时期、……期　才能、能力、才干

### 时代、时期、……期

讲一讲

“时代”有两个意义，一是指历史上的某一时期。可以受名词、代词、形容词、动词短语或主谓短语等修饰，指某个确定的时期。可以作主语或宾语。如：

我喜欢唐宋时代的诗歌。（“时代”可换成“时期”）

时代不同了，男女都一样。

这幅画表现了新时代新人物的乐观和自信。

二是指人生中的某个时期。常受名词等修饰。如：

听说她中学时代就开始发表小说了。

少年时代的王平，对漫画特别感兴趣。

“时期”指一段时间（多指具有某种特征的）。常受数量词、名词、代词、形容词、动词和主谓短语的修饰。如：

唐代的诗歌可以分为三个时期：初唐、中唐和晚唐。（“时代”内可包括“时期”）

这位发明家少年时期就很爱动脑筋。

从此，他的研究进入了一个新的时期。

十一二岁到十四五岁的少年期，是精力充沛、智慧闪光的时期。这是一个人从童年向青年发展的必经的过渡时期，是人生重要的转折时期。

“…… 期”中的“期”不能单独使用，前面都要有表示具体特征的名词或动词，指事物或人的某个特定的阶段，有不少词语专业性很强。如：

初期　中期　早期　晚期　前期　后期　学期　假期　上升期　青春期　更年期

兴奋期　潜伏(qiǎnfú)期

通常男子的青春期是14～16岁,女子的青春期是13～14岁。

病毒或细菌进入人体后,经过一段时间才发病,这段时期叫潜伏期。

一个企业一般都要经历初创期、成长期、稳定期和衰退期几个阶段。

提示

"时代""时期""…… 期"的区别

| 词语 | 历史上某一时期 | 人生某一时期 | 事物发展的某一时期 | 起点和终点 | 时间长短 | 常用文体 |
|---|---|---|---|---|---|---|
| 时代 | + | + | − | 可比较模糊 | 最长 | 一般文章<br>专业文章 |
| 时期 | + | + | + | 精确 | 多比"时代"短 | 一般文章<br>专业文章 |
| …… 期 | − | + | + | 精确 | 最短 | 专业文章 |

1. "时代"可以单用,而"时期"前一般要有定语。

2. "时代"主要用于历史与人生,不能像"时期"那样表示事物发展的一段时间。

3. "…… 期"一般指某个特定的阶段,多用于医学、心理学、经济学专业方面。"青春期"不是"青年时代"的意思。

## 练一练

**一、HSK 仿真题:在下面的答案中选择唯一正确的填在横线上。**

1. 从35岁到45岁,他几乎每年都有发明创造,这个___①___是他一生中成果最多的___②___。

①A. 时间　B. 时候　C. 时代　D. 时期

②A. 时代　B. 时期　C. 时间　D. 时候

2. 礼貌在不同的___①___有着不同的内容,但也有共同的、___②___不变的内容。

①A. 时间　B. 时候　C. 时代　D. 时期

②A. 基本　B. 根本　C. 本来　D. 原来

3. 2～3岁是儿童口头语言发展的最佳年龄;3～4岁是求知欲发展最旺盛的___①___;父母在这段___②___里应尽量多跟孩子交流。

①A. 时代　B. 时期　C. 时间　D. 时候

②A. 时代　B. 时候　C. 时间　D. 时期

4. 任何一个___①___,都有它上升发展的___②___,也有下降、衰退的___③___。

①A. 时期　B. 时代　C. 时间　D. 时候

②A. 时代　B. 时候　C. 时间　D. 时期

③A. 时候　B. 时间　C. 时代　D. 时期

5. 为了适应网络___①___的发展,我们大学开设了很多新的课程,为的是让学生能够在大学四年的___②___里接触到更多的新知识和新技术。

①A. 时期　B. 时候　C. 时间　D. 时代

②A. 时代　　B. 时候　　C. 时间　　D. 时期

6. 我现在的不舒服等观察一段__①__再说吧，可能是更年__②__的毛病，烦闷总是一阵一阵的，就像前一__③__闹出汗、发热的毛病似的。

①A. 时期　　B. 时代　　C. 时间　　D. 时候

②A. 时期　　B. 期　　C. 期间　　D. 时

③A. 时期　　B. 时代　　C. 时间　　D. 时候

**二、HSK 仿真题：找出下面句子中错误的部分并改正。**

1. 所谓"人生的黄金时代"(A)，是指人的青春期(B)，这个时候人的精力最旺盛(C)，思想最活跃，追求最热烈(D)。

2. 他小孩子时候好奇心很强(A)，在青少年时期受过严格而良好的教育(B)，博士毕业以后不久(C)，就在数学方面显露出了他的才能(D)。

**三、HSK 仿真题：在下面的 A、B、C、D 中选择最接近画线词语的解释。**

1. 孔子是中国春秋时期伟大的思想家。

A. 期　　B. 时代　　C. 时间　　D. 时候

2. 你父亲的病已经进入了稳定期①，用不了多少时间②就可以出院了。

① A. 时期　　B. 时代　　C. 时间　　D. 时候

② A. 期　　B. 时期　　C. 时　　D. 时候

**四、用句后括号中的词语完成句子。**

1. 你怎么还在用纸笔写文章啊？现在____________。（时代）

2. ____________，赵明曾经是班上最优秀的学生。（时代）

3. 虽然现在生活幸福了，但我们不能____________。（时期）

4. 这种病发病很慢，____________，一般没有什么症状。（……期）

## 参考答案

一、1. ①D ②B　2. ①C ②A　3. ①B ② C　4. ①B ②D ③D　5. ①D ②C　6. ①C ②B ③A

二、1. B　改为：是指人的青春时期/时代

2. A　改为：他小时候好奇心很强

三、1. B　2. ①A ②D

四、1. 你怎么还在用纸笔写文章啊？现在__已经是电脑时代了__。

2. __中学时代__，赵明曾经是班上最优秀的学生。

3. 虽然现在生活幸福了，但我们不能__忘记那段困难时期__。

4. 这种病发病很慢，__发病的初期__，一般没有什么症状。

# 才能、能力、才干

讲一讲

“能力”主要指在处理大小事情时所表现出来的智力和知识条件，一般通过学习或练习获得。常与“提高”“培养”等搭配。如：

我们要学会在工作中提高自己的能力。

他的组织能力是比较强的，所以大家选他担任了班长。

“能力”也可以用于动物。如：

任何动物的能力都是有限的。

“能力”还可以表示“由人组成的集团、机构或事物所具备的能够处理问题的条件”。如：

这家公司有能力完成今年的计划。

“才能”一般表示个人生下来就有的才智和能力，而不是通过学习获得的。语义比“能力”重。常与“富有、表现、显示、展示”等词语搭配。如：

他的领导才能在小时候就表现了出来。

她是个富有艺术才能的人。

5号运动员在比赛中显示出他特别的才能。

“才干”指人在重要的社会实践活动方面处理问题的能力(一般不包括知识)，一般是通过学习和实践获得。使用频率没有“能力”“才能”高，多用于书面语。常与“知识”“增长”“聪明”等词语搭配。如：

我们的干部必须刻苦学习，努力实践，不断增长知识和领导才干。

五天的夏令营生活，让孩子们获得了知识，增长了才干，交到了朋友。

他凭借自己的聪明才干，在不到三年的时间里，就升到了总经理的位置。

提示

“能力”“才能”“才干”的区别

| 词语 | 语义特点 | 动作的主体 | 常用搭配 |
|---|---|---|---|
| 能力 | 通过学习和实践获得的智力、知识方面的条件 | 人、动物或事物 | 提高～　培养～　有～ |
| | 由人组成的集团、机构或事物所具备的能够处理问题的条件 | | 有～ |
| 才能 | 人生下来就有的才智和能力 | 人 | 表现～　显示～　展示～ |
| 才干 | 通过学习和实践获得的办事能力 | 人 | 增长～　知识和～　聪明和～ |

## 练一练

一、用“能力”“才能”“才干”填空。

1. 很多留学生听说__________和读写__________相差较大。

2. 幼儿音乐教师必须具有发现儿童音乐__________的__________。

3. 勤奋好学，善于思考，才能增长__________，提高工作__________。

4. 父母应该注意并发现儿童某方面的__________。

5. 在这次活动中，他发挥了自己的聪明__________，出色地完成了任务。

二、HSK 仿真题：在下面的答案中选择唯一正确的填在横线上。

1. 这幅画能使我们初步感受大师的艺术________。

A. 能力　　B. 才能　　C. 本领　　D. 才干

2. 这种战斗机具有初步的夜间作战________。

A. 能力　　B. 可能　　C. 才能　　D. 才干

3. 我们的干部要充实哲学、经济、科技等方面的知识，增长领导________。

A. 能力　　B. 可能　　C. 才能　　D. 才干

三、判断对错并改正错句（正确的打“√”，错误的打“×”）。

1. 这条高速公路有每日通过 5 万车次的才能。

2. 在她很小的时候，父母就发现她有突出的音乐才能。

3. 通过练习，人的弹跳才干是可以提高的。

四、用句后括号中的词语完成句子。

1. 在学校中积极参加一些社会活动，可以__________________。（能力）

2. 刘青出身在艺术之家，在很小的时候，就________________________。（才能）

3. 如果本身__________________，加上努力工作，谁都可以成为我们企业的经理。（才干）

4. 父亲去世时，陈同才 20 岁，但是__________________，后来事业的发展也大大超过了父亲那时候。（才干）

5. 教练一眼就发现了这个孩子________________，一心想把他培养成优秀的运动员。（才能）

6. 只要多练习，______________________，你肯定能说出一口流利的汉语。（能力）

## 参考答案

一、1. 能力　能力　2. 才能　能力　3. 才干　能力　4. 才能　5. 才干

二、1. B　2. A　3. D

三、1. ×　改为：这条高速公路有每日通过 5 万车次的能力。

2. √

3. × 改为:通过练习,人的弹跳能力是可以提高的。

四、1. 在学校中积极参加一些社会活动,可以<u>提高自己的组织活动能力</u>。

2. 刘青出身在艺术之家,在很小的时候,就<u>显露出不一般的艺术才能</u>。

3. 如果本身<u>具有一定的才干</u>,加上努力工作,谁都可以成为我们企业的经理。

4. 父亲去世时,陈同才20岁,但是<u>他的才干已经超过了他的父亲</u>,后来事业的发展也大大超过了父亲那时候。

5. 教练一眼就发现了这个孩子<u>天生的运动才能</u>,一心想把他培养成优秀的运动员。

6. 只要多练习,<u>你的口语能力就一定会提高</u>,你肯定能说出一口流利的汉语。

第二课

# 成绩、成就、成果 风景、景色、风光

## 成绩、成就、成果

### 讲一讲

“成绩”常表示在工作或学习上的收获。如：

他今年在学习、事业方面都取得了很大的成绩。

祝你工作顺利，取得好成绩。

“成绩”还可以特指在学习或各类比赛中的结果，一般可用准确的数字来表示的。如：

他的学习成绩一直不好，妈妈非常担心。

张华有两门考试取得了90分的成绩。

我跑1000米的成绩是3分20秒。

“成就”主要表示在工作、事业上的重大收获。如：

中国在航天领域又取得了重大成就。

长城反映了中国古代建筑的伟大成就。

他在表演方面取得的成就是有目共睹的。

“成果”表示在工作或事业上的收获，多用于创作、科学研究方面的。如：

展览室里展出了我校教师的主要科研成果。

我们研究院的研究成果得到了学术界的重视。

他在文章里回顾了自己这几年的主要创作成果。





### 提示

“成绩”“成就”“成果”的区别

| 词语 | 语义程度 | 所用的方面 | 大小 | 常用搭配 |
| --- | --- | --- | --- | --- |
| 成绩 | 较轻 | 工作、学习等方面 | 一般的 | ~好 ~坏 ~差 ~优秀 ~优良 |
| 成就 | 最重 | 工作、事业等方面 | 重大的 | ~大 ~小 ~显著 ~突出 |
| 成果 | 较重 | 创作、科研等方面 | 较大的 | ~多 ~少 ~丰富 |

## 练一练

**一、HSK 仿真题：在下面的答案中选择唯一正确的填在横线上。**

1. 我们班在这次运动会上取得到了不错的________。

A. 成绩　　B. 成就　　C. 成果

2. 你说自己每天都努力写作，可是你的创作________在哪儿呢？

A. 成绩　　B. 成就　　C. 成果

3. 请不要轻视别人的劳动________。

A. 成绩　　B. 成就　　C. 成果

4. 唐代在诗歌创作方面的伟大________是后代无法超越的。

A. 成绩　　B. 成就　　C. 成果

5. 古代中国在科技、文化各方面都取得了领先世界的巨大________。

A. 成绩　　B. 成就　　C. 成果

6. 面对学校这几年取得的丰富的研究__①__，校长对老师们说："我们在工作上取得了一些__②__，但是我们不能骄傲，因为跟前辈们所取得的伟大__③__相比，我们做得还远远不够。"

① A. 成绩　　B. 成就　　C. 成果

② A. 成绩　　B. 成就　　C. 成果

③ A. 成绩　　B. 成就　　C. 成果

**二、用句后括号中的词语完成句子。**

1. 报考我们大学的研究生，要求大学本科____________________。（成绩）
2. 来我校留学的学生，都应参加入学汉语考试，根据____________分班。（成绩）
3. 这位科学家在艰苦的环境下坚持研究几十年，创造了____________。（成就）
4. 张博把____________________________整理成了这部著作。（成果）
5. 中国古代人民________________________，为世界文明作出了贡献。（成就）
6. 王平报告____________________，但并没有引起公司的重视。（成果）





## 参考答案

一、1. A　2. C　3. C　4. B　5. B　6. ①C ②A ③B

二、1. 报考我们大学的研究生，要求大学本科__的成绩应是比较优秀的__。

2. 来我校留学的学生，都应参加入学汉语考试，根据__考试成绩的好坏__分班。

3. 这位科学家在艰苦的环境下坚持研究几十年，创造了__惊人的成就__。

4. 张博把__自己全部的研究成果__整理成了这部著作。

5. 中国古代人民__取得的这些伟大的科学成就__，为世界文明作出了贡献。

6. 王平报告__了自己的研究成果__，但并没有引起公司的重视。

# 风景、景色、风光

## 讲一讲

“风景”常表示一定范围内、可供人们观赏的自然景物。一般指眼前的、静态的景物，不用来形容建筑物。如：

青岛的海边风景是很不错的。

黄山风景秀丽，让我难忘。

雪后的小山，风景更加迷人。

“景色”跟“风景”相比，更注重自然景物的颜色方面，也常常表示动态的景物。如：

太阳出来了，景色多美啊！

看着身边不断变化的景色，仿佛经过了几个季节。

秋天是这里景色最美的季节。

“风光”除了表示自然景物之外，还常包括建筑物，以及人的活动、风俗等，而且可以表示很大范围内的、超过人的视野的景物。如：

下午我们去参观苗族山寨风光。

美丽的长江三峡风光让我难以忘记。

冬天到北京观赏一下北国风光是不错的选择。

我们参加了旅行社组织的古镇风光一日游。

“风光”还可作形容词，意思为“光彩”“体面”，常作谓语或宾语。如：

儿子有出息，母亲也觉得风光。

他风光了一阵之后，忽然发现自己已站在悬崖边——经理部亏空近百万元。

**提示**

“风景”“景色”“风光”的区别

| 词语 | 自然景物 | 建筑等景物 | 范围 | 静态景物 | 动态景物 | 人的活动、风俗等 |
|---|---|---|---|---|---|---|
| 风景 | + | − | 较小 | + | − | − |
| 景色 | + | + | 较大 | + | + | − |
| 风光 | + | + | 很大 | + | + | + |

## 练一练

**一、用“景色”“风景”“风光”填空。**

1. 周末去太湖边看看太湖的渔村＿＿＿＿＿，怎么样？
2. 海底的＿＿＿＿＿不断地变化，看也看不完。
3. 我打算拍一些＿＿＿＿＿照寄给妈妈。

4. 飞机越来越高,窗外的__________也越来越美丽。

5. 我比较喜欢参观__________名胜。

**二、HSK 仿真题:找出下面句子中错误的部分并改正。**

1. 我们坐在车上,看着窗外的青山绿水,一片片金黄的菜花,好像诗中的风景一样。
A　B　C　D

2. 苏州是园林艺术的博物馆,游客不仅喜爱园林中独特的风光,而且喜欢苏州的自然风景,更忘不了这里的风土人情。
A　B　C　D

**三、用句后括号中的词语完成句子。**

1. 大家再加把油,只要爬上山顶,就能观赏到____________________。(风光)

2. 西山四面环水,____________________。(风景)

3. 在阳光下,山上的____________________,早晚都不一样。(景色)

4. 他现在当了公司总经理,看起来____________________,但工作压力非常大。(风光)

5. 刚刚下完雪,____________________。(景色)

## 参考答案

一、1. 风光　2. 景色　3. 风景　4. 景色　5. 风景

二、1. D　改为:好像诗中的景色一样(因为动态的景物不能用“风景”)

2. B　改为:游客不仅喜爱园林中独特的景色

三、1. 大家再加把油,只要爬上山顶,就能观赏到<u>那无限美好的风光</u>。

2. 西山四面环水,<u>风景优美</u>。

3. 在阳光下,山上的<u>景色不断变换</u>,早晚都不一样。

4. 他现在当了公司总经理,看起来<u>很风光</u>,但工作压力非常大。

5. 刚刚下完雪,<u>景色比往常更美丽</u>。

# 第三课　材料、资料　技能、技巧、技术　标记、标志、记号

## 材料、资料

### 讲一讲

“资料”有两个意思。一是指“用来作为参考的文字、图片、音像等东西”。如：

撰写毕业论文需要阅读大量资料。

学生可以到图书馆查阅资料。

关于鲁迅的研究资料是非常丰富的。

二是指生产、生活中必需的东西。如：

改革开放以来，我们的生活资料越来越丰富了。

“材料”有四个意思。一是表示“生活、生产中可供加工使用的原料”。如：

快把材料准备好，我要开始做菜了。

木头、水泥是农村盖房子的主要材料。

二是指可供文学创作、写作参考使用的“还没有经过加工的素材”。如：

生活中的这些材料都被他写进了小说。

他的笔记本里记着不少很好的材料。

三是表示“各类文件”。如：

记得把材料带着，开会的时候要用。

这些材料今天晚上必须处理完。

四是指人才。如：

她自知没有当演员的天才，也不是做导演的材料，然而，如果没有这些经历，当制作人也是不可能的。

这娃娃，确实是块材料。

### 提示

“资料”和“材料”的区别

这两个词只有在表示“可以用做参考的东西”，比如文字、图片、音像等事物时用法比较相近。在这一点上，其细微差别是：凡是强调已经人加工过的，可以通过图书馆、资料室或网上资料库等查阅到的现成的东西，大多用“资料”。凡是未经加工整理，需要经动作者自己处理的，一般用“材料”。如果忽略“经人加工”这一点，两词可以互换。如：

这些都是发给会议代表的资料/材料。

这是我最近看到的一些资料/材料，可能对你写论文有帮助。

### 练一练

**一、用"材料""资料"填空。**

1. 装修_________准备得差不多了，应该开始动工了。
2. 不查阅相关_________就不要轻易决定论文题目。
3. 写小说，准备_________的时间比写作的时间要多得多。
4. 这些新员工的_________都放在人事部门。
5. 小部分人占有大部分的生产_________，这合理吗？
6. 图书馆新到了一批英语学习_________。

**二、用句后括号中的词语完成句子。**

1. __________________，我下午要去城里开会。（材料）
2. 李时珍当了几十年的医生，__________________。（资料）
3. 写文章的时候，选择______________________。（材料）
4. 战争年代，人们__________________。（资料）
5. 我不是__________________，你们不要选我当校长。（材料）

### 参考答案

一、1. 材料　2. 资料　3. 材料　4. 材料　5. 资料　6. 资料

二、1. 帮我把材料准备一下，我下午要去城里开会。

2. 李时珍当了几十年的医生，积累了大量关于药材的资料。
3. 写文章的时候，选择合适的材料是很重要的。
4. 战争年代，人们极度缺乏必要的生活资料。
5. 我不是当领导的材料，你们不要选我当校长。





## 技能、技巧、技术

### 讲一讲

"技能"指在工作、生产方面运用某种技术的能力，一般难度不大，要求不太高。如：

这些工人需要进行一段时间的基本技能培训。

他在学校里就已经掌握了多项专业技能。

我们正在学习最基本的电脑技能。

"技术"指在劳动生产或其他方面的经验、知识和能力，具有科技含量，多用于生产、科学、

军事等方面，常指较成套的、较重要的方法和能力。如：

为了提高生产效率，我厂进行了一次技术改革。

大卫是个优秀的飞行员，精通空中作战技术。

我们正在开发防治环境污染的技术。

"技巧"指运用到巧妙程度的技术或特别的能力，难度较大、水平较高，常用于科学、教育、文学、艺术、体育等方面。如：

对外汉语教师在上课时是需要一些讲课技巧的。

发这个音的时候，要注意发音部位和发音技巧。

他已经掌握了不少国画的绘画技巧。

**注意** "技巧运动"是专门的体育运动项目。"技巧"有时可以用于交际方面。如：

跟人交流、沟通是要讲究技巧的。

**提示**

"技能""技术""技巧"的区别

如果从水平的高低、难度的大小看，"技巧"水平最高，难度最大；"技术"次之；"技能"比较一般。因而，"技巧"比"技术""技能"使用范围要小，使用频率也低。

## 练一练

**一、用"技能""技巧""技术"填空。**

1. 工人不参加基础__________培训是不能参加工作的。
2. 在电子游戏里需要学习很多战斗__________，并不断提高等级。
3. 她是一位拥有卓越表演__________的优秀艺术大师。
4. 最近，我们公司将举行一次职业__________大赛。
5. 鲁迅是一位掌握了较高写作__________的成熟小说家。
6. 为了使他们的产品越做越好，他们总在不断地进行__________革新。

**二、HSK 仿真题：在下面的答案中选择唯一正确的填在横线上。**

1. 中学化学课要注意培养学生使用仪器和药品的________。
   A. 技术　　B. 技能　　C. 技巧
2. 散文写作，需要更高的语言________。
   A. 技术　　B. 技能　　C. 技巧
3. 唱歌不是比谁的声音大，而是需要一定的歌唱________的。
   A. 技术　　B. 技能　　C. 技巧
4. 只要掌握了________，汉语的发音其实也不难。
   A. 技术　　B. 技能　　C. 技巧
5. 在现代科学________中，很多是离不开电的。
   A. 技术　　B. 技能　　C. 技巧
6. 家庭用的电脑操作________很简单，你一会儿就能学会。
   A. 技术　　B. 技能　　C. 技巧

三、用句后括号中的词语完成句子。

1. 为了培养孩子的独立生活能力，应从小教________________。（技能）

2. 他是个特别好学的人，总是________________。（技术）

3. 表演魔术，是需要________________。（技巧）

4. 新________________，有助于企业的发展。（技术）

5. 好的教师应该能把复杂的问题讲得很简单，这________________。（技巧）

## 参考答案

一、1. 技能 2. 技能 3. 技巧 4. 技能 5. 技巧 6. 技术

二、1. B 2. C 3. C 4. C 5. A 6. A

三、1. 为了培养孩子的独立生活能力，应从小教<u>他们一些基本的生活技能</u>。

2. 他是个特别好学的人，总是<u>不断地学习先进的科学技术</u>。

3. 表演魔术，是需要<u>很高的技巧的</u>。

4. 新<u>技术的引进</u>，有助于企业的发展。

5. 好的教师应该能把复杂的问题讲得很简单，这<u>是需要一些技巧的</u>。

# 标记、记号、标志

## 讲一讲

“标记”是一般的、具体的记号，作用是提醒人记住或者容易认出，多用于书面语。长期固定使用的“标记”，代表的意义常常是固定的、约定俗成的。如：

商标不仅仅是商品的标记，也是企业在市场竞争中的武器。

当邮票浸在水中的时候，我们能看见一个标记，叫做“水印”。

“标记”有时可以是临时做上去的，用于帮助记忆的记号。如：

我在书上做了标记，下次容易找。

他怕迷路，所以一边走一边拿刀在树上刻下标记。

“标记”也可作动词，常作谓语，一般要带宾语。如：

五线谱就是在五条平行横线上标记音符的乐谱。

“记号”是为了引起注意，帮助识别、记忆而采用的符号，多用于口语。所表示的意思，一般不是固定的，大多是临时、随意的，有的是自然形成的。如：

有错别字的地方，请你做个记号。（临时的）

他的脸上有一块疤，是打仗的时候留下的记号。（自然形成的）

“标志”一般用于抽象的、重大的事物，常能起代表事物特征或某种意义的作用。“标志”与它所代表的事物之间的关系往往是固定的、约定俗成的。如：

上个世纪40年代，汽车是富有的标志。

东方明珠已经成为上海的标志之一。

“标志”还可以作动词，意为“代表”（某种特别的意义）。常作谓语，常带“着”，一般要带宾语。如：

这次访问标志两国的发展进入了新的时期。

《狂人日记》标志着中国现代白话小说的成熟。

## 练一练

**一、用“标记”“标志”“记号”填空。**

1. 你们的包都是一样的，你的别忘了做个__________，跟别人的包分开。
2. 南京长江大桥一直是南京的__________。
3. 这篇论文的发表__________着研究进入了新的阶段。
4. 地上的__________已经看不清楚了，要重新画一下。

**二、HSK 仿真题：从下面的答案中选择唯一正确的填在横线上。**

1. 航天飞机飞入太空、人类登上月球等伟大的事件__①__着人类已进入太空__②__。

① A. 标记　　B. 标志　　C. 记号

② A. 时代　　B. 时期　　C. 期

2. 这位作家生前的手稿作为重要的研究__①__很好地保存了下来。你们看，他的手稿上标了许多不同的__②__，但到底是什么意思，大家还没有弄清楚。

① A. 资料　　B. 材料　　C. 价钱　　D. 价值

② A. 标记　　B. 标志　　C. 记号

3. 他们在生物__①__开发方面获得了重大的研究__②__，这__③__着他们的研究水平已达到了一个新的高度。

① A. 技能　　B. 技术　　C. 技巧

② A. 成就　　B. 成绩　　C. 成果

③ A. 标记　　B. 标志　　C. 记号

**三、用句后括号中的词语完成句子。**

1. 穿过这片树林时，为了防止迷路，我们在__________。（记号）
2. 现在的钱币__________，以便人们辨别真假。（标记）
3. 这篇论文之所以引起人们的重视，是因为__________。（标志）
4. 你的狗是什么时候丢失的？它有什么特征？特别是身上__________？（标记）

## 参考答案

一、1. 记号　2. 标志　3. 标志　4. 标记

二、1. ①B ②A　2. ①A ②C　3. ①B ②C ③B

三、1. 穿过这片树林时，为了防止迷路，我们在__树上做好记号__。

2. 现在的钱币__都有防伪标记__，以便人们辨别真假。

3. 这篇论文之所以引起人们的重视，是因为__它标志着一种全新的理论产生了__。

4. 你的狗是什么时候丢失的？它有什么特征？特别是身上__有什么标记__？

# 第四课 后、之后、以后 前、之前、以前 全部、全体

## 后、之后、以后

### 讲一讲

“后”可以表示在背面的，指空间，跟“前”相对。作主语、宾语、定语，一般前面都有修饰语。如：

我家屋后有一个小花园。

她在门后放了一把椅子。

单用时，前面多有“前”与之呼应，多是较固定的熟语用法。如：

这儿很荒凉，前不着村，后不着店。

也可以表示未来的、较晚的，指时间，跟“前”“先”相对，只指所说的时间之后。如：

下课后你打算去哪儿？

干什么都有个先来后到，你急什么。

还可以指次序靠近末尾的，跟“前”相对。如：

昨天听讲座我去晚了，坐在后排。

排队时，一班在前，二班在后。

“之后”侧重指在某一时间、某一排列的后面。在表示时间方面，比“以后”用得少，只表示过去的某时间之后，不能表示将来的时间。多用于书面语，一般都要依附于词、短语或句子之后。如：

1949 年之后，中国进入了一个新的历史时期。

他跑得很慢，落在全班同学之后，最后到达终点。

“以后”只可以表时间，有两个用法，一是指所说的某个时间之后，可以直到现在。如：

她前年回来过，以后就再没有见过她了。

屈原逝世以后，中国人民一直纪念他。

也可指过去某个时间之后，与现在相隔较远。如：

屈原逝世以后，楚国人民一直怀念他。（只到楚国灭亡前，不到现在）

二是指现在以后的时间，即未来的时间。如：

以后我们还要去黄山玩。

虽然这次考试成绩不错，但是以后我还要继续努力。

可受“很久”“不久”修饰。如：

很久以后，她还是弄不清楚这件事是怎么发生的。

不久以后，他就发现自己被骗了。

“以后”所表时间范围比“之后”大些。多用于口语，也用于书面语。常与“从此”“从今”搭配，作状语或定语。如：

以后的事，现在还把握不准。

你以后过马路的时候，一定要小心一点，别再被车撞了。

从此以后，王子和公主就过着幸福美满的生活。

从今以后，不管碰到什么困难，你都可以来找我。

**提示**

“后”“之后”“以后”的区别

| 词语 | 语义特点 | | | 依附性 | 常用搭配 |
|---|---|---|---|---|---|
| | 空间 | 时间 | 次序靠近末尾的 | | |
| 后 | 在背面 | 未来的、较晚的 | + | 较强 | 屋后　门后　先后　最后 |
| 之后 | – | 过去的某时间之后 | +（某一排列的后面） | 强 | ~年之后　回家之后 |
| 以后 | – | 所说的某个时间之后（过去或未来） | – | 一般 | 很久以后　不久以后　从此以后　从今以后 |

1．如果双音节的动词或动词短语是表示某个动作完成、结束或开始的意思，那么这三个词语可以互换。如：

毕业后/之后/以后我想当汉语老师。

2．如果动词短语是双音节以上的，一般后面不能直接带“后”，而常用“之后”“以后”，如“换了衣服之后”。

3．如果动词本身不能表示某个动作完成、结束或开始的意思，如“旅游”等词不能直接带“后、以后”，可以带“之后”。

## 练一练

**一、HSK 仿真题：在下面的答案中选择唯一正确的填在横线上。**

1．请大家往__①__走，后面还有__②__座位。

① A．后　　B．之后　　C．以后　　D．以前

② A．大批　　B．大多　　C．大量　　D．很多

2．他__①__学习不努力，到最__②__期末考试的__③__开始着急了。

① A．平时　　B．平常　　C．平日　　D．日常

② A．之后　　B．以后　　C．后　　D．以前

③ A．时期　　B．时代　　C．时　　D．时候

3．很久__①__，我在一个偶然的__②__下读到了他写的文章，这才明白了一切。

① A．之后　　B．以后　　C．后　　D．后来

② A．机遇　　B．机会　　C．时间　　D．时机

4. 关于这个问题，虽然已经出了一些研究 ① ，但是我们 ② 还要对它进行进一步研究。

① A. 成绩　B. 成果　C. 成就　D. 成功

② A. 以后　B. 后来　C. 之后　D. 后

5. 秋天到了，天气转 ① 了， ② 晚上睡觉之前，一定要记得关窗。

① A. 冰冷　B. 冰凉　C. 凉　D. 冷

② A. 以后　B. 之后　C. 后　D. 后面

6. 双方洽谈了3天 ① ，决定合作办一家污水处理公司，日方出 ② ，美方出 ③ 。

① A. 以后　B. 之后　C. 后面　D. 后来

② A. 技能　B. 技巧　C. 技术　D. 能力

③ A. 价钱　B. 价值　C. 价格　D. 资金

**二、HSK 仿真题：找出下面句子中错误的部分并改正。**

1. 我们去年在纽约分手的(A)，大家一直都很忙(B)，渐渐不联系了(C)，最后来听说他自己开公司了(D)。

2. 去年冬天(A)，他出了一场车祸(B)。从此后(C)，他再也不能说话了(D)。

3. 以前大家都知道这个学校排名靠前(A)，但最近听人说(B)，由于办学质量的下降(C)，有可能排在三流大学以后了(D)。

**三、在下面的 A、B、C、D 中选择最接近画线词语的解释。**

1. 离开中国以后，他就去了日本。

A. 后　B. 之后　C. 后面　D. 后来

2. 你要查看上次考试的分数，下课以后，到我办公室来吧。

A. 之后　B. 后来　C. 后面　D. 后边

3. 他一毕业就找到了一份好工作，上班之后，每天都工作得很认真。

A. 以后　B. 后来　C. 后面　D. 后边

**四、用句后括号中的词语完成对话。**

1. A：毕业5年了，你都做什么去了？

B：__________，我一直没有找到理想的工作，现在在一家公司打工。（后）

2. A：你一直这么呆在家里，也不是个办法啊！

B：是的，我打算先考研究生，________________。（以后）

3. A：小明是我们班学习最努力的人了。

B：是的，他小时候家里穷，上学后，________________。（之后）

## 参考答案

一、1. ①A ②D 2. ①A ②C ③D 3. ①B ②B 4. ①B ②A 5. ①C ②A 6. ①B ②C ③D

二、1. D 改为:后来听说他自己开公司了

2. C 改为:从此以后

3. D 改为:有可能排在三流大学之后了

三、1. B 2. A 3. A

四、1. 毕业后 ,我一直没有找到理想的工作。现在在一家公司打工。

2. 是的,我打算先考研究生, 以后回家乡工作 。

3. 是的,他小时候家里穷,上学后, 不愿意落在别人之后 。

# 前、之前、以前

## 讲一讲

“前”是名词,有六个意思。一是指在正面的,指空间,跟“后”相对。一般不能单用。如:

楼前停满了车。

外面记者太多,他不敢走前门,就从后门溜了。

二是指未来的。如:

以后的人生,我会陪着你一起往前走。

别一直因为过去而伤心了,朝前看吧!

三是指次序靠前的,跟“后”相对。如:

这次他考得不错,进入了班级前三名。

今天起床有点晚了,等我赶到会议大厅的时候,前排已经坐满了人。

四是指过去的、较早的,指时间,跟“后”相对。常用搭配:前天、从前、前几年、前一阵子。如:

前几天,天气特别热。

前一阵子,我的心情很糟糕,所以说了很多让你生气的话,请你原谅。

五是指从前的,指时间,跟“后”相对。常用搭配:前总统、前妻、前夫。如:

她曾经是美国前总统的秘书。

在他住院期间,前妻曾经到医院看望他,他很感动。

六是指某事物产生之前。常用搭配:前科学(科学产生之前)、前资本主义(资本主义产生之前)。如:

前科学时期向常规科学过渡时期,最重要的是建立一个规范。

这种非物质产品的商品化,早在前资本主义的商品经济中就已经发生了。

“之前”表示在某个时点、某段时间或处所的前面,多用于时间。与“之后”相对。前面一般要有修饰语,不能单用。多用于书面语。如:

一个月之前我还遇到过他。

他们俩是到中国以后才相识的，这之前从未见过面。

吃饭之前要洗手。

他们站在那面旗帜之前举手宣誓。

“以前”表示现在或所说某时之前的时期。不能表示处所的前面，使用范围比“之前”小。可以单用，也可以附在其他词语后面。多用于口语，也用于书面语。如：

她以前是当老师的，现在改行当演员了。

以前，他从来不跟陌生人说话，最近好像有点儿变了。

来中国留学以前，我是一家公司的职员。

四年以前，我还不会写一个英语单词，现在已经能用英语和别人交流了。

**提示**

“前”“之前”“以前”的区别

| 词语 | 语义特点 | | | 依附性 | 语体色彩 |
|---|---|---|---|---|---|
| | 空间 | 时间 | 次序 | | |
| 前 | 正面的 | 未来；过去的、较早的；从前的；某事物产生之前 | 次序靠前的 | 不能单用 | 口语、书面语均适用 |
| 之前 | 某个处所的前面 | 某个时间的前面 | – | 不能单用 | 多用于书面语 |
| 以前 | – | 现在或所说某时之前的时期 | – | 可单用，也可带定语 | 多用于口语 |

## 练一练

**一、HSK 仿真题：在下面的答案中选择唯一正确的填在横线上。**

1. 要想成为一名__①__的运动员，就必须继续朝__②__看，而不是仅仅满足于过去所取得的__③__。

① A. 优良　　B. 优秀　　C. 优异　　D. 良好

② A. 后　　B. 之前　　C. 以前　　D. 前

③ A. 成果　　B. 成就　　C. 成绩　　D. 结果

2. 用餐__①__要洗手，用餐__②__要漱口。

①A. 前　　B. 之前　　C. 以前　　D. 后

②A. 后　　B. 之后　　C. 以后　　D. 前

3. 他学习一直很认真，__①__总是保持在班级__②__几名。

① A. 结果　　B. 成就　　C. 成果　　D. 成绩

② A. 之前　　B. 前　　C. 以前　　D. 后

4. __①__，他每天晚上 8 点__②__，都会给我打一个电话，最近一个电话也没有，让人很担心。

① A. 前　　B. 之前　　C. 以前　　D. 后

② A. 左右　　B. 前后　　C. 上下　　D. 内外

5. __①__两天下了一场大雨，__②__也突然变__③__了。

① A. 以前　　B. 之前　　C. 前　　D. 后

② A. 气候　　B. 天气　　C. 天空　　D. 气象

③ A. 冷　　B. 凉　　C. 冰凉　　D. 冰冷

6. 大学毕业__①__她曾交过一个男朋友，两个人都很__②__，是让人羡慕的一对，可是大学毕业以后就分手了。

① A. 前　　B. 之前　　C. 以前　　D. 后

② A. 优异　　B. 优良　　C. 优美　　D. 优秀

**二、HSK 仿真题：找出下面句子中错误的部分并改正。**

1. 最近她出了一场车祸（A），在医院昏迷了三天三夜（B），醒来之后发现自己什么都记不起来了（C），把前的事情全部忘记了（D）。

2. 我过去学的是戏曲专业（A），看过很多剧本（B），发现一般的剧本在开端以前都有序幕（C），结局之后会有尾声（D）。

3. 家长有责任引导孩子往之前走（A），让孩子明白是非对错（B），而不是整天忙于自己的工作（C），对孩子置之不理（D）。

**三、HSK 仿真题：在下面的 A、B、C、D 中选择最接近画线词语的解释。**

1. 我们家门<u>前</u>有一条小路。

A. 正面　　B. 之前　　C. 以前　　D. 未来

2. 请<u>全体</u>①同学务必于 8 月 31 日<u>之前</u>②到校注册。

① A. 所有　　B. 全面　　C. 整体　　D. 集体

② A. 之后　　B. 以前　　C. 以后　　D. 从前

3. 不要再因为<u>以前</u>的事情难过了，过去的就让它过去吧。

A. 前面　　B. 未来　　C. 过去　　D. 前

**四、用句后括号中的词语完成句子。**

1. 这孩子，________________，最近不知道为什么这么不听话了。（以前）

2. ________________别忘了关窗子！（之前）

3. ________________他的情绪很不稳定，这几天好多了。（前）

## 参考答案

一、1. ①B ②D ③C 2. ①B ②B 3. ①D ②B 4. ①C ②A 5. ①C ②B ③A 6. ①C ②D

二、1. D 改为:把以前的事情全部忘记了

2. C 改为:发现一般的剧本在开端之前都有序幕

3. A 改为:家长有责任引导孩子往前走

三、1. A 2. ①A ②B 3. C

四、1. 这孩子,<u>以前挺听话的</u>,最近不知道为什么这么不听话了。

2. <u>出门之前</u>别忘了关窗子!

3. <u>前几天</u>他的情绪很不稳定,这几天好多了。

# 全部、全体

## 讲一讲

"全部",名词,表示事物各个部分的的总和。如:

这学期的考试我全部通过了。

从电脑里能查到图书馆的全部书籍。

"全体",名词,表示各部分的总和。多用于修饰人,指人员的总和,不能修饰事物名词。在与表示抽象的"部分"相对时,可以代替事物。如:

全体师生马上到操场集合!

公司的全体职工都参加了晚会。

看问题不能只看部分,应看全体。

## 提示

"全部"和"全体"的区别

1. "全部"多修饰事物名词,也可用于总括人;"全体"只能修饰人。

2. "全体"在句子中主要作定语,而"全部"除了可作定语以外,还可作状语。如:

全体员工都举手表示同意。(作定语)

我参加了班级组织的全部活动。(作定语)

这些人我全部不认识。(作状语)

## 练一练

**一、用"全部""全体"填空。**

1. 我已经把行李__________收拾好了。

2. 昨天的会议__________教师都应该来的,你为什么没来?
3. 为了给父亲治病,我已经拿出了我的__________收入。
4. 丢失的本子已经__________找回来了。
5. 请替我向公司的__________职员问好!
6. 请__________同学在下午3点到北校门集合。

**二、HSK 仿真题:在下面的答案中选择唯一正确的填在横线上。**

1. 这些学生__①__来自农村,__②__从来没在城里生活过。

| | | | |
|---|---|---|---|
| ① A. 全体 | B. 全部 | C. 全面 | D. 全 |
| ② A. 从前 | B. 前面 | C. 以前 | D. 前 |

2. 等__①__参加会议的人员到了__②__,咱们再开会。

| | | | |
|---|---|---|---|
| ① A. 全体 | B. 全部 | C. 全面 | D. 全 |
| ② A. 后 | B. 以后 | C. 后面 | D. 之后 |

**三、用句后括号中的词语完成句子。**

1. 经过海关时,行李______________________。(全部)
2. 这次唱歌比赛,______________________。(全体)
3. ______________,现在唱国歌!(全体)
4. 这______________,现在都给你了。(全部)

## 参考答案

一、1. 全部 2. 全体 3. 全部 4. 全部 5. 全体 6. 全体
二、1. ①B ②C 2. ①A ②D
三、1. 经过海关时,行李__全部要检查__。
2. 这次唱歌比赛,__全体同学都得参加__。
3. __全体起立__,现在唱国歌!
4. 这__是我的全部财产__,现在都给你了。

# 第五课 力气、力量　希望、愿望　时候、时机、时光

## 力气、力量

### 讲一讲

这两个词都是名词;都指人或动物肌肉所产生的效能;有时两个词可以换用。如:

这个小家伙人不大,力气/力量可不小。

"力气"含义单纯而具体,大多用来指人或动物肌肉产生的效能,适用范围较小,不带庄重色彩,常用于口语。如:

在外面忙了一天,回到家他一点力气也没有了。

大象的力气非常大,它能拔起一棵大树。

"力气"较少用于抽象意义,抽象意义常见于"下/花(大)~ "的结构中,这里的"力气"指"时间、精力和物力",具有书面语色彩。如:

政府应下大力气改善教育服务。

为了迎接奥运,北京花大力气改善环境。

"力量"有三个意思。一是表示具体的"力气",比"力气"正式一些。如:

那个举重运动员的力量真大!

我们两个人使尽了全身的力量,也没能推倒他。

二是指事物所具有的作用、效力,比较抽象。如:

法律对于罪犯具有一定的威慑(shè)力量。

我们要善于利用科学的力量来建设更美好的未来。

三是指能起作用的人(包括集体)及其所发挥的能力。如:

妻子成了支撑他前进的力量。

农民、工人和知识分子形成了我国社会主义建设的主要力量。

注意:"力量"比较正式,多用于书面语,也可以用于口语。

提示

"力气"和"力量"的区别

| 词语 | 语义特点 | | | | 语体色彩 |
| --- | --- | --- | --- | --- | --- |
| | 人或动物肌肉所产生的效能 | (花)时间精力和物力 | 事物所具有的作用、效力 | 能起作用的人或集体及可发挥的能力 | |
| 力气 | + | + | – | – | 多用于口语 |
| 力量 | + | – | +较抽象 | + | 多用于书面语 |

## 练一练

**一、HSK 仿真题:在下面的答案中选择唯一正确的填在横线上。**

1. 我们要努力学习科学__①__,为更好地投入祖国的建设积蓄__②__。

① A. 技巧　　B. 技能　　C. 机能　　D. 技术

② A. 力量　　B. 力气　　C. 重量　　D. 效力

2. 无论这位老师花了多少__①__煞(shà)费苦心地劝导他,结果仍旧是白费__②__。

① A. 时间　　B. 时候　　C. 时代　　D. 时期

② A. 力量　　B. 力气　　C. 重量　　D. 效力

3. 警察立即将身受重伤、__①__苍白的小王送到了医院。医院组织__②__,对他进行抢救。

① A. 表情　　B. 脸色　　C. 神色　　D. 神情

② A. 力量　　B. 力气　　C. 重量　　D. 效力

4. 他周末去了趟黄山,在那个__①__玩了两天,回到家就往床上一躺,累得一点__②__都没了。

① A. 场所　　B. 地方　　C. 地点　　D. 地区

② A. 力量　　B. 力气　　C. 重量　　D. 效力

**二、HSK 仿真题:找出下面句子中错误的部分并改正。**

1. 与发达国家相比(A),我国的军事力气还不够强大(B),不断提高军事领域的技术含量(C),是我们今后一项重要的任务(D)。

2. 这家公司尽管规模不大(A),但每年都会花大力量引进人才和最新技术(B),推出新的产品(C),所以它的效益一直很好(D)。

3. 这孩子从小身体就很弱(A),常常生病(B),爸妈心疼他(C),从未让他干过什么力量活儿(D)。

**三、在下面的A、B、C、D中选择最接近画线词语的解释。**

1. 别看蚂蚁身体小,它们的力气可不小。

A. 力量　　B. 力度　　C. 重量　　D. 效力

2. 他每天都早出晚归,回到家的时候,身上都是灰,人也累得一点劲儿都没有了。

A. 重量　　B. 力度　　C. 力气　　D. 效力

**四、用句后括号中的词语完成句子。**

1. 想要学习好,____________是不行的。(力气)
2. 要相信____________,只有群众才能真正推动历史前进。(力量)
3. 忙了一整天,____________,王刚一回家就躺在了床上。(力气)
4. 刘大成在____________,但是在技巧方面不如对手。(力量)

## 参考答案

一、1. ①D ②A　2. ①A ②B　3. ①B ②A　4. ①B ②B

二、1. B　改为:我国的军事力量还不够强大

2. B　改为:但每年都会花大力气引进人才和最新技术

3. D　改为:从未让他干过什么力气活儿

三、1. A　2. C

四、1. 想要学习好,<u>不花力气</u>是不行的。

2. 要相信<u>群众的力量</u>,只有群众才能真正推动历史前进。

3. 忙了一整天,<u>一点儿力气都没有了</u>,王刚一回家就躺在了床上。

4. 刘大成在<u>力量方面强于对手</u>,但是在技巧方面不如对手。

# 希望、愿望

## 讲一讲

“希望”有两种用法,一是动词,表示心里想着达到某种目的或出现某种情况。“希望”的内容可以和自己有关,也可以和自己无关。一般作谓语。如:

他从小就希望长大以后能成为一名医生。

父母希望咱们两个早点儿结婚。

二是名词,常作宾语,有时也作主语,主要有三种意思。

第一,表示想要达到的某种目的或某种情况。作宾语时,常与“满怀”“寄托”等搭配。如:

很多人满怀希望来到美国,在那里开始了他们的新生活。

父母总是把希望寄托在孩子身上。

第二,表示一种积极的客观可能性。如:

医生说他的病是有希望治好的。

你不要太灰心了,成功的希望还是很大的。

第三,指希望所寄托的对象。如:

孩子是父母的希望。

青年人是祖国的希望。

"愿望",名词,表示人心里强烈地想要达到的目的或情况,一定是某人自己的,比名词的"希望"语义重。可以作主语、宾语。如:

他的愿望是长大以后成为一名工程师。

最后他终于实现了自己的愿望。

在歌声中,她许下了 20 岁的生日愿望。

**提示**

"希望"和"愿望"的区别

| 词语 | 词性 | 语义特点 | 常用搭配 |
|---|---|---|---|
| 希望 | 动词 | 想着自己或他人能达到某种目的或出现某种情况 | ~ +形容词/动词短语/小句 |
| 希望 | 名词 | 想要达到的某种目的或某种情况 | 满怀 ~　充满 ~　把 ~ 寄托在…… |
| | | 表示某种积极的客观可能性 | 有 ~ ……　……的 ~ 很大 |
| | | 希望所寄托的对象 | 是……的 ~ |
| 愿望 | | 某人强烈地想要想达到的目的或情况 | 满足 ~　实现 ~　……的 ~<br>共同的 ~ |

## 练一练

**一、用"希望""愿望"填空。**

1. 很多孩子都__________父母能够多抽出些时间陪陪他们。
2. 我的__________是将来做一名老师。
3. 手术成功的__________是很大的。
4. 这个故事表达了青年男女追求幸福生活的美好__________。
5. 这次游泳比赛他是最有__________拿金牌的选手。
6. 丈夫死了以后,孩子成了她唯一的__________。

**二、判断对错并改正错句(正确的打"√",错误的打"×")。**

1. 据说接到面试通知,就有一半成功的希望了。

2. 只有不断克服困难的人,才有愿望获得成功。

3. 他愿望自己将来成为一个对社会有用的人。

**三、HSK 仿真题:在下面的答案中选择唯一正确的填在横线上。**

1. 教师和家长对学生的要求越高,学生对自己将来获得 ① 的 ② 就越强烈。

① A. 成绩　　B. 成就　　C. 成果　　D. 结果

② A. 希望　　B. 愿望　　C. 期望　　D. 盼望

2. 我 __①__ 明年可以住一个 __②__ 一点儿的房间。

① A. 希望　　B. 愿望　　C. 期望　　D. 盼望

② A. 宽阔　　B. 宽敞　　C. 宽广　　D. 广阔

**四、HSK 仿真题：找出下面句子中错误的部分并改正。**

1. 他最初的希望是当一名画家(A)，但在少年时期就转向了建筑(B)，后来又喜欢上了音乐(C)，最后成了一名歌手(D)。

2. 他是一个很坚强的人(A)，即使在别人看来一切都没有愿望时(B)，他也会坚持努力(C)，不轻易放弃(D)。

3. 昨天我们全家为妈妈庆祝生日(A)，妈妈很高兴(B)，吹蜡烛前(D)，她还许了一个生日希望(D)。

**五、用句后括号中的词语完成句子。**

1. 他很聪明，也很勤奋，老师们都觉得他考上大学＿＿＿＿＿＿的。（希望）
2. 经过多年的努力，哥哥终于＿＿＿＿＿＿，当上了一名外科医生。（愿望）
3. 大卫非常爱他的的孩子，他总是尽量＿＿＿＿＿＿。（愿望）
4. 我们还很年轻，我们的未来＿＿＿＿＿＿。（希望）

## 参考答案

一、1. 希望　2. 愿望　3. 希望　4. 愿望　5. 希望　6. 希望

二、1. √

3. ×　改为：只有不断克服困难的人，才有希望获得成功。

4. ×　改为：他希望自己将来成为一个对社会有用的人。

三、1. ①B ②B　2. ①A ②B

四、1. A　改为：他最初的愿望是当一名画家

2. B　改为：即使在别人看来一切都没有希望时

3. D　改为：她还许了一个生日愿望

五、1. 他很聪明，也很勤奋，老师们都觉得他考上大学 __是大有希望__ 的。

2. 经过多年的努力，哥哥终于 __实现了他的愿望__ ，当上了一名外科医生。

3. 大卫非常爱他的的孩子，他总是尽量 __满足他们的愿望__ 。

4. 我们还很年轻，我们的未来 __充满了希望__ 。（希望）

## 时候、时机、时光

### 讲一讲

“时候”有三个意思。一是指有起点和终点的一段时间，可长可短（详见第一单元第三课）。如：

刚才停电了，不过没过多少时候又来电了。

开学到现在，我就没有闲着的时候。

可构成固定的“小时候”一词，表示年纪小的一段时间。如：

小时候，我跟爷爷奶奶住在一起。

二是指某一时点。如：

现在什么时候了？

时候不早了，我该回去了。

大卫是去年春天来中国的，那时候他的听力很差。

三是表示某个动作发生的时间合适与否。常用在“（不）是（……的）时候”的格式中。如：

你来得真是时候，我们刚准备去叫你呢！

他来得太不是时候了，公司里的人都下班了。

“时光”有三个意思。一是指（度过的）时间（有无起点和终点都可以）。多用于书面语。如：

时光飞逝，转眼间他已经长成一个小伙子了。

他哪是来学习的啊，根本就是来消磨时光的！

他在40岁至45岁，这5年时光中，经历了很多的痛苦。

二是指时期，一般用于指人生最好的青少年时期。如：

青少年时期是一个人一生中最美好的时光。

她为了这群山里的孩子，牺牲了自己最美好的青春时光。

三是指生活，一般用于较好的、幸福的生活。如：

孩子们现在都过着丰衣足食的好时光。

他们都很怀念以前的幸福时光。

“时光”一般指（度过的）一段时间，可以比较模糊，常受“失去、逝去、流动”等词语的修饰。“时光”还经常受“美好、美妙、幸福、难忘、辉煌”等词语的修饰，特指人生的某一段时间。“时光”不能用于说话人认为比较短的一段时间，也不能指十分具体、精确的某个时点。上面“时候”一词下的例句都不能换成“时光”。

“时机”指实行某个动作的时间与机会（多指有利的、涉及重大的决定的）。常用于预测。如：

时机到了，赶快行动吧。

搞经济要善于掌握时机。

请公司宣传部门的人员,要不失时机地搞好宣传。

现在进行企业改革,时机还不成熟。

**提示**

"时候""时机""时光"的区别

| 词语 | 语义特点 | | | | | 常用搭配 |
|---|---|---|---|---|---|---|
| | 时间 | | 动作实行的时间 | 时期 | 生活 | |
| | 一段时间 | 某一时点 | | | | |
| 时候 | 有起点和终点的某个时段 | + | +(一般的、合适与否) | - | - | 小~ 什么~<br>多少~<br>(不)是……的~ |
| 时机 | - | - | +(多指有利的机会、涉及重大决定的) | - | - | 掌握~ 把握~<br>抓住~ ~成熟 |
| 时光 | +可无终点较模糊 | - | - | + | + | ~飞逝 童年~<br>青春~ 幸福~<br>好~ 美好~ |

## 练一练

**一、HSK 仿真题:在下面的答案中选择唯一正确的填在横线上。**

1. 小__①__,我和外公外婆一起住在乡下,那儿风景__②__,气候__③__,给我留下了美好的印象。

① A. 时　B. 时候　C. 时机　D. 时光

② A. 美丽　B. 漂亮　C. 优美　D. 好看

③ A. 温暖　B. 暖和　C. 和气　D. 温柔

2. 要明白在什么__①__该做什么,也就是要善于把握__②__。

① A. 时光　B. 时候　C. 时　D. 时机

② A. 时光　B. 时候　C. 时　D. 时机

3. 他常常会在夜幕降临、四周变得很__①__的时候,打开相册,重温过去的美好__②__。

① A. 安静　B. 寂静　C. 宁静　D. 平静

② A. 时代　B. 时候　C. 时机　D. 时光

4. 虽然今天赢了一场比赛,但是现在还不是笑的__①__,明天还有两场很__②__的比赛呢。

① A. 时　B. 时机　C. 时候　D. 时光

② A. 重要　B. 主要　C. 要紧　D. 重

5. 你们要抓紧__①__联系__②__引进的事情,千万不要错过这个大好的__③__。

① A. 时间　B. 时机　C. 时光　D. 时候

② A. 技巧　B. 技能　C. 技术　D. 能力

③ A. 时间　B. 时机　C. 时光　D. 时候

6. 因为我们一起度过了那段难忘的大学__①__,所以__②__很好,毕业后也一直保持联系。

① A. 时光　B. 时　C. 时间　D. 时候

② A. 情绪　　B. 感情　　C. 情况　　D. 情形

**二、HSK仿真题:找出下面句子中错误的部分并改正。**

1. 我觉得今天是时光了,不能再拖了,于是就把想了好久、憋在肚子里的话倒了出来。
   A　　B　　C　　D

2. 关于进攻方式,他们俩意见不同,双方相互争论来争论去,最终失去了进攻的有利时候。
   A　　B　　C　　D

3. 两位老人站在那儿,久久不肯离去,不知他们是在回忆过去的幸福时机呢,还是在回忆其他什么东西。
   A　　B　　C　　D

**三、HSK仿真题:在下面的A、B、C、D中选择最接近画线词语的解释。**

1. 想要走出国门,现在正是时候。

A. 时期　　B. 时代　　C. 时间　　D. 时机

2. 我们珍惜曾经共同拥有过的那段幸福时光。

A. 时期　　B. 时代　　C. 生活　　D. 时间

**四、用句后括号中的词语完成句子。**

1. 那个地方我________________,长大了以后,去的机会少了。(时候)

2. 我们认为,对于加强两国在经济和文化方面的合作,现在是________________。(时机)

3. 四年的________________,一转眼就过去了。刚进大学时的情景,我还记得很清楚。(时光)

4. 现在________________了,你应该出发了吧!(时候)

5. 别人都觉得机会来了,但是王武却________________,还要继续等待。(时机)

6. 想想爸爸妈妈受过的苦,我们更要懂得珍惜________________。(时光)

## 参考答案

一、1. ①B ②C ③A　2. ①B ②D　3. ①A ②D　4. ①C ②A　5. ①A ②C ③B　6. ①A ②B

二、1. A　改为:我觉得今天是时候了

2. D　改为:最终失去了进攻的有利时机

3. C　改为:不知他们是在回忆过去的幸福时光呢

三、1. D　2. C

四、1. 那个地方我__小时候常常去__,长大了以后,去的机会少了。

2. 我们认为,对于加强两国在经济和文化方面的合作,现在是__一个非常好的时机__。

3. 四年的__大学时光__,一转眼就过去了。刚进大学时的情景,我还记得很清楚。

4. 现在__都什么时候__了,你应该出发了吧!

5. 别人都觉得机会来了,但是王武却__觉得时机还没到__,还要继续等待。

6. 想想爸爸妈妈受过的苦,我们更要懂得珍惜__现在的幸福时光__。

# 第六课 平常、平时、日常 头脑、脑袋、脑子、脑筋

## 平常、平时、日常

### 讲一讲

“平常”可以作名词,表示“平日、通常”,常作状语。当“平常”表示“平日”时,与“平时”的意思差不多。如:

你平常喜欢看电影吗?(可与“平时”互换)

当“平常”主要表示“通常”时,不能换成“平时”。如:

我和他平常时候都不在一桌吃饭。

人类利用、改造自然创造物质财富的能力,就是平常说的生产力。

“平常”也可以作形容词,表示普通、不特别,可直接修饰“人、心、百姓”等名词。也常作谓语,可受“不”“很”“太”等副词的修饰。如:

这种东西平常百姓是买不起的。

话虽平常,意义却深刻。

见惯了这样的事情就觉得很平常。

“平时”是名词,有两个意思。一是一般的、通常的时候(区别于特别的时候)。如:

我的工作就是到节日忙,平时是 8 小时,一到节日就 12 小时了,白班夜班两个班。

小青平时没有好好学习,考试的时候才知道后悔了。

二是指平常时期(区别于非常时期,如战时、戒严时)。如:

从现在起,平时我做老师,教你们弓箭;战时我当将帅,带领你们抵抗敌人。

人在战争时期要比在平时勇敢得多。

“日常”是属性词,意思是“平日里经常的”,可直接修饰“用品、生活、用语”等名词,属于较固定的搭配;“平常、平时”一般不直接修饰这类名词。如:

这个道理可以在日常生活中观察到。

你去旅游别忘了带上一些日常用品。

“日常”也可以作状语。有些句中的“日常”可换成“平时”或“平常”。如:

我们日常用的生活用品一般都在这个超市买。

这棵树比我们日常所见的要粗很多,也高很多。

**提示**

"平常""平时""日常"的区别

| 词语 | 语义特点 | 受否定副词"不"修饰 | 直接作定语 | 后加时间词 | 受程度副词修饰 | 常用搭配 |
|---|---|---|---|---|---|---|
| 平常 | 名词,平时 | – | – | – | – | 在~ |
| | 形容词,普通,不特别 | + | + | + | + | ~人　~事<br>~时期　~日子 |
| 平时 | 名词,一般的,通常的时候(区别于特定的或特指的时候);指平常时期(区别于非常时期,如战时、戒严时) | – | – | – | – | 在~ |
| 日常 | 属性词,属于平时的 | – | + | – | – | ~生活　~用品<br>~用语　~工作 |

"平时"和"平常"比"日常"更多地作状语。有时"平时"可换成"平常",但不能换成"日常"。如:

王老师平时很关心学生,所以学生很喜欢他。

平时注意观察,写作时就不会无话可说。

## 练一练

**一、用"平常""平时""日常"填空。**

1. 这是很__________的事,你不要太在意。
2. 要在__________,你这样做是要抓去坐牢的。
3. 他长得虽然__________,但是能力很强。
4. 你__________喜欢干什么?
5. 优秀的作家都是在__________生活中十分注意观察的人。
6. 他的工作是处理公司的一些__________事务。

**二、HSK 仿真题:在下面的答案中选择唯一正确的填在横线上。**

1. __①__生活不讲排场,异常俭朴,这种中国的__②__传统,应大力提倡。

① A. 平常　　B. 日常　　C. 平时　　D. 常常

② A. 优秀　　B. 优美　　C. 优良　　D. 出色

2. 在__①__的学习中,我们要养成认真的好__②__。

① A. 日常　　B. 平时　　C. 经常　　D. 常常

② A. 习俗　　B. 习惯　　C. 习气　　D. 风气

3. 这件衣服看起来很__①__,但是因为是那位名人穿过的,所以很有__②__。

① A. 平时　　B. 平常　　C. 时常　　D. 日常

② A. 价钱　　B. 价值　　C. 价格　　D. 值钱

4. 在父母那样的__①__,这样的事情最__②__不过了。

① A. 年代　　B. 时候　　C. 时间　　D. 时期

② A. 经常　　B. 平时　　C. 日常　　D. 平常

三、判断对错并改正错句（正确的打"√"，错误的打"×"）。

1. 这只是一些不重要的日常变动。

2. 他看起来很日常，没有人会注意他。

3. 我们平时上课，周末的时候常常一起聚餐。

四、HSK 仿真题：在下面的 A、B、C、D 中选择最接近画线词语的解释。

1. 我宁愿过平常人的生活，比名人的日子自在多了。

A. 日常　　B. 平时　　C. 普通　　D. 正常

2. 这种错误要是发生在平时他是不会原谅的。

A. 平常　　B. 正常　　C. 日常　　D. 常常

五、用句后括号中的词语完成句子。

1. 她们俩在一起能聊些什么呢？还不是________________。（日常）

2. 这份工作________________，但是年底、节假日的时候，会特别忙。（平时）

3. 这种鱼________________，有时候也会吃比较大的鱼虾。（平常）

4. 好的成绩离不开________________，只靠考试前突击，是肯定不行的。（平时）

5. 你需要不需要________________？我下午去超市，我们一起去？（日常）

6. 一时想不出很熟悉的东西，这是________________，并不奇怪。（平常）

## 参考答案

一、1. 平常　2. 平时　3. 平常　4. 平时/平常　5. 日常　6. 日常

二、1. ①B ②C　2. ①B ②B　3. ①B ②B　4. ①A ②D

三、1. √

2. ×　改为：他看起来很平常，没有人会注意他。

3. √

四、1. C　2. A

五、1. 她们俩在一起能聊些什么呢？还不是 一些日常小事 。

2. 这份工作 平时不忙 ，但是年底、节假日的时候，会特别忙。

3. 这种鱼 平常吃小鱼小虾 ，有时候也会吃比较大的鱼虾。

4. 好的成绩离不开 平时的努力 ，只靠考试前突击，是肯定不行的。

5. 你需要不需要 买些日常用品 ？我下午去超市，我们一起去？

6. 一时想不出很熟悉的东西，这是 很平常的事情 ，并不奇怪。

## 头脑、脑袋、脑子、脑筋

### 讲一讲

“头脑”是名词，有三个意思。一是指思考和记忆能力。多用于较重大、复杂的问题，口语、书面语都常用。如：

他这个人很有头脑。

越是在这个时候，越是要保持清醒的头脑。

由于长期从事政府工作的缘故，他有着敏锐的政治头脑和经济头脑。

二是指头绪。其否定形式为“没头没脑”。常见于俗语“（丈二和尚）摸不着头脑”，表示理不清头绪、不明白对方的意思。如：

我站在旁边听了半天，还是摸不着头脑，不知道他们到底准备怎么办。

大家正说得很开心的时候，他突然没头没脑地站起来走了。

三是指首领，多用于口语。可重叠为“头头脑脑”。如：

咱们单位那些头头脑脑整天忙着开会。

十来个人在一起，不能没有个头脑。

“脑袋”也可以作名词，有两个意思。一是指头，多用于口语。如：

这次他刚才在办公室被老师批评了一通，耷拉着脑袋回到了教室。

小姑娘歪（wāi）着脑袋看着那个人，问：“你是谁啊？”

二是指思考和记忆的器官，多用于口语，主要用于精神方面。如：

你的脑袋真好使，几十年前的事还记得这么清楚。

要想成为一名科学家，脑袋必须要聪明。

“脑子”是名词，有两个意思。一是指位于头部的、管理思维记忆的器官，多用于口语，主要用于生理方面。如：

她脑子里长了一个肿瘤，必须开刀了。

他特别爱吃鱼脑子。

二是指一般的思考和记忆能力，多用于口语。如：

他不但脑子好，而且学习也很用功，所以成绩一直很好。

这个人太没脑子了，才几天的事儿就忘了。

“脑筋”，名词，有两个意思。一是指思考、记忆等能力。如：

他脑筋好，多少年前的事还记得清清楚楚的。

她善于动脑筋，又肯吃苦，所以工作做得很出色。

二是指人的意识，有“旧脑筋、新脑筋、老脑筋、脑筋开通、死脑筋、封建脑筋”等用法。如：

你真是旧脑筋，现在都什么年代了，你还那么想。

用新脑筋对待新事物的目的在于用新办法解决新问题。

## 提示

"头脑""脑袋""脑子""脑筋"的区别

| 词语 | 语义特点 | | | | | | 常用搭配 |
|---|---|---|---|---|---|---|---|
| | 思考和记忆能力 | 头绪 | 首领 | 头 | 位于头部的,管理思维记忆的器官 | 意识 | |
| 头脑 | +(用于较重大、复杂的问题) | + | + | − | − | − | 很有~ 政治~ 经济~ ~清醒 ~敏捷 摸不着~ 没头没脑 头头脑脑 |
| 脑袋 | − | − | − | + | + | − | 歪(wāi)着~ 耷拉着~ ~聪明 |
| 脑子 | +(用于日常生活中的一般问题) | − | − | − | + | − | 没~ 动~ ~好 不长~ |
| 脑筋 | + | − | − | − | − | + | 动~ 伤~ 旧~ 死~ ~开通 |

"脑袋""脑子""脑筋"在少数情况下可以互换。如:

马克的脑袋/脑子特别好使。

这件事我要跟老李商量,他的脑子/脑筋好,肯定能想出好办法。

遇到问题自己要多动动脑子/脑筋。

## 练一练

**一、HSK 仿真题:在下面的答案中选择唯一正确的填在横线上。**

1. 明天比赛的__①__,你千万不能__②__,要时刻保持清醒的__③__。

① A. 时间　B. 时候　C. 时代　D. 时期

② A. 急忙　B. 慌忙　C. 恐慌　D. 慌张

③ A. 头脑　B. 脑袋　C. 脑子　D. 脑筋

2. 他最近一直不__①__,整天耷(dā)拉着__②__,见到人也不打招呼。

① A. 欢乐　B. 欢快　C. 开心　D. 快乐

② A. 脑子　B. 脑袋　C. 头脑　D. 脑筋

3. 在这次车祸中,他的__①__受了伤,失去了说话的能力,从今__②__,他再也不能唱歌了。

① A. 脑子　B. 脑袋　C. 头脑　D. 脑筋

② A. 后来　B. 以后　C. 然后　D. 后面

4. __①__不同了,你得换换__②__了。

① A. 时间　B. 时候　C. 时代　D. 时期

② A. 头脑　B. 脑袋　C. 脑子　D. 脑筋

5. 爷爷虽然 70 多岁了,却是个__①__开通的老人,很__②__接受新观念。

① A. 头脑　B. 脑袋　C. 脑子　D. 脑筋

② A. 简单　　B. 容易　　C. 困难　　D. 明白

二、HSK 仿真题：找出下面句子中错误的部分并改正。

1. 虽然他已经 80 多了，但是依然脑袋敏捷、思路清晰，让人不得不佩服。
A　B　C　D

2. 他一进门就没脑没袋地冲着小丽发了一通火，然后就摔门出去了，大家被他搞得丈二和尚摸不着头脑，半天也没反应过来。
A　B　C　D

3. 时间不多了，请大家开动头脑，赶快想办法，帮助我把这道难题解了。
A　B　C　D

4. 看到儿子吃得很开心，一边吃一边晃着他圆圆的大脑子，爸爸和妈妈相视一笑，觉得这小家伙真的很容易满足。
A　B　C　D

三、HSK 仿真题：在下面的 A、B、C、D 中选择最接近画线词语的解释。

1. 她脑子好，又努力，所以学习成绩一直不错。
①　②

① A. 脑袋　　B. 脑筋　　C. 头脑　　D. 头

② A. 用功　　B. 用力　　C. 力气　　D. 力量

2. 一上课，他就耷拉着脑袋打瞌睡。

A. 头脑　　B. 脑子　　C. 头　　D. 脑筋

3. 她丈二和尚摸不着头脑，不知道发生了什么事。

A. 脑袋　　B. 脑子　　C. 头绪　　D. 脑筋

4. 今天下午的董事会，公司所有的头脑都到齐了。

A. 脑袋　　B. 脑子　　C. 头绪　　D. 领导

5. 脑筋不开动，脑子再大也没用。
①　②

① A. 脑袋　　B. 头绪　　C. 脑子　　D. 头

② A. 脑袋　　B. 头脑　　C. 脑筋　　D. 头

四、用句后括号中的词语完成句子

1. 你________________，这道题目你肯定能做出来的。（脑筋）
2. 孩子好奇地________________看着我，问："你在干什么？"（脑袋）
3. 年纪大了，________________，昨天刚刚学的，今天又忘了。（脑子）
4. 虽然听了这么多好话，王将军________________，没有一时冲动。（头脑）
5. 你东一句、西一句的，说些啥啊？搞得我________________。（头脑）
6. 这人就是________________，做事情不知道变通。（脑筋）
7. 如果我相信你的话，那我________________，你这话，骗小孩子都骗不了。（脑子）

8. 这孩子,________________,人又勤奋,将来肯定有出息。(脑袋)

## 参考答案

一、1. ①B ②D ③A 2. ①C ②B 3. ①A ②B 4. ①C ②D 5. ①D ②B

二、1. B 改为:但是依然头脑敏捷

2. A 改为:他一进门就没头没脑地冲着小丽发了一通火

3. B 改为:请大家开动脑筋

4. B 改为:一边吃一边晃着他圆圆的大脑袋

三、1. ①B ②A 2. C 3. C 4. D 5. ①C ②D

四、1. 你 多动动脑筋 ,这道题目你肯定能做出来的。

2. 孩子好奇地 歪着脑袋 看着我,问:"你在干什么?"

3. 年纪大了, 脑子不好使了 ,昨天刚刚学的,今天又忘了。

4. 虽然听了这么多好话,王将军 头脑还是很清醒 ,没有一时冲动。

5. 你东一句、西一句的,说些啥啊?搞得我 摸不着头脑 。

6. 这人就是 死脑筋 ,做事情不知道变通。

7. 如果我相信你的话,那我 真的脑子有病了 ,你这话,骗小孩子都骗不了。

8. 这孩子, 脑袋不笨 ,人又勤奋,将来肯定有出息。

# 后编 形容词

## 第一课 有名、著名、闻名 伟大、巨大、宏大

### 有名、著名、闻名

#### 讲一讲

“有名”是形容词,表示名字为大家所熟知。常用于口语,作定语或谓语。如:

她就是有名的歌星李丽。

北京大学是中国最有名的大学之一。

“著名”是形容词,强调显著、突出。常用于书面语,作定语或谓语。如:

巴金是中国的著名作家。

在中国的名胜古迹中,最著名的应该是长城了。

“闻名”是动词,听到名声的意思。如:

闻名不如见面,见到大卫本人,我才知道他真的很了不起。

对于这位科学家,我闻名已久,也敬佩很久了。

“闻名”又可以表示“有名”,强调某人或某事物广为人知,常与“举世”“世界”“远近”“天下”等词构成较固定的词组。常作谓语,可以直接带处所宾语,也可以带“于 + 处所名词”。如:

王大亮是当地家喻户晓、远近闻名的种瓜大王。

那位运动员因多次打破世界纪录而闻名于天下。

#### 提示

“有名”“著名”“闻名”的区别

| 词语 | 语体色彩 | 直接做修饰语 | 受程度副词修饰 | 带处所宾语 |
|---|---|---|---|---|
| 有名(形) | 多用于口语 | − | + | − |
| 著名(形) | 多用于书面语 | + | + | − |
| 闻名(动) | 多用于书面语 | − | − | + |

1. “著名”常用于书面语,“有名”常用于口语。“著名”比“有名”程度更高。在正式场合,突出强调重要的人或事物时,一般用“著名”。如:

终于两国之间爆发了著名的百年战争。

董仲舒以解释《春秋》而著名。

在日常随意交谈中,只说明名字为大家所知,不特别突出强调时,一般用“有名”。如:

听说你现在在北京很有名啊!

陈老师是我们学校有名的“音乐家”,会弹奏很多种乐器。

2. “著名”可直接修饰名词,也可加“的”后修饰名词。“有名”要加“的”之后才可修饰名词。“闻名”不能单独修饰名词,一般要与“举世”“世界”“远近”“天下”等词搭配才能修饰名词。如:

在美国著名大学读 MBA 一年要支付 3 万 ~5 万美元的费用。

韩国著名的钢琴家今晚将在北京与中央乐团合作演出。

伯伯以前是个有名的画家,后来眼睛失明就停笔了。

她成了世界闻名的电影演员。



## 练一练

**一、用“有名”“著名”“闻名”填空。**

1. 这就是举世______的长城。
2. 苏州的园林很______。
3. 这位球星以他的球技和帅气______世界。
4. 美国______作家海明威的作品世界______。
5. 1972 年 6 月,联合国人类环境会议通过了______的《联合国人类环境会议宣言》。
6. 在学校很多人都知道你的名字,你为什么这么______啊?

**二、判断对错并改正错句。**

1. 云南因盛产鲜花而远近闻名。

2. 苏州园林世界著名。

3. 中国的武术很闻名。

**三、HSK 仿真题:在下面的 A、B、C、D 中选择唯一正确的答案填入空中。**

1. 这里就是______世界的卢浮宫。

A. 闻名　　B. 著名　　C. 有名　　D. 名气

2. 对于这里的人来说,世界名牌未必比“上海制造”更______。

A. 闻名　　B. 有名　　C. 著名　　D. 成名

3. 中外______的名贵花种都在人民公园里摆放着。

A. 闻名　　B. 出名　　C. 有名　　D. 著名

4. 1840 年,在广州爆发了历史上__①__的鸦片战争,这__②__着中国近代史的开始。

① A. 闻名　　B. 出名　　C. 有名　　D. 著名
② A. 标志　　B. 标记　　C. 记号　　D. 记录

**四、用句后括号中的词语完成句子。**

1. 爱迪生因为他的伟大发明而____________。（闻名）
2. 李白是________________。（著名）
3. 10 年前，他还是一个默默无闻的人，现在__________。（有名）

## 参考答案

一、1. 闻名　2. 有名　3. 闻名　4. 著名　闻名　5. 著名　6. 有名
二、1. √
　2. ×　改为：苏州园林世界闻名。
　3. ×　改为：中国的武术很有名。
三、1. A　2. B　3. D　4. ①D ②A
四、1. 爱迪生因为他的伟大发明而<u>闻名天下</u>。
　2. 李白是<u>中国唐代最著名的诗人</u>。
　3. 10 年前，他还是一个默默无闻的人，现在<u>已经非常有名了</u>。

# 巨大、伟大、宏大

## 讲一讲

“巨大”，形容词，指体积、程度、数量等很大，客观地描写具体或抽象的事物。常作定语，有时也作谓语。如：

广场中央有一个巨大的喷水池。
飞机起飞时会发出巨大的声响。
这座新建的大楼耗资巨大。

“巨大”可修饰褒义、中性或贬义的词语。如：

他通过自己不懈的努力，在许多方面都取得了巨大的成就。
最近 20 年，中国发生了巨大的变化。
战争会给人们带来巨大的灾难。

“巨大”一般不用来修饰人，只修饰事物（详见上例）。

“伟大”，带主观感情色彩的褒义形容词，侧重价值非凡，超出寻常。常用来修饰具有较高知名度或作出过重大贡献的人或与人有关的事物，比如“理想、志向、胸怀、发明、事业、成就、贡献”等。常作定语，有时也作谓语。如：

李白是中国古代的伟大诗人。
这位女性有着伟大的胸怀，她不仅关心自己国家的和平与建设，而且还非常关心世界的和平与建设。

为儿童写作是一项光荣而伟大的事业。

“伟大”不能修饰贬义词语;修饰的事物多为抽象事物,只有“祖国、工程、建筑”等少数范围或规模较大的具体事物名词能受“伟大”的修饰。如:

长城是世界上最伟大的建筑之一。

每个人都应该热爱自己伟大的祖国。

“宏大”,带主观感情色彩的褒义形容词,着重指事物规模极大,气势宏伟。常用来修饰规模、气势、场面、建筑物、工程等,不可以修饰人;也不可修饰贬义词。常作定语,有时也作谓语。如:

秦始皇陵兵马俑规模宏大、制作技艺惊人,让人激动不已。

这幅壁画气势宏大、图像精美。

**提示**

“巨大”“伟大”“宏大”的区别

| 词语 | 语义特点 | 修饰对象 | 褒贬 | 主客观 |
|---|---|---|---|---|
| 巨大 | 体积、程度、数量大 | 具体和抽象的事物 | 中性 | 客观 |
| 伟大 | 价值非凡、超出寻常 | 人和与人有关的抽象事物 | 褒义 | 主观 |
| 宏大 | 规模大,气势宏伟 | 具体和抽象的事物 | 褒义 | 主观 |

1. 少数词语(成就、贡献)与“巨大”“伟大”都可以搭配,但强调的重点不同。“巨大”是客观陈述,而“伟大”有说话人的主观的感情在其中。

2. 一些词语(工程、建筑)与“伟大”“宏大”都可以搭配,但侧重点不同。“伟大”突出的是其价值,“宏大”着眼于规模。

## 练一练

**一、用“巨大”“伟大”“宏大”填空。**

1. 其实冰山并不是真正的山,而是漂浮在海洋中的________冰块。
2. 他后来成为了一名________的科学家。
3. 今年的水灾给人们带来了________的损失。
4. 他执着而热情地追求着心中________的理想。
5. 新建的纪念馆规模________,气势磅礴。

**二、HSK 仿真题:在下面答案中选择唯一正确的填在横线上。**

1. 鲁迅是中国__①__的文学家,他非常__②__时间。

①A. 巨大　　B. 伟大　　C. 宏大　　D. 庞大

②A. 爱惜　　B. 珍惜　　C. 爱护　　D. 保护

2. 平时练习的时候大家的__①__也许不大,但是比赛的时候,很多人因为承受着__②__的心理压力而发挥不出正常水平。

①A. 差别　　B. 分别　　C. 区别　　D. 区分

②A. 伟大　　B. 庞大　　C. 宏大　　D. 巨大

**三、HSK 仿真题:找出下面句子中错误的部分并改正。**

1. 一个人即使再聪明,如果他不刻苦努力,不仅不会作出巨大的事业,就是平凡的成绩也不可能得到。

（A: 一个人即使再聪明　B: 如果他不刻苦努力　C: 不仅不会作出巨大的事业　D: 就是平凡的成绩也不可能得到）

2. 那是一艘伟大的轮船,满载着游人,可是在出发不久后就撞上了冰山,沉入了海底。

（A: 那是一艘伟大的轮船　B: 满载着游人　C: 可是在出发不久后就撞上了冰山　D: 沉入了海底）

3. 中山陵位于南京,规模伟大,气势雄伟,是我国建筑史上的一大奇迹。

（A: 中山陵位于南京　B: 规模伟大　C: 气势雄伟　D: 是我国建筑史上的一大奇迹）

**四、用句后括号中的词语完成句子。**

1. 地震给当地的人民__________。(巨大)
2. 纸的发明__________!(伟大)
3. 市政府计划在这里用 10 年时间建成一座新城,这是__________。(宏大)
4. 突然,__________把我吵醒了。(巨大)
5. 我们应该继承祖先的__________。(伟大)

## 参考答案

一、1. 巨大　2. 伟大　3. 巨大　4. 伟大　5. 宏大

二、1. ①B ②B　2. ①C ②D

三、1. C　改为:不仅不会取得伟大的事业
2. A　改为:那是一艘巨大的轮船
3. B　改为:规模宏大

四、1. 地震给当地的人民 造成了巨大的损失 。
2. 纸的发明 实在太伟大了 !
3. 市政府计划在这里用 10 年时间建成一个新城,这是 一项宏大而艰巨的工程 。
4. 突然, 一个巨大的雷声 把我吵醒了。
5. 我们应该继承祖先的 伟大传统 。

# 第二课 优美、美丽、漂亮、好看

## 优美、美丽、漂亮、好看

### 讲一讲

“优美”表示“优雅”“美好”，多用于书面语。一般用来形容语言、景色、姿态、歌声、动作、意境、语言、文艺作品、音乐舞蹈等。多形容经过艺术加工的、高水平的美。在句子中可作定语（必须带“的”）、谓语和补语。如：

这样优美的舞姿我们一辈子能看到几次呢？

她的歌声原来是这样优美，可我以前竟一直没听出来。

“美丽”表示美观、好看，多用于书面语，带有庄重的色彩。一般多用于风光、景物，女人的容貌等。常作定语（必须带“的”）、谓语、补语。如：

大家都喜欢这美丽的风景。

美丽的姑娘打动了小伙子的心。

“美丽”还可以表示“美好”“高尚”的意思，多用来形容青春、心灵、故事传说等。如：

她美丽的心灵更胜过她美丽的外表。

妈妈给我们讲了一个美丽的传说。

“漂亮”可以表示美观、好看，多用于口语，比较轻松随便。常常用来形容景观、容貌、服饰、用具、建筑物。常作定语、谓语、补语和宾语。如：

我买了一件漂亮的衣服。

这辆车真漂亮。

“漂亮”还可以表示“出色”“精彩”的意思。常作定语、补语，作定语时常用来形容比赛的一个场景或者一次打仗场景。如：

真是漂亮的一球，全场观众都欢呼起来。

干得漂亮！

“好看”可以表示看着舒服、美观，多用于口语，常用来形容服饰、容貌、脸色、用具、景物。如：

这件衣服的颜色很好看。

你今天的脸色不太好看啊。

“好看”还可以形容比赛、影视、戏曲、书报等能使观者或读者因受到刺激而感到愉快。常作定语、谓语、补语。如：

虽然现在好看的书很多，但缺少专门为中学生写的。

这场球打得真是既精彩又好看。

“好看”还可以表示脸上有光彩、很体面。如：

儿子立了功，做妈的脸上也好看。

“好看”还有使人难堪的意思。一般组成“要(某人)好看”的结构。如：

你让我上台表演，这不是要我的好看吗？

下次再敢来这里，我就要你好看！

**提示**

“优美”“美丽”“漂亮”“好看”的区别

| 词语 | 语义特点 | 重叠 | 常用搭配 | 语体色彩 |
|---|---|---|---|---|
| 优美 | 多形容经艺术加工后的美或带艺术性的美 | – | 音乐～　舞蹈～　图案～　歌声～ | 多用于书面语 |
| 美丽 | 表示人或事物外表的美 | – | 风景～　景色～　风光～　姑娘～　服装～ | 多用于书面语 |
| | 表示感动人的内在美 | | 青春～　心灵～　传说～　故事～ | |
| 漂亮 | 表示事物或人外表的自然美 | 漂漂亮亮 | 姑娘～　小伙子～　服装～　建筑～　长得～ | 多用于口语 |
| | 表示出色，精彩 | | 动作～　干得～ | |
| | (动词)使漂亮 | 漂亮漂亮 | 让(人)～ | |
| 好看 | 表示事物或人外表的自然美 | – | 服饰～　容貌～　脸色～　用具～　长得～　煞是～ | 多用于口语 |
| | 能使观者或读者因受到刺激而感到愉快 | | 比赛～　影视～　戏曲～　书报～ | |
| | 表示脸上有光彩、体面 | | ……脸上～ | |
| | 表示使人难堪 | | 要(人)～　要(人)的～ | |

“漂亮”可以重叠为“漂漂亮亮”，形容状态；也可以重叠为“漂亮漂亮”，表示“使……漂亮”。其他三个形容词都不能重叠。如：

她打扮得漂漂亮亮地出去了。

我也换件衣服漂亮漂亮。

## 练一练

**一、HSK 仿真题：在下面的答案中选择唯一正确的填在横线上。**

1. 多读一些______的散文，可以提高我们的写作能力。

A. 优美　　B. 美丽　　C. 漂亮　　D. 好看

2. 桂林______的山水每年都吸引了大批的游客。

A. 优美　　B. 美丽　　C. 漂亮　　D. 好看

3. 你打扮得这么______，要去哪儿啊？

A. 优美　　B. 美丽　　C. 好看　　D. 漂亮

4. 琴声非常______，打动了评委们的心。

A. 优美　　B. 美丽　　C. 漂亮　　D. 好看

5.《西游记》真是太______了，我是一口气读完的。

A. 优美　　B. 美丽　　C. 好看　　D. 漂亮

6. 看着她划着______舞步穿梭(suō)在舞台上，仿佛一只纯洁的白天鹅跳跃在我的眼前。

A. 优美　　B. 美丽　　C. 漂亮　　D. 好看

7. 你们干得好！干得__①__！祝贺你们在研究上取得的__②__胜利！

①A. 美丽　　B. 好看　　C. 漂亮　　D. 优美

②A. 宏大　　B. 巨大　　C. 大大　　D. 广大

**二、HSK 仿真题：在下面的 A、B、C、D 中选择选择最接近画线词语的解释。**

1. 这场比赛赢得真漂亮。

A. 好看　　B. 美丽　　C. 美观　　D. 精彩

2. 关于太湖，有一个美丽的传说。

A. 好看　　B. 漂亮　　C. 出色　　D. 优美

3. 爸爸给她买了一只漂亮的铅笔盒。

A. 美好　　B. 好看　　C. 精彩　　D. 优美

4. 这篇散文语言优美，情感丰富。

A. 漂亮　　B. 美丽　　C. 优秀　　D. 高雅

5. 别让我再看见你，不然要你好看！

A. 美好　　B. 难堪　　C. 体面　　D. 精彩

6. 好看的东西不一定实用，所以我们不能光看外表。

A. 美好　　B. 漂亮　　C. 体面　　D. 精彩

**三、HSK 仿真题：找出下面句子中错误的部分并改正。**

1. 这本书包装美观(A)，文字漂亮(B)，收录了 100 多个美丽的故事、传说(C)，很受孩子们欢迎(D)。

2. 皮球划过一条优美的弧线(A)，落在了球网中(B)，人群沸腾了(C)，这是一个多么美丽的进球啊(D)！

3. 为了参加今晚的宴会(A)，她提前两个小时就开始准备(B)，她想把自己打扮得漂亮漂亮的(C)，成为晚会的焦点(D)。

4. 这场球踢得真美丽(A)，关键时刻(B)，10 号运动员飞起一脚(C)，将球送进了对方的球门(D)。

**四、用句后括号中的词语完成句子。**

1. 今天你的脸色__________，怎么了，生病了吗？（好看）

2. 听着台上合唱的演员们那__________,我都陶醉了。(优美)

3. 6号体操运动员最后做了________,竟得了满分。(漂亮)

4. 这个女孩长得并不漂亮,却有着一颗________。(美丽)

5. 昨天晚上的足球赛________,我一夜都没睡。(好看)

6. 听着________,我不知不觉地睡着了。(优美)

7. 别再多说话了,否则________!(好看)

## 参考答案

一、1. A 2. B 3. D 4. A 5. C 6. A 7. ①C ②B

二、1. D 2. D 3. B 4. D 5. B 6. B

三、1. B 改为:文字优美

2. D 改为:这是一个多么漂亮的进球啊

3. C 改为:她想把自己打扮得漂漂亮亮的

4. A 改为:这场球踢得真漂亮

四、1. 今天你的脸色<u>不太好看</u>,怎么了,生病了吗?

2. 听着台上合唱的演员们那<u>优美的歌声</u>,我都陶醉了。

3. 6号体操运动员最后做了<u>一个漂亮的动作</u>,竟得了满分。

4. 这个女孩子长得并不漂亮,却有着一颗<u>美丽的心灵</u>。

5. 昨天晚上的足球赛<u>太好看了</u>,我一夜都没睡。

6. 听着<u>优美的音乐</u>,我不知不觉地睡着了。

7. 别再多说话了,否则<u>要你好看的</u>!

# 第三课 有趣、有意思 合适、适合

## 有趣、有意思

### 讲一讲

“有趣”，形容词，表示能引起人的好奇心或喜爱，否定形式是“没意思”。如：

谁说这本书很有趣？我觉得没什么意思。

他的笑话太有趣了，同学们一个个都笑得前仰后合。

“有意思”是动宾短语，表示有意义，耐人寻味。如：

虽然是短短的几句话，但非常有意思。

我们提倡并鼓励作家多写一些有意思的，能反映社会现实的作品。

“有意思”也可表示有趣，否定形式是“没意思”。如：

我从来没听过这么有意思的课。

这部电影很多人喜欢，但是我觉得很没意思。

“有趣”和“有意思”都可以表示有趣味，有时可以互换。如：

妈妈昨天给我们讲了一个非常有意思/有趣的故事。

她讲的这件事情真是太有趣/有意思了。

“有意思”还可以指对异性产生爱慕之情。如：

说实话，你是不是真的对她有意思？





### 提示

“有意思”和“有趣”的区别

| 词语 | 引起好奇或喜爱 | 有意义 | 好玩 | 可笑、奇怪、令人难以理解 | 中间可插入定语 | 语体色彩 |
|---|---|---|---|---|---|---|
| 有趣 | + | − | − | + | − | 多用于书面语 |
| 有意思 | + | + | + | − | + | 多用于口语 |

## 练一练

**一、用“有趣”“有意思”填空。**

1. 这本小说的内容很__________,令人回味无穷。
2. 游乐中心的游戏都是很__________的,你们来看看吧。
3. 父母都希望他多玩点__________的东西,别整天打打杀杀的。
4. 李老师总是故意做一些__________的动作逗孩子们发笑。
5. 他看上王丽了,对她挺__________的呢。
6. 你真是__________,昨天刚说的话,自己都忘了?

**二、HSK 仿真题:在下面的 A、B、C、D 中选择最接近画线词语的解释。**

1. 王教授作了一个非常<u>有意思</u>的演讲,大家听得津津有味。

A. 有趣　　B. 好玩儿　　C. 奇怪　　D. 可笑

2. 作品必须要<u>有意思</u>,没有意思的作品,即使受欢迎,也是暂时的。

A. 有趣　　B. 有价值　　C. 有意义　　D. 奇怪

3. 你这人真<u>有趣</u>,干吗一直跟着我?

A. 有意思　　B. 奇怪　　C. 好玩儿　　D. 高兴

4. 我们今天去了大公园,那里可<u>有意思</u>了。

A. 有意义　　B. 好玩儿　　C. 有趣　　D. 奇怪

**三、用句后括号中的词语完成句子。**

1. 你已经长大了,不要老想着玩,该干些__________。(有意思)
2. 家长和孩子一起玩__________,可以开发孩子的智力。(有趣)
3. 这人__________,为什么对什么都不满意?(有趣)
4. 你是不是__________?要不要我帮你去跟他说明。(有意思)

## 参考答案

一、1. 有意思　2. 有意思　3. 有意思　4. 有趣　5. 有意思　6. 有趣

二、1. A　2. C　3. B　4. B

三、1. 你已经长大了,不要老想着玩,该干些<u>有意思的事</u>。

2. 家长和孩子一起玩<u>有趣的游戏</u>,可以开发孩子的智力。

3. 这人<u>真有趣</u>,为什么对什么都不满意?

4. 你是不是<u>对他有意思了</u>?要不要我帮你去跟他说明。

## 合适、适合

### 讲一讲

“合适”是形容词,表示从实际情况或人的客观要求看是符合的。在句中一般作谓语、定语,不能带宾语。如:

帮我挑一件合适的衬衫吧!(与人的要求相符合,下同)

这道菜的咸淡很合适。

你昨天的发言很不合适。(发言不符合当时交际规则的要求)

“适合”是动词,表示符合实际情况或客观要求。在句中一般作谓语,不能单独作谓语,要带宾语,宾语可以是名词、动词及其短语或主谓短语。如:

他适合做这份工作吗?

这里不适合养鱼。

你的计划未必适合那里的情况。



### 练一练

**一、用“合适”“适合”填空。**

1. 小孩子不________看这部电影。
2. 你去干这个?好像不太________吧!
3. 这双鞋子________下雨天穿。
4. 我终于买到了一顶________的帽子。
5. 你那儿有没有什么________的工作?
6. 你目前的情况不________出院。

**二、HSK 仿真题:从下面的 A、B、C、D 中选择最接近画线词语的解释。**

1. 你找的女朋友是很__①__,但我觉得她不__②__你。

①A. 优异　B. 漂亮　C. 优美　D. 优良

②A. 合适　B. 符合　C. 合　D. 适合

2. 大卫的__①__很强,很__②__做学生会主席。

①A. 能力　B. 才能　C. 才干　D. 能干

②A. 合适　B. 适合　C. 合　D. 符合

3. 咱们工作才取得了一点点__①__就拼命宣传,这样做__②__吗?

①A. 成就　B. 成果　C. 成绩　D. 功绩

②A. 合适　B. 适合　C. 合　D. 符合

4. 这种__①__只能做包装用的箱子,做家具不__②__。

①A. 资料　B. 材料　C. 料子　D. 素材

②A. 符合　B. 适合　C. 合　D. 合适

5. 这些人连最基本的___①___培训都没有参加过,怎么___②___做这样的___③___工作呢?

①A. 技术　　B. 技能　　C. 技巧

②A. 符合　　B. 适合　　C. 合适

③A. 技术　　B. 技能　　C. 技巧

**三、用句后括号中的词语完成句子。**

1. 这种鞋太硬,________________。(合适)
2. 屋子太小了,________________。(适合)
3. 此类活动________________玩,只________________玩。(适合)
4. 昨天的会议上,我________________,你千万不要往心里去。(合适)

## 参考答案

一、1. 适合　2. 合适　3. 适合　4. 合适　5. 合适　6. 适合

二、1. ①B ②D　2. ①A ②B　3. ①C ②A　4. ①B ②D　5. ①A ②B ③A

三、1. 这种鞋太硬,老年人穿不合适。

2. 屋子太小了,不适合做学生活动室。

3. 此类活动不适合老年人玩,只适合年轻人玩。

4. 昨天的会议上,我说了不少不合适的话,你千万不要往心里去。

# 第四课　一般、普通　本来、原来

## 一般、普通

### 讲一讲

"一般",形容词,常用于主观评价,表示"不好也不坏的中间的状态"。常常形容成绩、质量、人物、相貌、看法、能力、感情、价钱等。在句中可以作谓语、定语、状语、补语。如:

一般的相机就够了,不用买太好的。

马克的能力很一般,做不了什么大事。

这次考试考得一般,下次再努力吧!

如果说"不一般",就是不平凡,带称赞的意味。如:

这些外国学生可不一般,他们对中国文化的了解有的超过了一般的中国人。

"一般"还可以表示"通常",是从动作经常发生的规律来看的,常作状语。如:

小孩子一般都离不开妈妈。

一般来说,感冒总得过一两个礼拜才能彻底好。

"一般"还可以表示"同样"。如:

这兄弟两个人好像一般高啊!

这雨就像子弹一般打在脸上。

"普通",形容词,平常的,与"特殊"相对,多用于表示大多数人或事物所具有的性质或状态。常作定语或谓语,不作状语。如:

他是我的普通朋友,不是男朋友。(关系平常,不是恋人关系)

我只是一个普通的老师,你不要采访我。

这件衣服很普通,你为什么要买呢?

"普通"不表示"不好也不坏的中间状态"。如评价成绩、质量、能力等不用"普通"。

"一般"和"普通"只有在客观地说明某个具体事物时,可以互换。如:

你现在收入不高,买一辆普通/一般的汽车就行了。

但在下面的句中,二者意义就有所不同,试比较:

这是一辆普通的汽车,跟别的公司的没什么不一样。(汽车不特殊,跟别的差不多)

这辆车很一般,还不如买那辆!(汽车的质量、外观、价格等不好不坏)

提示

"一般"和"普通"的区别

| 词语 | 语义特点 | 单独作谓语 | 作状语 | 作补语 | 重叠 | 常用搭配 |
|---|---|---|---|---|---|---|
| 一般 | 不好也不坏的中间状态 | + | + | + | – | 成绩～ 质量～ 人物～ 相貌～ 看法～ 能力～ 感情～ 价钱～ 水平～ |
| 普通 | 不特别,很平常 | – | – | – | AABB | ～人 ～商店 ～学校 ～工人 ～教师 ～医院 |

"普通"和"一般"都可以作谓语,不过,"一般"可以单独作谓语,也可受程度副词"很""太""非常"等的修饰;而"普通"则不能单独作谓语,必须受程度副词修饰。

练一练

**一、用"一般""普通"填空。**

1. 我的汉语水平很__________。
2. 他女朋友相貌__________,但是特别能干。
3. 这是一支外表很__________的钢笔,但是对我来说,却并不__________。
4. 我__________晚上9点才睡觉呢。
5. 这是一家__________的商店,跟别的店没什么不一样。
6. 很多明星都表示自己愿意做一个__________人。

**二、判断对错并改正错句(正确的打"√",错误的打"×")。**

1. 她爸爸是一个普普通通的工人,平时话也很少。

2. 我游泳游得很普通,不过,我非常喜欢游泳。

3. 我看过这部电影,情节普通,不推荐你去看。

**三、HSK 仿真题:从下面的答案中选择唯一正确的填在横线上。**

1. 我排球打得很__①__,做教练恐怕不__②__。

①A. 一般　　B. 普通　　C. 普普通通　　D. 平常

②A. 适合　　B. 符合　　C. 合适　　D. 合理

2. 我只想做一个__①__人,生活__②__过得去就行了,从来没想过事业上取得什么__③__的成就。

①A. 普通　　B. 一般　　C. 日常

②A. 普通　　B. 一般　　C. 日常

③A. 宏大　　B. 大大　　C. 伟大

3. 王平作为副院长,到现在也没有一个像样的科研__①__,跟__②__的科研人员差不多。我看他不太__③__做研究院的领导。

①A. 成绩　　B. 成就　　C. 成果

②A. 普通　　B. 一般　　C. 日常

③A. 符合　　B. 合适　　C. 适合

4. 要想在良种培育方面取得的__①__成绩，__②__需要经过十几年甚至几十年的__③__。

①A. 伟大　　B. 宏大　　C. 巨大　　D. 很大

②A. 一般　　B. 普通　　C. 日常　　D. 平时

③A. 努力　　B. 用功　　C. 力量　　D. 力气

5. 这是一部写得很__①__的网络小说，没有什么__②__的。

①A. 一般　　B. 普通　　C. 平时　　D. 日常

②A. 漂亮　　B. 好看　　C. 优美　　D. 美丽

**四、HSK 仿真题：在下面的 A、B、C、D 中选择最接近画线词语的解释。**

1. 我想再买一个<u>一般</u>大小的书包。

A. 同样　　B. 普通　　C. 正常　　D. 合适

2. 犯罪嫌疑人穿着一件<u>常见</u>的白色衬衫，不仔细看，是看不出特别的。

A. 一般　　B. 普通　　C. 经常　　D. 日常

3. 听说李丽考上了一个很<u>普通</u>的大学。

A. 一般　　B. 普遍　　C. 正常　　D. 合适

**五、用句后括号中的词语完成句子。**

1. 我不是校长，我______________。（普通）

2. 爸爸每天下班很晚，______________。（一般）

3. 这位中国老师上汉语课的时候______________，偶尔说一点儿英语。（一般）

4. 周经理家里______________，基本看不到什么高档电器。（普通）

## 参考答案

一、1. 一般　2. 一般　3. 普通 普通　4. 一般　5. 普通　6. 普通

二、1. √

2. ×　改为：我游泳游得很一般，不过，我非常喜欢游泳。

3. ×　改为：我看过这部电影，情节一般，不推荐你去看。

三、1. ①A ②C　2. ①A ②B ③C　3. ①C ②A ③A　4. ①D ②A ③A　5. ①A ②B

四、1. A　2. B　3. A

五、1. 我不是校长，我<u>只是一名普通的老师</u>。

2. 爸爸每天下班很晚，<u>一般都要到晚上 11 点才到家</u>。

3. 这位中国老师上汉语课的时候<u>一般都说汉语</u>，偶尔说一点儿英语。

4. 周经理家里<u>普普通通的</u>，基本看不到什么高档电器。

# 本来、原来

## 讲一讲

形容词“本来”，表示原有的，常作定语。如：

经过这个事件，我们终于看清了这个男人的本来面目。

父亲本来的用意是让哥哥帮助弟弟，没想到兄弟俩都误解了父亲。

“本来”还可作副词，有两个意思。一是表示“原先、先前”。常与“现在、后来”相对。如：

爸爸身体本来不太好，后来练了太极拳后，气色明显好多了。

我本来打算跟你一去的，可是，现在遇到了一些麻烦。

二是表示理所当然。如：

你比他大几岁，本来就该让着他。

他是负责人，这事本来就该他管。

形容词“原来”，表示起初的、没有经过改变的。如：

鲁迅故居还保留着原来的格局。

他变化太大，已看不出他原来的样子了。

“原来”还可以作副词，表示“发现真实情况”。如：

原来是放鞭炮的声音啊！

我说你怎么没来，原来你根本不知道这件事情啊！

“原来”还可以作名词，表示“开始的时候”“从前”，这是“本来”没有的用法。如：

鲁迅原来学的是医学，在日本的时候，开始从事文学工作了。

黑火药原来并不是用于战争的。

## 提示

“本来”和“原来”的区别

1．与“本来”相比，“原来”更强调起初的、开始时候的、没有改变的。如：

一切家具都是按照原来的样子摆放的。

十几年过去了，我已经记不得家乡原来的样子了。

2．“原来”作定语，必须有助词“的”。“本来”常可直接修饰“面貌”“面目”，不用带“的”，一般指人们原先没有认识到的“面貌”“面目”。如：

告诉我你本来的想法！

今天，我终于看清了你的本来面目。

你还记得原来的那条小路吗？

＊原来故事主要是写的一位宋代画家。

## 练一练

**一、用“本来”“原来”填空。**

1. 这个包旧一点儿更好看，我不喜欢这个包______的颜色。
2. 你能猜出作者写这本书______的目的吗？
3. 这件事______的情况就是这样，我没有骗人。
4. 他______的书包丢了，所以买了一个便宜的。
5. 我更喜欢他______的发型，他为什么要换发型呢？
6. 这种写法并不能反映历史的______面目。

**二、HSK 仿真题：找出下面句子中错误的部分并改正。**

1. 本来是你啊(A)，我当是谁来了呢(B)！本来我要出门的(C)，现在就呆家里陪你聊天吧(D)！

2. 苏州的秋天原来就多雨(A)，这几天雨又特别的大(B)，原来的路已经看不见了(C)，就几棵大树还保持着原来的样子(D)。

**三、用句后括号中的词语完成句子。**

1. 我________________，但是，报社几次邀请，于是我就答应写一些东西了。（本来）
2. 父亲________________，现在这份工作其实才干了一年。（原来）
3. 那个广告牌就在________________，后来校门改了，那个广告牌也就拆了。（原来）
4. 这________________，后来大家都鼓励我，于是我就决定真的干起来了。（本来）

## 参考答案

一、1. 本来　2. 本来　3. 本来　4. 原来　5. 原来　6. 本来

二、1. A　改为：原来是你啊

　　2. A　改为：苏州的秋天本来就多雨

三、1. 我<u>　本来不想写这篇文章　</u>，但是，报社几次邀请，于是我就答应写一些东西了。

　　2. 父亲<u>　原来的工作在北京　</u>，现在这份工作其实才干了一年。

　　3. 那个广告牌就在<u>　原来的校门旁边　</u>，后来校门改了，那个广告牌也就拆了。

　　4. 这<u>　本来只是一个小小的想法　</u>，后来大家都鼓励我，于是我就决定真的干起来了。

# 第五课　严格、严肃、严厉　舒服、舒适

## 严格、严肃、严厉

### 讲一讲

"严格",形容词,指在遵守制度或掌握标准时认真不放松。常作谓语、状语和定语。如:

每一个公民都应当严格遵守交通规则,不闯红绿灯。

经过严格的训练,他终于成为一名合格的战士。

如果没有拿满学分,就不能毕业,在这方面学校有严格的规定。

"严格"的对象常可以是动作者自己。如:

他对自己要求很严格。

"严格"可以用作动词,表示"使严格",一般指在集团内部从严要求。如:

校长认为必须严格学校纪律,提高大学生的素质。

企业要发展,首先得从内部严格起来!

"严肃",形容词,指神态、气氛等使人感到敬畏。常作谓语、状语和定语。如:

他一脸严肃地对我说:"这个问题如果不解决,我就辞职。"

会上的气氛严肃得令人喘不过气来。

"严肃"又可指在作风、态度等方面非常认真。如:

她对待工作一向严肃认真、一丝不苟。

一旦查出哪个学生考试作弊,学校一定会严肃处理。

"严肃"可以用作动词,表示"使严肃"。一般指在执行纪律方面十分认真。如:

严肃党纪,对于提高共产党员的素质很重要。

"严厉",形容词,指态度严肃而厉害,在要求方面不宽容。常作谓语、状语和定语。如:

他有一位非常严厉的父亲,对他不是打就是骂。

国家严厉打击破坏野生动物资源的违法犯罪活动。

如果查到有谁违反校规,夜不归宿,一定要严厉处罚。

提示

"严格""严肃""严厉"的区别

| 词语 | 语义特点 | 常用的搭配 | 常带的宾语 |
|---|---|---|---|
| 严格 | 强调要求标准高，对规章制度等的遵守、执行和掌握 | ～(地)要求 ～(地)训练 ～(地)遵守 ～(地)按照 ～(地)控制 ～的要求 ～的训练 ～的规定 ～的纪律 要求～ 训练～ | 纪律 制度 法制 法规 |
| 严肃 | 强调令人敬畏，不随便 | ～(地)回答 ～(地)说 ～(地)处理 ～(地)批评 ～(地)对待 ～的态度 ～的生活 ～的工作 ～的问题 ～的作品 态度～ 气氛～ 表情～ 神情～ | 纪律 法纪 党纪 法纪 军纪 |
| 严厉 | 强调在态度严肃而厉害，在要求方面不宽容 | ～(地)斥责 ～(地)训斥 ～(地)责备 ～(地)警告 ～(地)打击 ～的刑罚 ～的惩罚 ～的处分 ～的措施 ～的目光 措辞～ | 不能带宾语 |

"严肃"后可以跟"性"；"严格""严厉"则不能。如：

为了保持合同的严肃性和合法性，双方代表都很谨慎。

我们要维护艺术的真实性和严肃性。

练一练

**一、用"严格""严肃""严厉"填空。**

1. 李贺写作态度极为________认真，每写一个字都反复考虑。
2. 为了维护公民的权利，必须________打击危害社会的犯罪分子。
3. 为了能拿到奥运体操冠军，他接受了________的训练。
4. 他一脸________地说："为了将来能顺利毕业，从现在开始我们就要________要求自己。"
5. 她很听爸爸的话，无论爸爸说什么，她都________执行。
6. 由于他违反了公司的规定，受到了公司的________处分。

**二、判断对错并改正错句（正确的打"√"，错误的打"×"）。**

1. 他表情严格地坐着，一动也不动。

2. 这封批评信的措辞十分严厉。

3. 我们必须严肃法纪。

4. 面对父母严肃的要求，小明感到压力很大。

5. 对于一些不严肃遵守纪律的人，我们要严格处理。

**三、HSK 仿真题：在下面的答案中选择唯一正确的填在横线上。**

1. 考试纪律是十分__①__的，违反考试纪律的后果是十分__②__的。

①A. 严肃　　B. 严格　　C. 严峻　　D. 严厉

②A. 重要　　B. 珍重　　C. 沉重　　D. 严重

2. 我的父亲是个很__①__的人，从不开玩笑，这回他非常__②__地批评了我。

①A. 严正　　B. 严格　　C. 严峻　　D. 严肃

②A. 严厉　　B. 严密　　C. 严峻　　D. 严肃

**四、HSK仿真题：找出下面句子中错误的部分并改正。**

1. 他是个十分认真的人(A)，每天都勤奋地工作(B)，对于儿子更是严厉要求(C)，希望儿子将来能有出息(D)

2. 男生则在背后指指点点(A)，说李丽是"苦瓜大师"(B)，因为她从来不笑(C)，脸上总是很严格(D)。

**五、用句后括号中的词语完成句子。**

1. 请________交通规则，走人行道。（严格）
2. 老师________考试作弊的同学。（严厉）
3. ________训练，马克终于成为一名优秀的飞行员。（严格）
4. ________，不要嘻嘻哈哈的。（严肃）
5. 不要忽略这个问题的________，我们一定要认真对待。（严肃）

## 参考答案

一、1. 严肃　2. 严厉　3. 严格　4. 严肃　严格　5. 严格　6. 严厉

二、1. ×　改为：他表情严肃地坐着，一动也不动。
　2. √
　3. √
　4. ×　改为：面对父母严格的要求，小明感到压力很大。
　5. ×　改为：对于一些不严格遵守纪律的人，我们要严肃处理。

三、1. ①B ②D　2. ①D ②A

四、1. C　改为：对于儿子更是严格要求
　2. D　改为：脸上总是很严肃

五、1. 请__严格遵守__交通规则，走人行道。
　2. 老师__严厉批评了__考试作弊的同学。
　3. __经过严格的__训练，马克终于成为一名优秀的飞行员。
　4. 严肃点，不要嘻嘻哈哈的。
　5. 不要忽略这个问题的严肃性，我们一定要认真对待。

# 舒服、舒适

## 讲一讲

“舒服”，形容词，表示身体或精神上感到轻松愉快，通常强调说话人的自身感觉。可作谓语、补语、定语或状语。如：

今天大卫身体不舒服，没有来上课。

老李没事儿总爱讽刺别人，让人听了浑身不舒服。

一连加了几天班，很累，真想舒舒服服地睡一觉。

“舒服”又可表示使身体或精神上感到轻松愉快，常在兼语句中以ABAB的重叠形式出现。如：

刚给我的小狗洗了个澡，让它也舒服舒服。

“舒适”，形容词，表示舒服安逸，通常强调人对外界环境的感觉。可作谓语、补语、定语或状语。如：

尽管家里的环境很舒适，但是张明毅然离开了父母，独自一人来到美国打拼。

现在人们在购物时喜欢挑选一些舒适、宽松的衣服。

小袋鼠舒适地躲在袋鼠妈妈的口袋里，伸出个小脑袋四处张望。

法国高速火车以其运行速度快、舒适度和安全度高而誉满全球。

中、低档汽车具有价格低、舒适性好、安全性能强等特点。

## 提示

“舒服”和“舒适”的区别

| 词语 | 语义特点 | 常用搭配 | 其他用法 |
|---|---|---|---|
| 舒服 | 觉得身体或精神上感到轻松愉快（自我感觉） | ~的感觉　~的样子　~的生活　~的日子　~的程度　~的地方　~的东西　~的时候　~的姿势　~了好几年　舒舒服服地睡一觉　舒舒服服地休息一下 | AABB重叠式<br>用于口语和书面语 |
| | 使人感到轻松愉快 | 让他舒服舒服<br>让我舒服几天 | ABAB重叠式<br>用于口语和书面语 |
| 舒适 | 人对外界环境感觉舒服安逸 | ~的感觉　~的环境　~的工作　~的生活　~的氛围　~的季节　~的效果　~的房间　~的温度　~的条件　环境~　~度　~性 | 多用于书面语<br>不能重叠 |

1．“舒服”就是感觉好受，反义词是“难受”，侧重于身体或精神上的感受。“舒适”强调舒服合意、安逸，反义词是“艰苦”，形容客观环境或者和身体有关的居住、生活方面的感受。如：

王太太穿着天鹅绒大衣，触感十分舒适，远远比小林身上披着旧棉袄要舒服。

2．“舒服”较主观，含有对人或事物很满意的意思；而“舒适”较客观，不能表示“满意”。如：

运动过后，洗个热水澡，舒服极了。(不能用“舒适”)

3. 主语为“环境”时，谓语只能是“舒适”，不能是“舒服”，但可以说“舒服/舒适的环境”。如：

这个住宅小区远离市区，环境很舒适。(不能用“舒服”)

让老人在舒服/舒适的环境里安度晚年。

## 练一练

**一、用“舒服”“舒适”填空。**

1. 在沙发上坐着比在地上__________多了。

2. 这么__________的房间，一天 20 元钱真够便宜的。

3. 他的卧室布置得很__________。

4. 我不喜欢这个演员，一看见他出来就感到不__________。

**二、判断对错并改正错句(正确的打“√”，错误的打“×”)。**

1. 那套沙发坐着特别舒适。

2. 我最近不太舒适。

3. 在这种嘈杂的环境中工作舒服不了。

**三、HSK 仿真题：在下面的答案中选择唯一正确的填在横线上。**

1. 迈克工作很忙，很少和家里人___①___地过一个星期天。今天是儿子杰生的生日，他特地请假回家，带儿子去了一家新开的、环境___②___的餐厅庆祝生日。

①A. 舒畅　　B. 舒适　　C. 舒服舒服　　D. 舒舒服服

②A. 舒适　　B. 舒服　　C. 舒坦　　D. 舒畅

2. 今年夏天气温很高，人体___①___指数很低，在户外会感到闷热，很不___②___。

①A. 舒适　　B. 舒适度　　C. 舒服　　D. 舒服度

②A. 舒畅　　B. 舒坦　　C. 舒服　　D. 舒舒服服

**四、HSK 仿真题：找出下面句子中错误的部分并改正。**

1. 他工作顺利(A)，家庭和美(B)，经济条件又好(C)，生活得舒舒适适的(D)。

2. 所谓“空气舒服度”(A)，就是在不特意采取任何防寒保暖或防暑降温措施的前提下(B)，人们在自然环境中是否感觉舒适(C)及其达到怎样一种程度的具体描述(D)。

**五、用句后括号中的词语完成句子。**

1. 你快点儿下来，让我也到新床上__________。(舒服)

2. 新一代轿车在______方面取得了很大的进步。(舒适)

3. 这种材料制成的衣服____________,很受顾客欢迎。(舒服)

4. ____________对一个人的成长不见得有利。(舒适)

## 参考答案

一、1. 舒服　2. 舒适　3. 舒适　4. 舒服

二、1. √

2. ×　改为:我最近不太舒服。

3. √

三、1. ①D ②A　2. ①B ②C

四、1. D　改为:生活得很舒适

2. A　改为:所谓“空气舒适度”

五、1. 你快点儿下来,让我也到新床上舒服舒服。

2. 新一代轿车在舒适性方面取得了很大的进步。

3. 这种材料制成的衣服穿起来非常舒服,很受顾客欢迎。

4. 过于舒适的环境对一个人的成长不见得有利。

# 第六课 整齐、整洁 正确、准确

## 整齐、整洁

### 讲一讲

“整齐”和“整洁”都可以作形容词，有时可以互换。如：

他的房间向来都收拾得这么整齐/整洁。

她喜欢孩子衣着整齐/整洁地出门。

不过在这里，它们强调的方面并不一样。“整齐”强调的是不乱，“整洁”强调的是整齐而又干净。

“整齐”，可以作形容词，有三个意思。一是表示有秩序，有条理，不凌乱，常用来形容很多东西在一起时的排列，可以是人，也可以是物。常作定语、补语和谓语，可以重叠。如：

每年秋天，成群的大雁在高空排成整齐的队伍，向着遥远的南方飞去。

无论衣服是新是旧，只要穿得干净整齐就好。

你的文章很有新意，句式也很整齐。

二是指外形规则，有条理，不紊乱，常用来说明一些物体，常作谓语、定语和状语。如：

新城区的街道宽阔整齐，到处是一幢幢现代化高楼和栽有各种花草的公园。

这些红鹤还能为游客“表演”，它们整齐地飞向远处，又阵容整齐地飞回来。

三是指大小、长短相差不多，常用来说明水平差不多。常作定语和谓语。如：

这个大学整齐的师资队伍使它近几年发展得很快。

他领导的那个队人员的技术水平比较整齐。

“整齐”还可以作动词，意思是使整齐。常作谓语。如：

天安门国旗护卫队的数十名武警战士整齐列队，准备升旗。

改革开放鼓舞着全国各族人民整齐步伐，建设社会主义美好家园。

形容词“整洁”，表示整齐洁净。常作谓语或定语，一般修饰衣物、环境等。如：

他总是精神抖擞，衣着整洁。

小区的环境整洁幽雅，像是一个公园。

第一次见面就给人一种不整洁的印象，往往会给你的自我表白投下阴影。

提示

"整齐"和"整洁"的区别

| 词语 | 语义特点 | 单独作状语 | 重叠 | 作动词 | 常用搭配 |
|---|---|---|---|---|---|
| 整齐 | 有秩序，有条理，不凌乱 | – | + | + | ~的步伐　~的衣着　~的队伍　歌声~ |
| | 外形规则、完整 | + | + | – | ~的街道　~的房子　~的树木　~地放着　~地摆着 |
| | 大小、长短相差不多 | – | – | – | 力量~　师资~　水平~ |
| 整洁 | 整齐洁净 | – | – | – | 衣着~　环境~　街道~ |

练一练

**一、用"整齐""整洁"填空。**

1. ______摆放自行车是小事，却可以看出一个人的素质。
2. 方敏的房间收拾得很______，一看就知道是个爱干净的人。
3. 雨后放晴，一排排______别致的楼房，在阳光照射下格外引人注目。
4. 同学们衣着______，迈着______的步伐走进了会场。
5. 他们的歌声______嘹亮，整个校园都可以听到。
6. 这个小区环境______，我喜欢和孩子们住在这里。

**二、判断对错并改正错句（正确的打"√"，错误的打"×"）。**

1. 他一向穿得都很整齐，这次却穿了一件看起来很久没洗的T恤。
2. 孩子们的队伍很整洁。
3. 我喜欢环境整齐的地方，在那里生活也很舒服。



**三、HSK 仿真题：在下面的答案中选择唯一正确的填在横线上。**

1. 要让孩子从小养成良好的__①__，晚上睡觉前把衣服放__②__。
①A. 习俗　　B. 习惯　　C. 习气　　D. 风气
②A. 整洁　　B. 干净　　C. 整齐　　D. 洁净

2. __①__早晨上课铃响过后，你走进教室都会听到一片__②__的朗读声。
①A. 每天　　B. 天天　　C. 每次　　D. 今天
②A. 整洁　　B. 整齐　　C. 干净　　D. 清洁

3. 广场上__①__无声，人们站得很__②__，等待着主席的到来。
①A. 安静　　B. 平静　　C. 寂静　　D. 宁静
②A. 整洁　　B. 整齐　　C. 清洁　　D. 干净

4. 步入工业园区，映入我们眼帘的是__①__的楼房和__②__的道路。

①A. 整齐　　B. 整洁　　C. 清洁　　D. 洁净

②A. 宽敞　　B. 宽阔　　C. 宽广　　D. 广阔

**四、HSK 仿真题:找出下面句子中错误的部分并改正。**

1. 本来这里的环境特别好,空气清洁,街道整齐,现在怎么变得这么乱!

A　B　C　D

2. 每个城市都是有差别的,不可能也不应当有整洁划一的发展速度;快与慢是相比较而言的,

A　B　C

这跟每个地方原有基础的好坏有很大的关系。

D

**五、用句后括号中的词语完成句子。**

1. 从飞机上往下看,__________,家乡的变化可真大啊!(整齐)
2. 这次活动并不是非常正式的,衣服__________。(整洁)
3. 听着__________,我就知道训练开始了。(整齐)
4. 对于购房者来说,小区__________,直接关系到将来的生活质量。(整洁)
5. 这次来表演的演员们,水平__________,都有丰富的表演经验。(整齐)

## 参考答案

一、1. 整齐　2. 整洁　3. 整齐　4. 整洁　整齐　5. 整齐　6. 整洁

二、1. √

2. ×　改为:孩子们的队伍很整齐。

3. ×　改为:我喜欢环境整洁的地方,在那里生活也很舒服。

三、1. ①B ②C　2. ①C ②B　3. ①C ②B　4. ①A ②B

四、1. C　改为:街道整洁

2. B　改为:不可能也不应当有整齐划一的发展速度

五、1. 从飞机上往下看,能看到一排排整齐的楼房,家乡的变化可真大啊!

2. 这次活动并不是非常正式的,衣服只要整洁就行了。

3. 听着整齐的歌声,我就知道训练开始了。

4. 对于购房者来说,小区环境是否整洁,直接关系到将来的生活质量。

5. 这次来表演的演员们,水平非常整齐,都有丰富的表演经验。

# 正确、准确

## 讲一讲

“正确”，形容词，表示符合事实、道理或者某种公认的标准。常作谓语、补语和定语。如：

平的回答很正确。

你做得很正确，我们应该节约用水。

考大学时，正确地选择报考的学校是很重要的。

这道题目的正确率很高，90%的学生都做对了。

“准确”，形容词，表示行动的结果完全符合实际或预期。常作谓语、补语和定语。如：

根据准确的消息，美国总统明天要来我们学校参观访问。

很早以前，还没有人翻译过国外的数学著作，要把原作译得准确，可不是件简单的事。

天气预报有时不能准确地预报天气。

医生为病人听诊时，在50分贝的噪声环境中，听诊的准确率仅80%。



### 提示

“正确”和“准确”的区别

| 词语 | 语义特点 | 适用范围 | 常用搭配 |
| --- | --- | --- | --- |
| 正确 | 符合事实、道理或者某种公认的标准。强调的是对、不错，是对性质的判断 | 多用于形容抽象的事物、思维活动；也可修饰少数具体事物或动作 | 名/动＋～/～的＋名：<br>答案～　回答～　思想～　方法～<br>～(地)＋动：<br>～地应用　～地对待　～地考虑<br>动＋得＋～：<br>干得～　做得～　回答得～　调整得～<br>表达得～ |
| 准确 | 表示行动的结果完全符合实际或预期。强调丝毫不差，是对效果的评价 | 多用于计算、测量、语言表达等方面 | 名/动＋～/～的＋名：<br>情况～　比率<br>～(地)＋动：<br>～地测量　～地收集　～地显现　～地按照<br>～地找到　～地到达 |

“正确”强调的是符合事实或标准的“对”，反义词是“错误”。“准确”比“正确”要求更精确，是一点儿都没有误差；反义的表达是“无误(差)”，或有“偏差”。如：

在这种情况下搞调查，没有正确的、科学的方法是很难取得准确的信息的。

语言表达不但要正确，还要力求准确，不然容易引起误解。

## 练一练

**一、用“正确”“准确”填空。**

1. 只有抛开感情，才能__________地表达自己的想法。

2. 在__________的路线方针指导下，中国的经济正在飞速发展。

3. 我们要树立__________的人生观。

4. 这篇文章内容新颖，主题深刻，用词__________。

5. 你在阅读中，应该学会完整__________地抓住文章的主要内容。

6. 一旦走上社会，就要学会如何__________地处理人与人的关系。

**二、判断对错并改正错句（正确的打"√"，错误的打"×"）。**

1. 学校教育的目的之一，就是要培养学生准确的处世态度。

2. 正确地把握题意，是写好一篇命题作文的前提。

3. 我得不到他的准确消息，很担心。

**三、HSK 仿真题：在下面的答案中选择唯一正确的填在横线上。**

1. 尽管这种传染病十分可怕，但是如果大家能够___①___面对它，治疗和预防中的很多问题就一定能得到___②___。

①A. 准确　　B. 准时　　C. 精确　　D. 正确

②A. 解除　　B. 解放　　C. 解决　　D. 解释

2. ___①___的决策源于对现时形势的___②___把握和未来趋势的___③___判断。

①A. 正确　　B. 准确　　C. 正当　　D. 精准

②A. 准时　　B. 准备　　C. 正确　　D. 准确

③A. 准备　　B. 准确　　C. 正确　　D. 正在

**四、HSK 仿真题：找出下面句子中错误的部分并改正。**

1. 为了胜诉（A），对每一个细节都要求调查得很正确、详细（B）。经过10年的努力，他最终收集到了很多准确数据（C），证明自己是无罪的（D）。

2. 有些成年人在讲话时读错别字，不能正确断句（A），不能正确地表达自己的意思（B），这类毛病就是小时候学习不努力（C），缺少认真训练的结果（D）。

**五、用句后括号中的词语完成句子。**

1. 经过老师这样的修改之后，意思表达____________。（准确）

2. 科学家正在进行复杂的试验，检验这个假说____________。（正确）

3. 理想的试卷必须____________学生的水平。（准确）

4. 我们从小就要树立____________。（正确）

## 参考答案

一、1. 准确　2. 正确　3. 正确　4. 准确　5. 准确　6. 正确

二、1. ×　改为：学校教育的目的之一，就是要培养学生正确的处世态度。

　　2. ×　改为：准确地把握题意，是写好一篇命题作文的前提。

　　3. √

三、1. ①D ②C　2. ①A ②D ③C

四、1. B　改为：对每一个细节都要求调查得很准确、详细

　　2. B　改为：不能准确地表达自己的意思

五、1. 经过老师这样的修改之后，意思表达<u>才比较准确</u>。

　　2. 科学家正在进行复杂的试验，检验这个假说<u>是否正确</u>。

　　3. 理想的试卷必须<u>准确反映出</u>学生的水平。

　　4. 我们从小就要树立<u>正确的人生观</u>。

# 单元练习

一、HSK 仿真题：在下面的 A、B、C、D 中选择最接近画划线词语的解释。

1. 不管做什么事情，开始时往往会遇到不少的困难。

A. 时间　　B. 时候　　C. 时代　　D. 时期

2. 20 世纪 60 年代，很多国家进入了经济高速发展的阶段。

A. 时期　　B. 时间　　C. 时代　　D. 年代

3. 图书馆里藏着很多有价值的资料。

A. 价格　　B. 价钱　　C. 作用　　D. 钱

4. 回家之前，别忘了把作业交给老师。

A. 从前　　B. 以前　　C. 后来　　D. 前面

5. 这次考试的成绩很差，差点儿不及格。

A. 分数　　B. 成就　　C. 成果　　D. 成功

6. 在战争的初期，国家就已经受到了巨大的破坏。

A. 日期　　B. 时间　　C. 时代　　D. 时期

7. 玛丽用不同的笔在封面上作了标记，交作业的时候就不会弄错了。

A. 记号　　B. 标点　　C. 标志　　D. 记忆

8. 这次科学实践活动锻炼了同学们的研究能力，不少同学做出了自己的小发明。

A. 能量　　B. 才能　　C. 力气　　D. 力量

9. 他现在和以前不一样了。

A. 前面　　B. 以后　　C. 从前　　D. 前

10. 大卫很少上街买菜，所以他对蔬菜的价格有什么变化并不了解。

A. 价值　　B. 价钱　　C. 值　　D. 钱

11. 作为学生，我们的任务就是学习，要珍惜时光，好好读书。

A. 时代　　B. 时候　　C. 时间　　D. 时期

12. 早上出门的时候，发现门前停了一辆汽车，后来才知道，是邻居家的儿子回来了。

A. 未来　　B. 之前　　C. 以前　　D. 正面

13. 她是一个性格温柔①、聪明美丽②的女孩。

①A. 温和　　B. 和气　　C. 和蔼　　D. 温暖

②A. 优美　　B. 漂亮　　C. 美好　　D. 优秀

14. 有句俗语说得好："脖子再长也高不过脑袋。"

A. 头脑　　B. 脑子　　C. 脑筋　　D. 头

15. 这件事情你做得很漂亮。

A. 好看　　B. 美丽　　C. 美观　　D. 出色

16. 这是一个关于泰山的美丽传说。

A. 优美　B. 漂亮　C. 美观　D. 出色

17. 你真有趣，一会儿说爱她，一会儿说爱我，你到底爱谁？

A. 有意思　B. 好玩儿　C. 有兴趣　D. 奇怪

18. 这件衣服你穿还是比较合适的，我穿就不太合适了。

A. 合格　B. 适合　C. 合理　D. 合身

19. 这件衣服的样子很一般，我不太喜欢。

A. 普通　B. 常常　C. 优秀　D. 差

20. 我不觉得去上海有意思，就逛逛街、买买东西而已。

A. 有意义　B. 好玩儿　C. 有趣　D. 奇怪

21. 全体职工都必须参加晚上的大会。

A. 全部　B. 全面　C. 完全　D. 齐全

**二、HSK 仿真题：将下面句后括号中的词语放在唯一合适的地方。**

1. A 得到这只手表 B，我 C 已经 D 有了好几只手表了。（以前）

2. A 这次发射的成功 B，C 中国航天技术又有了巨大的进步 D。（标志）

3. 唐宋 A，火药 B 已经被大量 C 运用于军事 D 了。（时期）

4. 这个古老的建筑物上 A 有一些 B，像是古时候的文字 C，可是谁也不明白它们代表 D 什么意思。（标记）

5. 这套裙子 A 虽然漂亮 B，但是 C 太高，我买不起 D。（价格）

6. 他做这项研究 A 已经有 10 年 B 了，最近终于 C 有了一项 D，他很高兴。（成果）

7. 暑假我特别喜欢 A 出去旅游 B，去观赏各地的 C 优美 D。（风景）

8. 非常感谢你 A，上次你发给我的 B 那些图片 C 帮了我的 D 大忙。（资料）

9. A 批评或提意见，也要讲究 B，否则 C 好事会变坏事 D。（时机）

10. A 请在 B 离开教室 C，把灯和电扇 D 全部关掉。（之前）

11. 以前我认为王老师很 A 严厉，见到他我就很紧张 B，后来发现其实 C 他也是一位 D 可亲的长辈。（和蔼）

12. 由于他 A 肯吃苦又肯动 B，所以 C 进步特别快 D。（脑子）

13. A 情况 B 我是不会 C 参加这种 D 晚会的。（一般）

14. 这件衣服 A 质量 B 一般，材料也 C 普通，还是 D 换一件吧。（很）

15. 我觉得放 A 假也没 B 意思，倒是上 C 课的时候更 D 丰富。（什么）

16. A 职工 B 都要参加今天晚上的 C 学院 D 大会。（全体）

17. 我们现在所看到的，并不是我们 A 家乡 B 本来 C 面貌 D。（的）

**三、HSK 仿真题：找出下面句子中选择错误的部分并改正。**

1. 儿童时期，她其实就已经表现出了不一般的艺术能力了，可惜的是，她的父母并没有及时发现。

A　B　C　D

2. 二十年前，这种衣服价钱很贵，因为制作的资料完全靠进口，但事实上，这样的衣服，并

A　B　C

没有多大的使用价值。

D

3. 在上大学从前，我在图书馆找资料的时候，由于缺乏技巧，往往时间花得多，事情做得少。

A B C D

4. 张教授的这些研究成果，对于医学发展来说，有很高的价格，是今年医学界的重要成就。

A B C D

5. 那个时间，这里还是风景优美的乡村，而现在却成了车来车往的小城，在这里再也看不到美丽的江南风光了。

A B C D

6. 王经理的工作能力很强，并且有一定的领导才能，在公司的发展阶段，他已经很好地体现出了自己的价格。

A B C D

7. 你的毕业论文要用中文写，在写之前，首先得知道去哪儿查，怎么查中文材料。

A B C D

8. 由于材料较贵，这件衣服价钱1 300元，而那件样子差不多的，却要便宜得多。

A B C D

9. 昨天晚上，我爸妈都睡着了，硬是被你的电话给吵醒了，你打得真不是时光。

A B C D

10. 之前，我只知道你会唱歌，没想到你还会跳舞，而且还跳得这么好。

A B C D

11. 他之所以一直没告诉小王这件事，就是怕伤了和蔼，导致现在后果严重，后悔都来不及。

A B C D

12. 他是个死脑子，什么人的话都不听，坚决要在这儿等小丽回来，小丽不回来他就不走。

A B C D

13. 每次遇到困难，他都热心地来帮助我，我虽然不好意思拒绝他的热情，可是，总觉得有点儿不适合。

A B C D

14. 山前的风景很美丽，山里的就更优美了，绿水伴着青山，比画中的更漂亮。

A　B　C　D

15. 请全体教师注意，今晚8点，将在校大礼堂举行全体校教职工大会，希望大家互相转告。

A　B　C　D

16. 这堂课没什么意思，课文的内容没趣，虽然老师很热情，但同学们还是觉得没意思。

A　B　C　D

17. 在很多方面，你都不合适我，我是一个普通的工人，而你却有一个不一般的家庭。

A　B　C　D

18. 我喜欢你原来的书包，这个新书包一点儿都不美丽，质量也很一般，大小好像也不合适。

A　B　C　D

19. 王老师本来的意思是要去逛街，但是不少同学更喜欢看漂亮的风景，他们觉得，欣赏风景才是他们来这里的原来的目的。

A　B　C　D

20. 中国队在本次奥运会上取得了不错的成果，但是面对成绩，我们并不能骄傲，只有这样才能取得更好的成绩。

A　B　C　D

**四、HSK 仿真题：在下面的答案中选择唯一正确的填在横线上。**

1. 由于工作的原因，那段______特别忙，耽误了不少事情。

A. 时候　B. 时　C. 时代　D. 时期

2. 父母要相信孩子的绘画__①__，他们都是__②__的艺术家。

①A. 才能　B. 能力　C. 能干　D. 本能

②A. 才能　B. 能力　C. 能干　D. 天才

3. 你弄坏了我的车，这辆车______20多万元呢。

A. 价值　B. 价格　C. 价钱　D. 金钱

4. 游泳并不需要很高的______，其实每个人都可以学会。

A. 能力　B. 才能　C. 技巧　D. 技能

5. 公司将为员工进行免费的电脑______培训，让每个职工都学会电脑。

A. 能力　B. 才能　C. 技巧　D. 技能

6. 这次比赛的不够理想，运动员们都觉得有压力。

A. 成效　B. 成就　C. 成绩　D. 成果

7. 小明__①__只知道玩，__②__一直很差，最近突然变得很认真了，让老师很吃惊。

①A. 从前　B. 以前　C. 以后　D. 从来

②A. 成绩　　B. 成效　　C. 成就　　D. 成果

8. 这些图片＿①＿很有＿②＿，一定要好好保存。

①A. 材料　　B. 资料　　C. 木材　　D. 人才

②A. 价格　　B. 价钱　　C. 价值　　D. 金钱

9. 上了＿①＿的人，特别喜欢回忆过去的美好＿②＿。

①A. 年龄　　B. 年纪　　C. 年岁　　D. 岁月

②A. 时间　　B. 时候　　C. 时光　　D. 时期

10. 最近她＿①＿特别失落，因为发现丈夫结婚＿②＿和结婚后判若两人。

①A. 感情　　B. 感受　　C. 感觉　　D. 感动

②A. 前　　B. 之前　　C. 以前　　D. 前后

11. 有这么一个＿①＿美丽的妻子，他觉得非常满足，每天都生活得非常＿②＿。

①A. 温柔　　B. 温和　　C. 和气　　D. 和蔼

②A. 欢快　　B. 欢乐　　C. 快乐　　D. 欢心

12. 一位＿①＿世界的经济学家曾说："经济＿②＿是在我们解决经济问题的过程中锻炼出来的。"

①A. 著名　　B. 闻名　　C. 有名　　D. 名气

②A. 脑袋　　B. 脑子　　C. 脑筋　　D. 头脑

13. 当大量连环画充斥市场的时候，一些语言＿①＿、内容＿②＿的儿童书籍不见了。

①A. 优美　　B. 美丽　　C. 漂亮　　D. 好看

②A. 美丽　　B. 好看　　C. 优美　　D. 漂亮

14. 这场巴西对法国的足球赛真＿①＿，两个球队的队员踢得都很＿②＿。

①A. 漂亮　　B. 美丽　　C. 优美　　D. 好看

②A. 好看　　B. 优美　　C. 漂亮　　D. 美丽

15. ＿①＿来说，对自己要求＿②＿的人做起事来会很细心、很认真，不容易出错。

①A. 普通　　B. 普遍　　C. 好像　　D. 一般

②A. 严厉　　B. 严格　　C. 严峻　　D. 严肃

16. 父母是＿①＿的，有时他们对孩子的教育方法看似＿②＿，其实＿③＿都是为了孩子好，是父母爱孩子的一种表现。

①A. 庞大　　B. 伟大　　C. 巨大　　D. 强大

②A. 严厉　　B. 严密　　C. 严峻　　D. 严肃

③A. 全部　　B. 全体　　C. 部分　　D. 局部

17. 大卫，干得＿①＿！你把你的对手＿②＿打败了！

①A. 美丽　　B. 优美　　C. 漂亮　　D. 英俊

②A. 全部　　B. 全体　　C. 部分　　D. 局部

18. 为了获得＿①＿的数据，科学家们＿②＿采用电脑来计算，这样可以提高运算的速度和准确率。

①A. 正确　　B. 正当　　C. 精密　　D. 准确

②A. 普通　　B. 一般　　C. 简单　　D. 容易

19. ＿①＿来说，中学生因为年龄太小，在如何选择＿②＿自己的男女朋友问题上，往往缺乏＿③＿的判断力，所以我们反对中学生早恋。

①A. 普通　　B. 一般　　C. 简单　　D. 容易

②A. 适合　　B. 迎合　　C. 合适　　D. 合乎

③A. 准确　　B. 精准　　C. 正确　　D. 正当

20. 爱迪生出生在一个很___①___的家庭，但是他___②___学习、刻苦钻研，最终成为一位___③___的科学家，为世界作出了杰出贡献。

①A. 普通　　B. 一般　　C. 简单　　D. 容易

②A. 用力　　B. 努力　　C. 用功　　D. 功夫

③A. 优良　　B. 良好　　C. 灵秀　　D. 优秀

21. ___①___世界的希尔顿饭店每年都会吸引很多游客，因为人们觉得这个五星级的饭店不但环境___②___而且服务很好。

①A. 有名　　B. 著名　　C. 闻名　　D. 大名

②A. 舒适　　B. 舒服　　C. 舒坦　　D. 舒畅

22. ——他今天没来上课，因为他妈妈早上感觉不___①___，他就陪他妈妈去了医院。

——___②___是这样，我还以为他不愿意来学校呢。

①A. 舒适　　B. 舒服　　C. 舒坦　　D. 舒畅

②A. 从来　　B. 原来　　C. 本来　　D. 本事

23. 今天晚上你什么都不要做了，___①___地睡上一觉，把精神养好，我保证明天你一起来就能看见桌上___②___地放着那份___③___材料。

①A. 舒适　　B. 舒服　　C. 舒舒服服　　D. 舒服舒服

②A. 整齐　　B. 整洁　　C. 整理　　D. 整修

③A. 要紧　　B. 重要　　C. 关键　　D. 主要

**五、用句后括号中的词语完成句子。**

1. 现在____________，不管什么事情，一上网，往往就能找到答案。（时代）

2. 刚刚到国外，都会____________，适应了就好了。（时期）

3. 要是工作不适合你，你____________。（能力）

4. 在小时候，爱因斯坦____________，但是后来他却成为了20世纪最伟大的科学家。（才能）

5. 如果总是____________，你就不可能取得更大的进步。（成绩）

6. 尽管我们的祖先____________，但是在最近的几百年中，我们确实落后了。（成就）

7. 从车窗里就能看到____________，下了车，站在草原上，更是让人心旷神怡。（风光）

8. 你坐在湖边，欣赏美景，而你自己也成了____________。（风景）

9. 早期的飞机大多是木制的，而现代喷气式飞机却是____________。（材料）

10. 这里的图书馆大多是英文书籍，____________，怎么办呢？（资料）

11. 公司需要____________，而这样的人才市场上却很少。（技术）

12. 动物在人工饲养环境下____________，有些是它们的父母无法教给它们的。（技能）

13. 参加考试不仅仅要掌握必要的知识，也要____________。（技巧）

14. 这次试验的成功，____________。（标志）

15. ____________，英子还一直保存着他的相片，藏在没有人知道的地方。（之后）

16. ____________，现在我才明白当时自己太年轻，太幼稚，确实做错了很多。（以前）

17. 至于____________，我现在还没想过，我需要时间好好思考一些问题。（以后）

18. 这张照片一直放在我的皮夹里，看到它，我____________。（力量）

19. 天已经完全黑了，路上依旧没有一个人，____________。（希望）

20. 20 世纪 90 年代，对于学电脑、上网的人来说，____________。（时机）

21. 这件衣服，____________，只有重要的日子，我才会把它翻出来。（平时）

22. 这条路很窄，____________，可是不知道为什么，这两天突然车子多了起来。（平常）

23. 你问问题前，能不能先想一想？说话要____________。（脑筋）

24. 你一会儿问天，一会儿问地，谁____________？（脑子）

25. 这个牌子____________，反正我从来没听说过。（有名）

26. 突然____________，我一看，那堵墙，竟然完全倒了。（巨大）

27. 面对照相机，她摆了____________，可是我们都觉得很好笑。（优美）

28. 关于日月潭，有____________，听过的人，没有一个不感动得流下眼泪的。（美丽）

29. 马铃薯也由此____________，叫“地下苹果”。（漂亮）

30. 你这个问题____________，好像我是“万事通”一样。（有趣）

31. 这是____________，狮子爸爸总是要赶走自己亲生的孩子，而且，可能永远都不会再见面了。（有意思）

32. 贵的________，所以，选择自己最喜欢的，而不是最贵的，才是最重要的。（适合）

33. ______，没有三年以上工作经验，是得不到这份工作的。（一般）

34. 徐老师____________，拍出了这么美丽的照片，真是不敢相信。（普通）

35. 这件事情____________，但是她生病了，所以现在不得不交给你了。（本来）

36. ____________，我说怎么一连几天都看不到你！（原来）

37. 照理说，对学生____________，并不是一件坏事，但是，考虑到这个学生的实际情况，这么做，就有点儿不合适了。（严格）

38. 事实上，我____________，但是，我知道，在这个院子外面，有更多的人需要我去帮助。（舒适）

39. 衣服不需要名贵，____________。（整洁）

40. 火箭把卫星____________，试验获得了巨大的成功。（准确）

## 参考答案

一、1. B　2. A　3. C　4. B　5. A　6. D　7. A　8. B　9. C　10. B　11. C　12. D　13. ①A②B　14. D　15. D　16. A　17. D　18. D　19. A　20. B　21. A

二、1. B　2. C　3. A　4. B　5. C　6. D　7. D　8. C　9. B　10. C　11. D　12. B　13. A　14. C　15. B　16. A　17. B

三、1. B　改为：她其实就已经表现出不一般的艺术才能了

2. C　改为：因为制作的材料完全靠进口

3. A　改为：在上大学以前

4. C　改为：有很高的价值

5. A　改为：那个时候

6. D　改为：他已经很好地体现出了自己的价值

7. D　改为：怎么查中文资料

8. B　改为：这件衣服价值 1 300 元

9. D　改为：你打得真不是时候
10. A　改为：以前
11. B　改为：就是怕伤了和气
12. A　改为：他是个死脑筋
13. D　改为：可是，总觉得有点儿不合适
14. B　改为：山里的就更漂亮了或者：山里的就更美丽了
15. C　改为：将在校大礼堂举行全校教职工大会
16. B　改为：课文的内容没有意思
17. B　改为：你都不适合我
18. B　改为：这个新书包一点儿都不漂亮
19. D　改为：欣赏风景才是他们来这里的本来的目的
20. A　改为：中国队在本次奥运会上取得了不错的成绩

四、1. D　2. ①A ②D　3. A　4. C　5. D　6. C　7. ①B ②A　8. ①B ②C　9. ①B ②C　10. ①C ②A　11. ①A ②C　12. ①B ②D　13. ①A ②B　14. ①D ②C　15. ①D ②B　16. ①B ②A ③A　17. ①C ②A　18. ①D ②B　19. ①B ②A ③C　20. ①A ②B ③D　21. ①C ②A　22. ①B ②B　23. ①C ②A ③B

五、1. 现在是网络时代了，不管什么事情，一上网，往往就能找到答案。
2. 刚刚到国外，都会有一段不太适应的时期，适应了就好了。
3. 要是工作不适合你，你的能力可能就发挥不出来。
4. 在小时候，爱因斯坦并没有显示出特别的才能，但是后来他却成为了20世纪最伟大的科学家。
5. 如果总是满足于已有的成绩，你就不可能取得更大的进步。
6. 尽管我们的祖先创造了令人骄傲的伟大成就，但是在最近的几百年中，我们确实落后了。
7. 从车窗里就能看到美丽的草原风光，下了车，站在草原上，更是让人心旷神怡。
8. 你坐在湖边，欣赏美景，而你自己也成了别人眼里的风景。
9. 早期的飞机大多是木制的，而现代喷气式飞机却是由金属材料制成的。
10. 这里的图书馆大多是英文书籍，没有中文资料，怎么办呢？
11. 公司需要很多懂技术的员工，而这样的人才市场上却很少。
12. 动物在人工饲养环境下能学会更多的技能，有些是它们的父母无法教给它们的。
13. 参加考试不仅仅要掌握必要的知识，也要掌握一定的考试技巧。
14. 这次试验的成功，标志着这种技术的成熟。
15. 分手之后，英子还一直保存着他的相片，藏在没有人知道的地方。
16. 以前我从没觉得自己做错过什么，现在我才明白当时自己太年轻，太幼稚，确实做错了很多。
17. 至于以后有什么打算，我现在还没想过，我需要时间好好思考一些问题。
18. 这张照片一直放在我的皮夹里，看到它，我就立刻觉得心中充满了力量。
19. 天已经完全黑了，路上依旧没有一个人，但是她并没有失去希望。
20. 20世纪90年代，对于学电脑、上网的人来说，是创业的好时机。
21. 这件衣服，平时我几乎不穿，只有重要的日子，我才会把它翻出来。
22. 这条路很窄，平常车子很少，可是不知道为什么，这两天突然车子多了起来。
23. 你问问题前，能不能先想一想？说话要会动脑筋。
24. 你一会儿问天，一会儿问地，谁的脑子转得过来？
25. 这个牌子可能不是很有名，反正我从来没听说过。
26. 突然听到一个巨大的声音，我一看，那堵墙，竟然完全倒了。
27. 面对照相机，她摆了一个似乎很优美的姿势，可是我们都觉得很好笑。
28. 关于日月潭，有一个美丽的传说，听过的人，没有一个不感动得流下眼泪的。

29. 马铃薯也由此 得到一个漂亮的名字 ，叫“地下苹果”。
30. 你这个问题 问得真有趣 ，好像我是“万事通”一样。
31. 这是 一件很有意思的事情 ，狮子爸爸总是要赶走自己亲生的孩子，而且，可能永远都不会再见面了。
32. 贵的 不一定适合你 ，所以，选择自己最喜欢的，而不是最贵的，才是最重要的。
33. 一般来说 ，没有3年以上工作经验，是得不到这份工作的。
34. 徐老师 用一台普普通通的照相机 ，拍出了这么美丽的照片，真是不敢相信。
35. 这件事情 本来是李丽做的 ，但是她生病了，所以现在不得不交给你了。
36. 原来你去了趟北京啊 ，我说怎么一连几天都看不到你！
37. 照理说，对学生 严格要求 ，并不是一件坏事，但是，考虑到这个学生的实际情况，这么做，就有点儿不合适了。
38. 事实上，我 并不想离开这个舒适的家 ，但是，我知道，在这个院子外面，有更多的人需要我去帮助。
39. 衣服不需要名贵， 穿得整洁就可以了 。
40. 火箭把卫星 准确送入太空 ，试验获得了巨大的成功。

# ·第三单元·

## 前编　名词

## 第一课　房子、屋子、房间、房屋　活动、运动



### 房子、屋子、房间、房屋

**讲一讲**

“房子”“屋子”“房间”“房屋”这四个词都是名词，表示用于居住的建筑物。

“房子”是有门、墙、顶、窗等的完整的建筑物。“房子”可以是一间，也可以是由多个房间或屋子组成的。量词用“所”“排”“套”“间”“幢”“座”或“栋”等。如：

这所房子是1948年造的。

那一排房子是电力公司的。

“房子”也可以表示一座大楼内的一套。买卖的一般是“房子”。如：

我们在东方花园买了一套房子，32幢301室。

你家房子真大，有150平方米吧？

“屋子”是“房子”内分隔开的一部分，量词用“间”，不能用“所”。一所“房子”内一般有几个“屋子”。如：

这间屋子是谁住的？

我们俩住一间屋子，你们住隔壁那间吧！

“屋子”一般用于口语，不能用于买卖。在正式场合一般不使用。如：

他那间屋子凉快，我们都去他那儿！

*本大楼内有多间屋子等待出租。

“房间”的意思跟“屋子”一样，都表示“房子”内分隔开的部分，但“房间”常常用于书面语和比较正式的场合。如：

我们酒店每个房间都有单独卫生间。

我住在苏州饭店1125房间。

在酒店、公寓、商品住宅中，我们一般都把一套住宅中的一间称为"房间"，而不用"屋子"。如：

大卫买了一套有三个房间的公寓。

我们酒店房间很多，你不必担心。

"房屋"是房子的总称，表示的是多所房子，不能表示单独的、具体的房子。不能说"一间房屋"。如：

我们是一家房屋租赁公司。

这个公司开发的小区，房屋质量一般都不错。

**提示**

"房子""屋子""房间""房屋"的区别

| 词语 | 语义特点 | 量词 | 语体色彩 |
| --- | --- | --- | --- |
| 房子 | 一所完整的建筑物或建筑物中的一套 | 所 排 套 幢 栋 间 座 | 用于口语和书面语，买卖或出租时常用 |
| 屋子 | 建筑物中的分隔开的一部分 | 间 | 用于口语 |
| 房间 | 建筑物中分隔开的一部分(包括酒店、公寓、商品住宅一套中的一间) | 间 | 用于书面语和口语，可用于出租 |
| 房屋 | 房子的总称 | 些 批 | 用于书面语，不用于单独、具体的房子 |

## 练一练

**一、HSK仿真题：在下面的答案中选择唯一正确的填在横线上。**

1. 这条街有很多出租、出售________的小店。

A. 房子　　B. 屋子　　C. 房间　　D. 房屋

2. 远处那所白色________的是做什么啊？

A. 房子　　B. 屋子　　C. 房间　　D. 房屋

3. 同一个宾馆，怎么我这间________比你住的那间凉快？

A. 房子　　B. 屋子　　C. 房间　　D. 房屋

4. 这套________有四个________。

A. 房子　屋子　　B. 房间　房屋

C. 房子　房间　　D. 房屋　房间

5. 我们公司没有职工宿舍，年轻人都在外面租__①__比较便宜的__②__住。

①A. 价值　　B. 价钱　　C. 价

②A. 屋子　　B. 房屋　　C. 房子

6. 这间__①__一年__②__放过农药，现在进来还能闻见一股刺鼻的__③__。

①A. 屋子　　B. 房屋　　C. 屋

②A. 从前　　B. 前面　　C. 以前

第三单元

③A. 味道　　B. 气味　　C. 滋味

7. 玛丽特别爱干净，___①___都打扫和收拾___②___，所以她的家很___③___。

①A. 每天每天　B. 每天　　C. 一天天

②A. 房间　　B. 房子　　C. 房屋

③A. 整齐　　B. 漂亮　　C. 整洁

8. 听说她现在很有钱，住在一所___①___的大___②___里，过着十分___③___的生活。

①A. 漂亮　　B. 美丽　　C. 优美

②A. 房间　　B. 房子　　C. 房屋

③A. 舒适　　B. 舒服　　C. 合适

9. 那间___①___很小，___②___的家具只有一桌一椅和一张床。不过，窗外的___③___却十分___④___，有山有水，还有盛开的桃花。

①A. 房子　　B. 屋子　　C. 房屋

②A. 全体　　B. 全部　　C. 全面

③A. 风光　　B. 光景　　C. 景色

④A. 好看　　B. 美丽　　C. 优美

**二、HSK 仿真题：找出下面句子中错误的部分并改正。**

1. 昨天台风从我们这里经过，又是狂风，又是暴雨，村里很多房间都被刮倒了。
（A 昨天台风从我们这里经过　B 又是狂风　C 又是暴雨　D 村里很多房间都被刮倒了）

2. 对不起，你找的人已经不在这儿住了，好像搬到对面那套房间里去了，你去那儿问问。
（A 对不起　B 你找的人已经不在这儿住了　C 好像搬到对面那套房间里去了　D 你去那儿问问）

3. 等我有了钱，就到乡下去买两间屋子，那里安静，而且空气也好。
（A 等我有了钱　B 就到乡下去买两间屋子　C 那里安静　D 而且空气也好）

**三、用句后括号中的词语完成句子。**

1. 下雨了，大家________________躲一躲吧，雨停了再出去。（屋子）

2. 房间的门打不开了，快叫________________。（房屋）

3. 这套________________，而且内部的装修也很讲究。（房子　漂亮）

4. 我想在你们旅馆订________________，不知道有没有。（舒适　房间）

## 参考答案

一、1. D　2. A　3. C　4. C　5. ①B ②C　6. ①A ②C ③B　7. ①B ②A ③C　8. ①A ②B ③A　9. ①B ②B ③C ④B

二、1. D　改为：村里很多房屋都被刮倒了
或：村里很多房子都被刮倒了

2. C　改为：好像搬到对面那套房子里去了

3. B　改为：就到乡下去买两间房子

三、1. 下雨了，大家 到屋子里 躲一躲吧，雨停了再出去。

2. 房间的门打不开了，快叫<u>房屋管理人员来看看</u>。
3. 这套<u>房子不仅外观漂亮</u>，而且内部的装修也很讲究。
4. 我想在你们旅馆订<u>一间(套)比较舒适的房间</u>，不知道有没有。

## 活动、运动

### 讲一讲

“活动”常表示为了某种目的而采取的行动，一般规模比较小。如：

我周末一般都在家，没什么特别的活动。

这次班级活动，大家都参加吗？

“活动”还可作动词，表示肢体所做的动作。如：

我出去活动活动手脚。

天气不错，我想到操场上活动一下。

“活动”还可以表示规模不大的行动。如：

你们打算到哪儿活动？

周末的时候，我喜欢跟朋友一起到郊外活动。

“运动”常用来表示专门的体育活动。如：

游泳是一项很好的体育运动。

打篮球这项运动很多年轻人都喜爱。

“运动”还可以表示很多群众参与的、规模较大的、意义重大的政治、文化、生产方面的活动。如：

鲁迅是五四新文化运动的发起人之一。

这是一场规模巨大的爱国运动。

“运动”还可以表示物体任何形式的移动或变化。如：

物体的运动是绝对的，静止是相对的。

“运动”也可以作动词，表示进行体育方面的活动或者物体任何形式的移动或变化。如：

多运动，注意营养，你当运动员的理想会实现的。

宇宙万物都是在运动着的。





### 提示

“活动”和“运动”的区别

| 词语 | 作名词时的语义特点 | 作动词时的语义特点 |
|---|---|---|
| 活动 | 为了某种目的而采取的行动；规模较小 | 肢体做各种动作 |
| | | 为了某种目的而行动；规模比较小 |
| 运动 | 表示各种体育活动 | 体育方面的活动；物体任何形式的运动 |
| | 群众参与的、意义重大的政治、文化、生产方面的行动；规模较大 | |

## 练一练

**一、用“活动”“运动”填空。**

1. 你这个周末有什么________吗？如果没有，跟我一起去看电影吧。
2. 篮球这项体育________并不适合老年人。
3. 宇宙中没有一个物体是不________的。
4. 游泳前，要先________一下身体。
5. 我们这个英语俱乐部一个星期________一次。

**二、HSK 仿真题：在下面的答案中选择唯一正确的填在横线上。**

1. 英国科学家牛顿发现了三大__①__定律，证明物体永远处于__②__之中。

①A. 活动　　B. 运动　　C. 行动

②A. 活动　　B. 运动　　C. 行动

2. 我们要多开展一些有意义、有__①__的文化__②__。

①A. 价值　　B. 价钱　　C. 价格

②A. 活动　　B. 运动　　C. 行动

3. 1919 年，在中国爆发了著名的“五四__①__”，这是一场重要的政治__②__。

①A. 活动　　B. 运动　　C. 行动

②A. 活动　　B. 运动　　C. 行动

4. 天冷的__①__，常参加一些体育__②__，可以使身体__③__起来。

①A. 时期　　B. 时　　C. 时候

②A. 活动　　B. 运动　　C. 行动

③A. 暖和　　B. 暖　　C. 温暖

5. 人上了__①__，更应该多__②__腿脚，生命在于__③__嘛。

①A. 年　　B. 年龄　　C. 年纪

②A. 活动　　B. 运动　　C. 行动

③A. 活动　　B. 运动　　C. 行动

**三、HSK 仿真题：在下面的 A、B、C、D 中选择最接近画线词语的解释。**

1. 我晚上一般都看看电视，没什么特别的<u>事情</u>。

A. 运动　　B. 活动　　C. 动作　　D. 移动

2. 你现在稍微<u>动动</u>手指，还疼吗？

A. 运动　　B. 移动　　C. 活动　　D. 摆动

3. 到底是地球在<u>动</u>①，还是太阳在<u>动</u>②，曾经是一个引起激烈争论的问题。

①A. 运动　　B. 活动　　C. 行动　　D. 动作

②A. 运动　　B. 活动　　C. 行动　　D. 动作

**四、用句后括号中的词语完成句子。**

1. 老年人一直呆在家里未必是一件好事，____________。（活动）
2. 我们学校的合唱团每____________。（活动）
3. 近年来，中青年的体质在下降，主要是因为____________。（运动）

4. 轰轰烈烈的“一二·九”运动是一场爱国青年发动的__________。（运动）

## 参考答案

一、1. 活动 2. 运动 3. 运动 4. 活动 5. 活动

二、1. ①B ②B 2. ①A ②A 3. ①B ②B 4. ①C ②B ③C 5. ①C ②A ③B

三、1. B 2. C 3. ①A ②A

四、1. 老年人一直呆在家里未必是一件好事，应该多参加一些活动。

2. 我们学校的合唱团每星期活动两次。

3. 近年来，中青年的体质在下降，主要是因为运动太少。

或：近年来，中青年的体质在下降，主要是因为运动量不足。

4. 轰轰烈烈的“一二·九”运动是一场爱国青年发动的爱国运动。

或：轰轰烈烈的“一二·九”运动是一场爱国青年发动的政治运动。

# 第二课 表情、脸色、神色 办法、方法、方式、法子、点子

## 表情、脸色、神色

### 讲一讲

“表情”“脸色”“神色”这三个词都可以指“心理活动在脸上的表现”。在有的句中，两词可以互换。如：

我见他脸色/神色不太对劲，便问他发生了什么事。

刘老师走了进来，他的表情/神色很严肃。

但这三个词还有各自的特点。

“表情”是各种各样的思想、感情、心情、态度在面部的表现。如：

看到这本书，他的表情很不自然。

李丽按着受伤的腿，表情非常痛苦。

“表情”可以作“没(有)”的宾语，即在脸上看不出内心的感情或思想。如：

大卫看上去没什么表情，但是，心里却非常害怕。

“脸色”有好几个意思，它可以指“脸上的颜色”。如：

小红脸色黄黄的。

“脸色”还可以表示脸上表现出来的健康情况。如：

她脸色不好，可能生病了。



“脸色”还可以表示从脸上明显能看出的表情，常单独使用，多表示“不高兴、不满的表情”，主要是表示对人对事物的态度，因此常与“难看、变(了)”等搭配。如：

他脸色很难看，大概谁又惹他生气了。

看到爸爸脸色变了，孩子们都不敢说话。

用“脸色”的惯用语有“看脸色”，即观察别人的表情；“给(人)脸色看”，故意做出不友好的表情给别人看。如：

开会时，看我的脸色行事。

老李的脾气太怪，大家都不给他好脸色看。

因此，“脸色”可用于“使、让(人)”产生某种心理的句子。如：

他今天的脸色让人害怕，好像我们都欠他钱似的。

“神色”指脸上自然流露出的心理活动、精神状态、性格特征。如：

一天傍晚，孩子放学回来，神色有点惊慌。

一提起正在读博士的儿子，他的脸上总会流露出几分掩饰不住的自豪神色。

**提示**

“表情”“脸色”“神色”的区别

| 词语 | 语义特点 | 单用时的特点 | 常用搭配 |
|---|---|---|---|
| 表情 | 表示人可以控制的各种表情，可用于祈使句 | 可表示各种表情 | ~自然 ~紧张 ~严肃 ~沉重 ~平淡 ~奇怪 ~不自在 ~得意 ~呆板 ~僵硬 ~平静 ~生动 ~不耐烦 ~认真 ~痛苦 ~柔和 ~尴尬 ~夸张 ~很丰富 ~复杂 |
| 脸色 | 脸上显露出的表情，主要是表示对人或事物的态度，可以改换或故意做出，不能用于祈使句 | 多表示不愉快、不友好的表情 | 不悦的~ 严峻的~ 不满的~ 冷淡的~ ~很难看 ~可怕 ~恐怖 ~阴沉 |
| | 脸上的肤色 | | ~红润 ~苍白 ~很白 |
| | 脸上反映出的健康情况 | | ~很难看 ~不好 |
| 神色 | 心理活动、精神状态、性格特征在脸上的自然体现，不可以控制 | 可表示各种表情 | ~很自然 ~紧张 ~慌张 ~不安 ~奇怪 ~异样 ~郑重 ~泰然 ~兴奋 ~平静 ~愉快 ~坚决 ~安详 自豪的~ 刚毅的~ 坚定的~ 骄傲的~ |

1. 以上这三个词都表示脸上的表情的时候，“表情”往往是人可以进行控制的，常用于祈使句。如：

请大家表情自然一点儿，不要紧张。

“神色”一般指自然表现或显露出来的，不是人为控制的。“脸色”有时也可以人为地控制，但一般用在改换或故意做出上，一般用于陈述句，不能用于祈使句。如：

服务员一看那个人要吵架的样子，马上换了和气的脸色。

王平发现小张看不起他，便决定来个下马威，给小张个脸色看看。

下面的句子是错的：

*请大家朗诵的时候，要尽量带着脸色/神色。（应该用“表情”）

*别给我看表情/神色！

2. “表情”除了能和表示人心理、感情等的词搭配外，还可以和“面部、脸上”等表示外部特征的词搭配；“神色”“脸色”则不能。如：

这个人的面部表情很僵硬、很死板。

他这人极为沉默寡言，脸上表情又很呆板，难怪引不起我们的注意。

3. “表情”可以是各式各样的，使用范围最大。下面“表情”的用法是“脸色”“神色”所没有的。

玛丽的表情很丰富，眼睛眉毛好像都会说话。（常与“丰富”搭配）

李奶奶给我披上一件大衣，她的表情很像母亲。（可以与某人相似）

你现在的这个表情很有风格，今后就这样笑吧。（表演时的表情）

大卫看见玛丽，故意装出满不在乎的表情。（装出来的假的表情）

4. “脸色”除了可以受“温和、和气、喜悦”的修饰外，大多表示不好的的表情，特别是单用时。如：

看他今天的脸色，一定是公司出事了。

“表情”和“神色”在单用时，既可以表示不好的表情，也可以表示好的表情。如：

这张照片中，大家的表情都不错。

没想到她听到这个坏消息，神色却十分镇定。

5. 当“脸色”单独作主语时，“难看”常作它的谓语，形容具体表情的词语作“脸色”谓语的比“表情、神色”要少，下面的用法都是错的：

*脸色不自然（“脸色”可换成“表情”或“神色”，下同）

*脸色很紧张

*脸色很慌张（“脸色”换成“神色”）

6. “脸色”可以表示脸上皮肤的颜色、脸上反映出的健康情况等，而“表情”和“神色”没有这个用法。

7. 表示表情时，“神色”可以直接加上形容词“慌张”作谓语，不需要“很”或者其他状语作修饰，“表情、脸色”不可以这样用。如：

最后警察进来了，只见这两人一高一矮，神色慌张，正要离去。

## 练一练

**一、HSK 仿真题：在下面的答案中选择唯一正确的填在横线上。**

1. 他个子高高的，______黄黄的，一点儿都不像运动员。

A. 脸色　　B. 表面　　C. 表情　　D. 神色

2. 这个女孩子说话的时候，脸上的______比较丰富。

A. 表面　　B. 神色　　C. 表情　　D. 脸色

3. 爸爸的______很阴沉，不知道谁又惹他生气了。

A. 神色　　B. 表情　　C. 脸色　　D. 表面

4. 东京大学的科学家成功地造出了一个有______的机器人。

A. 神色　　B. 脸色　　C. 表面　　D. 表情

5. 见那个人______不太对劲，便对他产生了怀疑。

A. 表面　　B. 神色　　C. 表情　　D. 脸色

**二、HSK 仿真题：找出下面句子中错误的部分并改正。**

1. 孩子苍白的表情（A），让人有些担心（B），不知道是不是这些日子里（C），受了不少苦（D）。

2. 我在上海已经待了 5 年了（A），今年春节终于有了个回家的机会（B）。妈妈见到我的时候，脸上（C）露出了意外和惊讶的脸色（D）。

3. 我不懂女孩子的心（A），她和别的男生在一起的时候（B），我老装作一副无所谓的神色（C），我以为我对她很宽容，其实却伤了她的心（D）。

4. 我真是不明白，他为什么老那样？就算不喜欢我，也不用总是给我表情看吧？
A　　B　　C　　D

**三、用句后括号中的词语完成句子。**

1. 比赛马上就要开始了，他____________________。（表情）
2. 丁凡的____________________，不会是生病了吧？（脸色）
3. 我看他____________________，坐立不安。是不是出什么事了？（神色）
4. 这位演员____________________，眼睛、眉毛都会说话。（表情）
5. 张华心情虽然不好，但一回到家，他立刻装出____________________，为的是不让妻子担心。（表情）

## 参考答案

一、1. A　2. C　3. C　4. D　5. B

二、1. A　改为：孩子苍白的脸色　或：孩子脸色苍白
2. D　改为：脸上露出了意外和惊讶的神色
3. C　改为：我老装作一副无所谓的表情　或：我老装作一副无所谓的样子
4. D　改为：也不用总是给我脸色看吧

三、1. 比赛马上就要开始了，他<u>的表情有点紧张</u>。
2. 丁凡的<u>脸色很难看</u>，不会是生病了吧？
3. 我看他<u>神色慌张</u>，坐立不安。是不是出什么事了？
4. 这位演员<u>表情特别丰富</u>，眼睛、眉毛都会说话。
5. 张华心情虽然不好，但一回到家，他立刻装出<u>若无其事的表情</u>，为的是不让妻子担心。



# 办法、方法、方式、法子、点子

## 讲一讲



“办法”“方法”“方式”“法子”“点子”这几个词都表示处理问题时所使用的手段。

“办法”主要指处理事情、解决问题的手段，常常跟量词“个”配合。如：

怎么才能找到他呢？大家快想想办法！

对于这个孩子，我真的没什么办法了。

“拿……没办法”是一个习惯用法，指对于某件事情或者某种情况、某个人，没有解决的手段，或者不知道怎么处理。如：

妈妈拿这个调皮的孩子几乎没什么办法。

那时候，人们拿龙卷风一点办法都没有。

“方法”的意思跟“办法”接近，但是强调解决问题的程序、过程、具体做法。也常常用“学习”“工作”“研究”“写作”等动词作定语。“方法”常跟量词“种”配合。如：

解决空气污染问题主要有三种方法，最重要的是控制排放。

我们要注意不断改进我们的学习方法。

“方式”指处理问题所用手段的表现形式和特点。可以用“生产”“生活”“生存”“思维”等词作其定语。如：

年轻人和老年人的生活方式很不一样。

用旧的思维方式处理新事物往往会闹笑话。

“法子”的意思跟“办法”接近，指处理事情、解决问题的手段，口语色彩较浓，主要在口语中使用。如：

孩子不爱学习，我能有什么法子？

“点子”的意思跟“主意”差不多，指处理事情的办法，特别指通过思考得到的好办法，跟量词“个”搭配，也常常跟动词“出”搭配使用。口语色彩较浓。如：

大家都出出点子，开一个什么样的商店最赚钱？

他开了一个“点子公司”，专门帮人出点子。

**提示**

“办法”“方法”“方式”“法子”“点子”的区别

| 词语 | 语义特点 | 所用量词 | 常见搭配 | 语体色彩 |
|---|---|---|---|---|
| 办法 | 表示处理事情、解决问题的手段 | 个 | 有～ 没～ 拿……没～ 用……～ 想～ | 用于书面语和口语 |
| 方法 | 强调解决问题的程序和过程，具体的做法 | 个、种 | 学习～ 工作～ 研究～ 写作～ 用……～ | 用于书面语和口语 |
| 方式 | 处理问题所用手段的表现形式和特点 | 种、个 | 生产～ 生活～ 思维～ 生存～ 用……～ | 用于书面语和口语 |
| 法子 | 同“办法”接近，表示处理事情的手段 | 个 | 有～ 没有～ 想～ | 多用于口语 |
| 点子 | 经过思考得到的好办法 | 个 | 出～ | 多用于口语 |

## 练一练

**一、HSK 仿真题：在下面的答案中选择唯一正确的填在横线上。**

1. 大卫不愿意来，你有什么好______让他来吗？
A. 办法　B. 方法　C. 方式　D. 点子
2. 他就是不听话，我拿他也没什么______。
A. 办法　B. 方法　C. 方式　D. 法子
3. 中国人和美国人考虑问题的______很不一样。
A. 办法　B. 方法　C. 方式　D. 法子
4. 我突然想到一种______，保证可以完成实验。
A. 办法　B. 方法　C. 方式　D. 点子
5. 孩子病得这么重，你不要只是哭，总该想想______啊！

A. 办法　　B. 方法　　C. 方式　　D. 点子

6. 小李出了个好______，吸引了大量的顾客，因此受到了表扬。

A. 办法　　B. 方法　　C. 方式　　D. 点子

7. 年轻人的生活______跟老年人并不一样。

A. 办法　　B. 方法　　C. 方式　　D. 法子

**二、HSK 仿真题：找出下面句子中错误的部分并改正。**

1. 解决新的问题必须用新的点子，这个道理大家都知道，就是说起来容易，做起来难。

A　B　C　D

2. 老师说了，这个孩子的学习办法有问题，所以成绩一直不好，需要改进方法。

A　B　C　D

3. 我们在一起生活快一年多了，越来越习惯对方的生活方法，感情也越来越好，我们打算明年就结婚。

A　B　C　D

4. 专家们说，对待顽皮的孩子，应该多用教育的办法，而不能用打骂的方式。

A　B　C　D

**三、用句后括号中的词语完成句子。**

1. 既要发展经济，又要保护环境，针对这一难题，你______________？（方法）
2. 这孩子太闹了，他妈妈______________。（办法）
3. 咱们家的门又坏了，你能不能______________，把门修好？（法子）
4. 为了提高我的成绩，爸爸______________。（办法）
5. 俗话说：人多______________，大家一起动动脑筋，想想怎么提高产量吧。（点子）
6. 由于______________，对同一件事，人们往往会得出不同的结论。（方式）

## 参考答案

一、1. A　2. A　3. C　4. B　5. A　6. D　7. C

二、1. A　改为：解决新的问题必须用新的方法

2. B　改为：这个孩子的学习方法有问题

3. B　改为：越来越习惯对方的生活方式

4. C　改为：应该多用教育的方法

三、1. 既要发展经济，又要保护环境，针对这一难题，你__有什么好的方法__？

2. 这孩子太闹了，他妈妈__也拿他没办法__。

3. 咱们家的门又坏了，你能不能__想想法子__，把门修好？

4. 为了提高我的成绩，爸爸__想出了一个好办法__。

5. 俗话说：人多__点子多__，大家一起动动脑筋，想想怎么提高产量吧。

6. 由于__考虑问题的方式不同__，对同一件事，人们往往会得出不同的结论。

# 第三课 部分、局部 差别、区别、分别、差异

## 部分、局部

### 讲一讲

“部分”表示整体中的某些人或者事物，这些人或事物可用具体的数量表示，可以受“大”等形容词修饰。“部分”的反义词是“整体”或“全部”。如：

班里部分同学学习并不认真。（一定数量的人）

这篇文章可以分成三个部分阅读。（三个）

我市大部分企业都完成了年度计划。（一定数量的企业）

大家的作业大部分做得非常好。（一定数量的作业）

“部分”既可以作中心语接受形容词、数量词的修饰，也可以作定语。如：

这支部队被分成好几个部分。（作中心语）

部分城市明天会有小到中雨。（作定语）

“局部”是相对“全局”而言的比较模糊的部分。“局部”主要作定语，常修饰“地区”“事物”等。如：

明天局部地区阴有雨。

这些局部问题对全局的影响并不大。

“局部”不能修饰表示人的名词，也不能受数量词、形容词等其他词语的修饰。下面的句子都是错的：

＊局部学生的作业完成得不太好。（“局部”应改为“部分”，下同）

＊这堂课主要有这三个局部。

“局部”可以用于指人身体的某个部位，如针对“全身麻醉”有“局部麻醉”的说法。

**提示**

“部分”和“局部”的区别

| 词语 | 语义特点 | 作定语 | 可受形容词、数量词等修饰，可修饰人 |
|---|---|---|---|
| 部分 | 表示整体中的某些人或事物，可以用具体的数量表示 | + | + |
| 局部 | 相对“整体、全局”而言的、比较模糊的部分。不能用具体的数量表示 | + | − |

## 练一练

**一、HSK 仿真题：在下面的答案中选择唯一正确的填在横线上。**

1. 今天只有______同学参加了会议。

A. 部位　　B. 部分　　C. 局部　　D. 局面

2. 今天下午______地区会出现大风天气。

A. 局面　　B. 部分　　C. 局部　　D. 部位

3. 这个实验是由三个______组成的。

A. 部位　　B. 局面　　C. 局部　　D. 部分

**二、HSK 仿真题：找出下面句子中错误的部分并改正。**

1. 我知道(A)，做牙科手术(B)，一般都采用部分麻醉(C)，用不着全身麻醉(D)。

2. 很多同学参加了活动(A)，当然(B)，也有局部同学无故缺席(C)，并没有向老师请假(D)。

**三、用句后括号中的词语完成句子。**

1. 问题的存在____________，但会影响全局。（局部）

2. 这道题大多数同学都明白了，可是____________。（部分）

3. 昨夜，森林起了一场大火，______被烧毁，但______依然完好无损。（局部　大部分）

## 参考答案

一、1. B　2. C　3. D

二、1. C　改为：一般都采用局部麻醉

2. C　改为：也有部分同学无故缺席

三、1. 问题的存在<u>虽然是局部的</u>，但会影响全局。

2. 这道题大多数同学都明白了，可是<u>还有部分同学不太明白</u>。

3. 昨夜，森林起了一场大火，<u>局部地区的树木</u>被烧毁，但<u>大部分地区的树木</u>依然完好无损。

# 差别、区别、分别、差异

## 讲一讲

“差别”，名词，表示“人或者物在形式、内容上的相差”，常用于同类的或表面相似的人或事物的比较，从程度上看，“差别”可以很大，也可以很小。如：

他们是双胞胎，外人从长相上很难看出他们有什么差别。

这两个词的意思和用法差别很小。

“差异”，名词，表示人或事物之间程度较大的不同，多用于书面语。如：

心理学研究发现，人与人之间的智力是存在差异的。

从温度差异来看，气团可分为冷气团和暖气团两大类。

“区别”可作动词，表示“弄清楚事物不同之处”。如：

我们应该区别这两种发音方法的不同。

在制订计划时，要区别出重点与一般。

由于上面的动词用法，“区别”作名词时，重在表示“人或者事物的不同的地方”，多用于性质、内容不同的人或事物。“区别”一般是从主要的、本质的方面看不同。如：

我们一定要搞清楚这两种方法的区别。

酒和香烟是区别很大的两种商品。

“分别”可以作动词，有两个意思。一是表示“辨认出不同的事物”。如：

中国人跟日本人在长相上，是不容易分别的。

我主张把工作关系和私人交情分别开来。

二是表示“分手”“离别”的意思。如：

又要分别了，大家都依依不舍。

“分别”最常见的用法是作副词，表示“各自”，在句中作状语。如：

暑假里，他们兄弟俩分别去了北京和上海。

“分别”还可作名词，表示能分辨出属于不同人或事物的不同的方面，使用频率不太高。如：

军人的走路姿态和水手有分别。（能从姿态看出明显的不同）

她觉得做祖母和外婆的滋味，是大有分别的。

**提示**

“差别”“区别”“分别”“差异”的区别

| 词语 | 语义特点 | 常用搭配 |
|---|---|---|
| 差别 | 名词，人和物在程度方面的相差，多用于比较 | ~很大　~小　有~　显出~　看出~　说出~　揭示~　城乡~　男女~　工农~　细微的~　本质的~　明显的~ |
| 差异 | 名词，人或物之间程度较大的不同，多用于比较 | 有~　存在~　文化~　民族~　智力~　兴趣~　环境~　温度~　较大的~　巨大的~　明显的~ |
| 区别 | 名词，重在人和物的不同的地方，多用于区分 | ~很大　~明显　有~　有严格的~　本质(的)~　主要(的)~　重要(的)~　根本(的)~ |
| | 动词，弄清楚事物不同之处 | 把……跟……~开来　~出(来)　~于…… |
| 分别 | 名词，人或事物在质方面的不同多用于区分 | 有~　没有~　大有~　主要(的)~　重要(的)~　根本(的)~(较少用) |
| | 动词，辨认出不同的事物 | 把……跟……~开来　~出来 |
| | 动词，分手、离别 | 跟……~　和……~ |
| | 动词，表示“各自” | ~ +动词(最常用) |

1. “差别”或“差异”都常用于同类事物或人的比较，从程度上看，“差异”大于“差别”，不同点较少较小时，用“差别”；不同点较大时，用“差异”。“差异”和“差别”都可带一些定语；有相同的也有不同的(详见上)。

2. “区别”和“分别”都强调将某类人或事物有别于另一类人或事物，重点在不同。主要用于区分。作为名词和动词，“区别”的使用频率都比“分别”高。“分别”最常见的是作副词。

3. 作动词时，“区别于……”这个固定搭配表示“和……不一样”。如：

能够运用语言是人类区别于其他动物的本质特征之一。

只有“区别”有这样的用法，“分别”不能这样用。

4. “严格”可修饰“区别”，不能修饰其他几个词。

## 练一练

**一、HSK 仿真题：在下面的答案中选择唯一正确的填在横线上。**

1. 汉语介词和印欧语介词的______很大，有许多自己的特点。

A. 差异　　B. 区别　　C. 分别　　D. 差别

2. 我们______去了两个不同的公司调查，但结果却一样。

A. 差异　　B. 差别　　C. 分别　　D. 区别

3. 虽然三人都低着头，但仍能看出肤色的细微______。

A. 差别　　B. 区别　　C. 分别　　D. 差异

4. ______的时候大家都哭了起来。

A. 差别　　B. 区别　　C. 分别　　D. 差异

**二、HSK 仿真题：找出下面句子中错误的部分并改正。**

1. 在中国(A)，城乡分别依然存在(B)，城市发展较快(C)，而农村相对落后(D)。

2. 在一般人眼里(A)，他们兄弟俩(B)，从相貌上很不容易差别(C)，因为实在是长得太像了(D)。

3. 放学后(A)，我看到他们俩是区别回家的(B)，而不是一起的(C)，所以你在说谎(D)。

4. 就平均成绩来看(A)，男女没有明显分别(B)，可是期末成绩却不是这样(C)，女生普遍比男生好些(D)。

5. 天气预报中(A)，常常能听到“温差”一词(B)，意思是指一天中最高温度和最低温度的差别(C)，温差越大，天气越不舒服(D)。

**三、用句后括号中的词语完成句子。**

1. “看”和“见”意思上很相似，但用法上______________，谁能造两个句子把

__________?（差别　区别）

2. 他们__________自己的实验室，开始了实验。（分别）

3. 请告诉我这两种字体写法上__________。（差别）

4. 假货跟真货表面上看起来差不多，但仔细看看，质量上________。（差异）

## 参考答案

一、1. B　2. C　3. A　4. C

二、1. B　改为：城乡差别依然存在

2. C　改为：从相貌上很不容易区别

3. B　改为：我看到他们俩是分别回家的

4. B　改为：男女没有明显差别

5. C　改为：意思是指一天中最高温度和最低温度的差异

三、1. "看"和"见"意思上很相似，但用法上＿还是有一些细微差别的＿，谁能造两个句子把＿它们区别开来＿？

2. 他们＿分别进入了＿自己的实验室，开始了实验。

3. 请告诉我这两种字体写法上＿有什么差别＿。

4. 假货跟真货表面上看起来差不多，但仔细看看，质量上＿还是有明显差异的＿。

名词与形容词

# 第四课 规定、规则、规矩、规范 后果、结果

## 规定、规则、规矩、规范

### 讲一讲

“规定”“规则”“规矩”“规范”这四个词都可以作名词，表示应该遵守的标准等。在少数句中可以互换。如：

学生必须遵守学校的规定/规则。

“规定”，名词，是为统一或约束人们的行为、动作方式等制定的要求和标准。一般在制定该规定的社会集团内部推行。如：

关于豆制品的加工过程，政府有明文规定。

我们饭店有规定，不得自带酒水。

“规定”还可以作动词，表示“对人的行为方式、方法或事物的数量、质量作出的决定”。如：

学校规定，学生必须佩戴校徽上学。

公司刚刚规定了产品的质量标准。

“规则”，名词，是由各具体行业、部门制定的供人们遵守的制度或章程。多用于比赛、游戏、活动、交通、交易、管理等。如：

游戏开始前，我先把这个游戏的规则说一下。

每个人都应该自觉遵守交通规则。

“规则”还有规律、法则的意思，是自然形成的，可以发现但不能随意改变。如：

生物是按照适者生存、优胜劣汰的自然规则生存的。

“规则”也可以作形容词，指形状、结构、运动、变化有一定的规律，合乎一定的模式。如：

云的形状一般是不规则的。

这几个月来，股票的价格规则地变化着。

“规矩”表示人们在社会与生活中长期形成的行为习惯及礼节标准等。如：

这个孩子老是翻别人东西，不懂规矩。

我们都是按规矩办事的，没有错。

“规矩”也可以作形容词，表示人的行为端正、老实。可以重叠为“规规矩矩”。如：

这个人为人很规矩，不会做那种事情的。

规规矩矩做人，是我们家的传统。

“规范”，名词，指由权威部门制定的、统一人们动作或行为的法定标准，常带有示范说明作用，一般要求全社会照此类标准去做，推行的范围较大。如：

国家又发布了新的语言规范。

政策的原则性比较强，法律则是“肯定的、明确的、普遍的规范”。

“规范”可以构成“规范化”，其他三个词则不行。如：

应让我们的管理更加科学化、规范化。

“规范”还可以表示约定俗成的行为标准。如：

这是大家都应该遵守的道德规范。

道德是一种行为规范，是用来调整人们之间以及个人与社会之间的关系的。

“规范”还可以作形容词，表示符合某项标准。如：

我们要说规范的普通话，写规范的汉字。

这篇文章很多词用得不规范。

“规范”还可以作动词，表示使……规范。如：

请自觉用社会道德规范来规范自己的行为。（第一个“规范”是名词，第二个“规范”是动词）

**提示**

“规定”“规则”“规矩”“规范”的区别

| 词语 | 范围 | 形成方式与推行范围 | 常见搭配 |
|---|---|---|---|
| 规定 | 名词，为统一或约束人们的行为、工作、生产等方式制定的要求和标准 | 由一般部门制定，在本部门中推行 | 具体～ 相关～ 严格～ 不成文的～ 有～ 作出～ 按照～ 根据～ 符合～ 违反～ |
| | 动词，作出某种决定 | | 明文～ 明确～ 亲自～ 正式～ |
| 规则 | 比赛、游戏、活动、交通、交易、管理中的标准 | 各具体行业、部门制定的，在本行业或部门中推行 | 比赛～ 游戏～ 交通～ 交易～ 管理～ 运算～ 遵守～ 违反～ 按照～ |
| | 规律、法则 | 自然客观形成的 | 自然～ 按照～ |
| | 形状、结构、运动、变化有一定的规律，合乎一定的模式 | | 不～ |
| 规矩 | 行为、习惯、礼节等标准 | 长期自然形成 | 懂～ 守～ 按照～ 老～ |
| | 表示人的行为端正、老实 | | 很～ 不～ 规规矩矩做人<br>做事规规矩矩的 |
| 规范 | 统一人们动作或行为的法定标准 | 由权威部门制定，一般在全社会推行 | 发布～ 制定～ 有～ 遵守～ 遵从～ 违反～ |
| | 行为标准 | 约定俗成 | 遵守～ 行为～ 道德～ |
| | 动词，使……规范 | | ～要求 ～行为 |
| | 形容词，符合某种标准 | | 不～ 很～ ～化 |

1．“规定、规则、规范”大多是用文字固定下来的条例。“规矩”则不然，很多是在长期生

活中形成的习惯礼节，不一定要写出来，但同一社会、民族或集团的人都知道应遵守。

2. 规范写成的条文也可以叫"规定"。如：

按《知识产权协定》的规定进一步规范知识产权保护。

3. "规范"比"规定、规则、规矩"更严肃、更正式，更具有普遍性和社会性。

## 练一练

**一、HSK 仿真题：在下面的答案中选择唯一正确的填在横线上。**

1. 关于购买车辆的手续，国家又有了新的______。

A. 规定　　B. 规范　　C. 规矩　　D. 规则

2. 中学生不应该做违反《中学生行为______》的事情。

A. 规定　　B. 规范　　C. 规矩　　D. 规则

3. 孩子要懂______才能让人喜欢。

A. 规定　　B. 规范　　C. 规矩　　D. 规则

4. 你又输了，按______，今天你做饭！

A. 规定　　B. 规范　　C. 规矩　　D. 规则

5. 你为什么总是说这么不______的普通话，你是哪里人啊？

A. 规定　　B. 规范　　C. 规矩　　D. 规则

6. 这篇文章的语言既______又得体。

A. 规定　　B. 规范　　C. 规矩　　D. 规则

7. 这座雕塑是由许多不______的图形组成的。

A. 规定　　B. 规范　　C. 规矩　　D. 规则

8. 公园______严禁在湖中游泳。

A. 规定　　B. 规范　　C. 规矩　　D. 规则

**二、HSK 仿真题：找出下面句子中错误的部分并改正。**

1. 病人仍在昏迷中（A），脸色苍白（B），发出不规矩的沉重的喘息声（C），目前已脱离了生命危险（D）。

2. 老师规定这次比赛大家都必须参加（A），每个人都要遵守比赛规范（B）。比赛中由于大家都很守规范（C），因此赢得了大赛的一等奖（D）。

3. 经理用各种方法规定职员的行为（A），比如制定一系列规定（B），制定奖励制度（C），而违反公司规定的职员将被扣除部分工资（D）。

4. 见了客人后（A），孩子必须主动跟人打招呼（B），这是他们家的规则（C），显得孩子很有礼貌（D）。

三、用句后括号中的词语完成句子。

1. 小李____________的人，从来都很安分守己。（规矩）
2. 这位老人打太极拳的____________，和书上画的一模一样。（规范）
3. 学习语言除了靠语感以外，掌握语法的____________。（规则）
4. 公司____________，迟到者将被扣工资。（规定）
5. 许多人常常做出不符合道德____________。（规范）
6. 孩子在纸上画了____________给我看。（不规则）

## 参考答案

一、1. A 2. B 3. C 4. C 5. B 6. B 7. D 8. A

二、1. C 改为：发出不规则的沉重的喘息声
2. B 改为：每个人都要遵守比赛规则
3. A 改为：经理用各种方法规范职员的行为
4. C 改为：这是他们家的规矩

三、1. 小李<u>是个很规矩</u>的人，从来都很安分守己。
2. 这位老人打太极拳的<u>动作十分规范</u>，和书上画的一模一样。
3. 学习语言除了靠语感以外，掌握语法的<u>规则相当重要</u>。
4. 公司<u>规定员工一般情况下不能迟到</u>，迟到者将被扣工资。
5. 许多人常常做出不符合道德<u>规范的事情</u>。
6. 孩子在纸上画了<u>许多不规则的图形</u>给我看。

# 后果、结果

## 讲一讲

“后果”，作名词，一般表示最后的不好的、让人不满意的状态。如：

你这么做，后果将非常严重。

我真的没想到会有这样的后果。

“结果”，作名词，表示最后的状态，可以是好的，也可以是不好的。如：

优良的成绩是努力学习的结果。

我并没想到会有这么不愉快的结果。

“结果”可以用于句中或句首，引出后来的状态。“后果”没有此用法。如：

我等了半天，结果，他们一个都没来。

结果，我因为吃得太多被送到了医院。

*我去了趟教室，后果，教室里门都没开。

“结果”还可以作动词，表示杀死的意思。如：

在和敌人搏斗时，他一刀刺进了对方的心脏，结果了敌人。

提示

"后果"和"结果"的区别

| 词语 | 语义特点 | 常用搭配 | 其他 |
| --- | --- | --- | --- |
| 后果 | 作名词,表示最后的结果,侧重于坏的结果,贬义词 | 造成…… ~　严重 ~ | "前因后果"中的"后果"是中性词,表示后来的结果 |
| 结果 | 作名词,常指在一定的阶段,事物发展所到达的最后状态,中性词<br>作动词,表示杀死 | 作名词时:一般不受"重大""伟大""惊人""严重"等词修饰,不受"得到""保卫""巩固"等动词支配<br>作动词时:结果了……(的性命) | 可以单独用于句中或句首,意思相当于"最后",起时间状语的作用 |

## 练一练

**一、HSK 仿真题:在下面的答案中选择唯一正确的填在横线上。**

1. 用错药的______可能会非常严重。
A. 成果　B. 后果　C. 结果　D. 效果
2. 谈判的______到底怎么样?
A. 结果　B. 成果　C. 效果　D. 后果
3. 我们都去了,______,教室太小,坐不下。
A. 成果　B. 后果　C. 结果　D. 效果
4. 一定要了解了事情的前因______以后,才可以下定论。
A. 成果　B. 后果　C. 结果　D. 效果
5. 警察一枪______了凶残的歹徒的性命。
A. 效果　B. 成果　C. 结果　D. 后果

**二、HSK 仿真题:找出下面句子中错误的部分并改正。**

1. 他因为玩忽职守,造成严重结果,给单位带来了很大损失,第二天就被单位开除了。
(A: 他因为玩忽职守　B: 造成严重结果　C: 给单位带来了很大损失　D: 第二天就被单位开除了)

2. 看到女儿回了家,妈妈急切地问:"考得怎么样,出成果了吗?"
(A: 看到女儿回了家　B: 妈妈急切地问　C: 考得怎么样　D: 出成果了吗)

3. 毕业以后,她又自费读了 MBA,后果,她找到了一份年薪 30 万元的好工作。
(A: 毕业以后　B: 她又自费读了 MBA　C: 后果　D: 她找到了一份年薪 30 万元的好工作)

**三、用句后括号中的词语完成句子。**

1. 他最近学习非常用功,____________期末考试得了____________。(结果)
2. 千万不能乱吃药,否则____________。(后果)
3. 对于这道题来说,这两种算法都是对的,因为____________。(结果)

## 参考答案

一、1. B　2. A　3. C　4. B　5. C

二、1. B　改为:造成严重后果

2. D　改为:出结果了吗

3. C　改为:结果

三、1. 他最近学习非常用功,<u>结果</u>期末考试得了<u>第一名</u>。

2. 千万不能乱吃药,否则<u>后果不堪设想</u>。

3. 对于这道题来说,这两种算法都是对的,因为<u>结果都是一样的</u>。

# 第五课 左右、前后、上下 中间、中央、中心

## 左右、前后、上下

### 讲一讲

"左右""前后""上下"这三个词都可以用来表示概数，但是用法不一样。

"左右"放在数量词之后，表示数量接近该数目，所表示的概数范围较小。可以放在各种数量词（表示时段、时点、年龄和事物数量等）之后。如：

这次他来中国出差，会在上海停留3个月左右。

她4岁左右就被妈妈送去老师那里学钢琴和画画。

他每天早上9点上班，下午5点左右下班，6点左右到家。

"左右"不能用在"春节、国庆节"及"放假、开学、上班"等用具体名词或动词表示的时间词之后。

"前后"一般用在表示确定时间的名词或动词（如"放假、开学、上班、下班"）之后，表示的是大概的一段时间，因此它不能用于表示时段的词语（如"3个月"）之后。如：

每年春节前后，亲朋好友们都会聚在一起吃饭。

王老师在开学前后特别忙。

"前后"和"左右"都可以用在确定的时点之后表示概数，但是"前后"所表示的时间范围要比"左右"表示的时间范围更大些。如：

除夕夜12点前后/左右，打电话问候亲人、朋友的人特别多。

客人将在7月20号前后/左右到达。

上两例中的第一例用"左右"是接近"12点"，"前后"则可以离"12点"远一些。

"上下"在表示概数时，与"左右"意义相近，但是多用于估计人的年龄。如：

他20岁上下，个子不高。

"上下"与"左右"的区别在于所表示概数是动态的还是静态的。"上下"可表示动态的概数，表示在某个时间段内，数量在"上下"前的数字范围内上下浮动。如：

最近几年，他每年的收入都在3万元上下。

他经常锻炼身体，所以他的体重一直在70公斤上下。

上面两例的数量词之后也可以用"左右"，但就没有了"上下"所表示的"上下浮动"的动态意义，即"左右"所表示的概数一般是静态的，没有变化的。

## 提示

"左右""前后""上下"的区别

<table>
<tr><th>词语</th><th>时段</th><th>时点</th><th>年龄</th><th>度量方面</th><th>特点</th></tr>
<tr><td>左右</td><td>+<br>3 个月 ~</td><td>+<br>12 点 ~</td><td rowspan="2">+<br>40 岁 ~</td><td rowspan="2">+<br>70 公斤 ~ 3 万元 ~<br>100 种 ~ 20 度 ~<br>1000 人 ~</td><td>静态;范围较小</td></tr>
<tr><td>上下</td><td>–</td><td>–</td><td>动态</td></tr>
<tr><td>前后</td><td>–</td><td>春节 ~ 放假 ~<br>12 点 ~</td><td>–</td><td>–</td><td>静态;一段时间;范围大</td></tr>
</table>

## 练一练

**一、用"左右""前后""上下"填空。**

1. 这本书她花了两个月______的时间才看完。
2. 圣诞节______,父母都会给孩子们准备圣诞礼物。
3. 几年来,这里的水稻亩产都在 500 斤______浮动。
4. 她今天买衣服花了 400 元______。

**二、HSK 仿真题:在下面的答案中选择唯一正确的填在横线上。**

1. 一般来讲,人上班时精力比较充沛,上午 10 点__①__开始感到__②__,午饭前精神又开始振作起来。

①A. 左右　　B. 前后　　C. 上下　　D. 来

②A. 疲劳　　B. 疲倦　　C. 劳累　　D. 操劳

2. 中秋节__①__,在外地的人们__②__都会打电话回家问候亲人。

①A. 左右　　B. 前后　　C. 上下　　D. 来

②A. 基本　　B. 根本　　C. 本来　　D. 原来

3. 口语考试是一个一个地考,全部考完大概要用 3 个小时__①__的__②__。

①A. 上下　　B. 前后　　C. 左右　　D. 来

②A. 时间　　B. 时期　　C. 时代　　D. 时候

**三、HSK 仿真题:找出下面句子中错误的部分并改正。**

1. <u>近几年来</u>,<u>这里干旱少雨</u>,<u>交通不便</u>,<u>粮食亩产一直在 150 公斤前后徘徊</u>。
　　A　　B　　C　　D

2. <u>爸爸工作很忙</u>,<u>经常出差</u>,<u>一出去就是一个月上下</u>,<u>我希望他能多在家陪陪我</u>。
　　A　　B　　C　　D

3. <u>中国人比较重视农历新年</u>,<u>每到春节左右</u>,<u>人们都会赶回家</u>,<u>跟家人团聚</u>。
　　A　　B　　C　　D

**四、用句后括号中的词语完成句子。**

1. 我 10 点下课,所以你________________。(左右)

2. ____________,商场里有各种各样的月饼出售。(前后)

3. 小林的成绩一直很稳定,____________。(上下)

## 参考答案

一、1. 左右　2. 前后　3. 上下　4. 左右

二、1. ①A ②B　2. ①B ②A　3. ①C ②A

三、1. D　改为:粮食亩产一直在150公斤上下徘徊

2. C　改为:一出去就是一个月左右

3. B　改为:每到春节前后

四、1. 我10点下课,所以你 10点左右来找我吧 。

2. 中秋节前后 ,商场里有各种各样的月饼出售。

3. 小林的成绩一直很稳定, 每次考试的分数都保持在90分上下 。

# 中间、中央、中心

## 讲一讲

"中间""中央""中心"这三个词都是名词,都可以指居中的地方,在少数情况下可以互换。如:

广场中心/中央/中间有一个花坛。

"中间"是方位名词,表示位置。适用范围很大,可用于具体的空间位置。如:

武汉位于北京和广州中间。(地理位置,与两端距离大致相等)

客厅中间有一张桌子。(构成方位结构,作存现句主语)

也可以用于表示在某个范围之中(如人群之中)。如:

我们中间她的成绩最好。(人群之中)

还可以用于表示时间过程之中。如:

他参加工作已经5年了,这中间换过两家公司。(5年之中)

"中间"常构成方位结构,侧重指居中的位置,包括与四周距离大致相等的位置和与两端距离大致相等的位置。

由于"中间"有处于两者之间的意义,所以可构成"中间派""中间人""中间价""中间层""中间商"等词语。

"中央"是方位名词,主要表示位置,一般是指空间的位置,能构成方位结构,侧重指中心地带。如:

湖中央有一个亭子。(构成方位结构)

"中央"的引申用法是表示国家政权或政治团体的最高领导机构,常与"政府""机关""机构""党""团"等词语搭配。如:

CCTV是中国中央电视台的标志。

党中央高度关注受灾地区群众的生活。

“中心”是普通名词，也常表示空间位置，但不构成方位结构，侧重指与四周距离相等的地方或平面中具有平衡作用的支点。如：

百货大楼位于这个城市的中心。

你如果想用一个手指顶住这个盘子，不让它掉下来，必须先找到它的中心。

“中心”的引申用法是指事物最重要的部分或占重要地位的人和事物，可用于地区、城市、人物、思想、工作等许多方面。如：

这部电影的中心人物是一位老师。

南京是江苏省的文化中心。

**提示**

“中间”“中央”“中心”的区别

| 语义与用法 | | 中间 | 中央 | 中心 |
|---|---|---|---|---|
| 表示具体的空间位置 | 与四周距离 | 大致相等 | 是基本相等的 | 较精确地相等 |
| | 与两端距离相等 | + | − | − |
| | 具有平衡作用的支点 | − | − | + |
| 表示一定的范围之中 | | + | − | − |
| 表示时间过程之中 | | + | − | − |
| 国家政权或政治团体的最高领导机构 | | − | + | − |
| 主要部分、占重要地位的人和事物 | | − | − | + |
| 表示抽象意义的搭配 | | ~派 | ~电视台　党~ | 政治~　文化~ |

**练一练**

**一、HSK 仿真题：在下面的答案中选择唯一正确的填在横线上。**

1. 从__①__上减轻农民的负担已成为党__②__密切关注的大事。

①A. 根本　　B. 基本　　C. 根据　　D. 主要

②A. 中心　　B. 中央　　C. 中间　　D. 中等

2. 这则公文的__①__思想很明确，就是要求执法__②__，法律面前人人__③__。

①A. 中心　　B. 中间　　C. 中央　　D. 中等

②A. 公平　　B. 公正　　C. 公道　　D. 平等

③A. 公平　　B. 公正　　C. 公道　　D. 平等

3. 东边是教学楼，西边是学生宿舍，__①__隔着一个__②__的操场。

①A. 中心　　B. 中间　　C. 中央　　D. 中等

②A. 宽阔　　B. 宽敞　　C. 宽广　　D. 辽阔

4. 从很久__①__开始，北京就一直是我国的政治、文化__②__。

①A. 从前　　B. 以前　　C. 过去　　D. 以后

②A. 中心　　B. 中间　　C. 中央　　D. 中等

5. 妈妈是个__①__派，我和弟弟吵架的__②__，她谁也不帮。

①A. 中心　　B. 中间　　C. 中央　　D. 中等

②A. 时间　　B. 时候　　C. 时代　　D. 时期

**二、在下面的 A、B、C、D 中选择最接近画线词语的解释。**

1. 湖中间有一个小岛。

A. 中端　　B. 中层　　C. 中心　　D. 中等

2. 天安门广场中央是一座人民英雄纪念碑。

A. 中层　　B. 中心　　C. 中端　　D. 中等

3. 据可靠的消息，有人把公司的秘密泄露出去了，这个人就在我们内部。

A. 中央　　B. 中心　　C. 中端　　D. 中间

4. 下一步我们工作的重中之重是提高我们的竞争力。

A. 中央　　B. 中心　　C. 中间　　D. 中部

**三、HSK 仿真题：在下面每一段话中找出错误的部分并改正。**

1. 村子西边有一条小河（A），河对岸长着两排茂密的香樟树（B），在这两排香樟树的中心有一条小路（C），弯弯曲曲地伸向远方（D）。

2. 近年来（A），不少老同志积极响应中央关于干部年轻化的号召（B），主动提出不再担任领导职务的请求（C），相继退出了中间领导岗位（D）。

3. 昨天（A），政府在市中间举行了一场募捐活动（B），为灾区的人们筹集钱物（C），帮助他们重建家园（D）。

4. 刚才那则新闻说（A），今年国家的工作中央是（B）"让全体国民都能过上（C）安心而舒适的生活（D）"。

**四、用句后括号中的词语完成句子。**

1. 每天我经过市__________，都会看到那幅巨大的广告牌。（中心　时候）

2. 大卫是这批实习生__________，所以经理决定正式录用他。（中间　能力）

3. 按照__________，晚上 7 点，许多地方电视台都要转播__________。（规定　中央）

## 参考答案

一、1. ①A ②B 2. ①A ②B ③D 3. ①B ②A 4. ①B ②A 5. ①B ②B

二、1. C 2. B 3. D 4. B

三、1. C 改为:在这两排香樟树的中间有一条小路

2. D 改为:相继退出了中央领导岗位

3. B 改为:政府在市中心举行了一场募捐活动

4. B 改为:今年国家的工作中心是

四、1. 每天我经过市__中心的时候__,都会看到那幅巨大的广告牌。

2. 大卫是这批实习生__中间能力最强的__,所以经理决定正式录用他。

3. 按照__规定__,晚上7点,许多地方电视台都要转播__中央电视台的新闻节目__。

# 第六课 根本、基本 目标、目的

## 根本、基本

### 讲一讲

"根本"作名词,表示事物的根源或者最重要的部分。如:

应当从根本上考虑解决问题的方法。

敢于用汉语交谈,才是学好汉语的根本所在。

"根本"作形容词,表示主要的、重要的。如:

这次比赛失败的根本原因在于准备不够充分。

学以致用,既是把学习引向深入的重要途径,也是学习的根本目的。

"根本"作副词,表示从头到尾、始终、完全(多用于否定式)。如:

他根本就没有想到这些问题,一下子不知道该怎么办了。

"根本"还可以表示彻底。如:

问题已经得到根本解决,大家可以放心了。

"基本"作名词,表示本源、基础(这一义项较少使用)。如:

人民是国家的基本。

"基本"作形容词,表示主要的。如:

如果你们要结婚的话,我建议你们了解烹调的基本知识。

我已精通经济学的基本原理。

"基本"作副词,表示大体上。如:

这个产品的质量基本合格。

这次考试,你考得很好,基本上都是90多分。

### 提示

"根本"和"基本"的区别

| 词语 | 词性 | 语义特点 | 常用搭配 | 备注 |
|---|---|---|---|---|
| 根本 | 名词 | 表示事物的根源或者最重要的部分 | (知道)做人的~　从~上　~所在 | 常用 |
| 基本 | | 表示事物的本源、基础 | 国家的~ | 很少使用 |

续表

| 词语 | 词性 | 语义特点 | 常用搭配 | 备注 |
|---|---|---|---|---|
| 根本 | 形容词 | 主要的、重要的 | ~大计　~大法 | |
| 基本 | | 主要的 | ~词汇　~规律　~工资 | 构词能力强 |
| 根本 | 副词 | 从头到尾、始终、完全 | ~(就)不知道　~没想到<br>~不同意　~不赞成…… | 常用于否定句，加强语气 |
| | | 彻底 | ~解决　~改变 | |
| 基本 | | 表示大体上(指主要部分) | ~上　~属实 | |

1. 作形容词时，“根本”不仅有“基本的”、“主要的”意思，而且还有“重要的”意思。因而“根本”与“基本”相比，“根本”语气更重。“根本措施”是指最关键、最起决定作用的措施；而“基本措施”只是主要的措施。

2. 副词“根本”主要用于加强肯定与否定的语气，“基本”主要指大体上、主要的部分。如：

他的文章根本就是抄来的。(非常肯定)
过夜的茶水根本就不能喝。(完全否定)
他的文章基本(上)是抄来的。(主要的部分)

## 练一练

**一、HSK 仿真题：在下面的答案中选择唯一正确的填在横线上。**

1. 你这样做__①__上行了，已经可以从__②__上解决问题了。
①A. 根本　B. 基本　C. 基础　D. 根基
②A. 根本　B. 基本　C. 基础　D. 根基

2. 北方的__①__干燥寒冷，他是上了__②__的人了，__③__适应不了。
①A. 季节　B. 大气　C. 气候　D. 天气
②A. 年纪　B. 年龄　C. 岁数　D. 岁月
③A. 根本　B. 基本　C. 基础　D. 根基

3. 大卫在中国的生活很__①__，__②__学习、打球、睡觉，__③__没怎么出去旅行。
①A. 朴素　B. 艰苦　C. 容易　D. 简单
②A. 每天　B. 天天　C. 每时　D. 每刻
③A. 根本　B. 基本　C. 基础　D. 根基

4. 他这个人是很__①__，可是他是学理科的，这么__②__的文章他__③__写不出来。
①A. 优良　B. 优秀　C. 优异　D. 优美
②A. 优美　B. 美丽　C. 漂亮　D. 好看
③A. 根本　B. 基本　C. 基础　D. 根基

**二、用“根本”“基本”填空。**

1. 那家商店卖的衣服________上都是女装。

2. 你连最________的操作都不懂，这样是________不可能过关的。

3. 宪法是国家的__________大法。

**三、HSK 仿真题:找出下面句子中错误的部分并改正。**

1. 这儿的房租很贵,每月至少要 700 元,你才肯给 400 元,这基本不够。
A B C D

2. 那条路上都是坑,一到晚上,我根本上不敢从那儿走,真怕一不小心掉进坑里。
A B C D

3. 这两种眼药水,都是你介绍的,效果根本不同,都可以缓解眼部疲劳。
A B C D

4. 我已经说过很多次了,我对你是真心的,但你基本就不相信我,我挺伤心的。
A B C D

**四、用句后括号中的词语完成句子。**

1. 刚进公司的新职员,都要从最__________。(基本)
2. 这肉太肥了,我__________。(根本)
3. 必须使用这种方法,才能__________解决这个问题。(根本)

## 参考答案

一、1. ①B ②A 2. ①C ②A ③A 3. ①D ②A ③B 4. ①B ②A ③A

二、1. 基本 2. 基本 根本 3. 根本

三、1. D 改为:这根本不够
2. C 改为:我基本上不敢从那儿走
3. C 改为:效果基本相同
4. C 改为:但你根本就不相信我

四、1. 刚进公司的新职员,都要从最 基本的工作做起 。
2. 这肉太肥了,我 根本吃不下去 。
3. 必须使用这种方法,才能 从根本上 解决这个问题。

# 目标、目的

## 讲一讲

“目标”和“目的”都有要达到的地点或标准的意思,在少数情况下可以互换。如:

我们要有不达目标/目的决不罢休的奋斗精神。

他们从不同地区,为了一个共同的目标/目的,来到了北京。

“目标”本来的意思是射击所瞄准的点，进而可以表示攻击、寻找或跟踪的具体对象。如：

王平开了几枪，但没有击中目标。

大卫开着飞机跟踪目标，尽量贴着那辆车的上方飞行。

“目标”可以指工作或学习等的努力方向，较抽象，常与动词“实现”搭配使用。如：

培养人才，提高文化素质，几乎都成为各个社团的共同宗旨和目标。

确定每天的目标，养成把每天要做的工作排列出来的习惯。

“目的”指行动的意图或要得到的结果，较抽象，常与动词“达到”搭配使用。如：

阅读考试的目的是测试考生通过阅读获取信息的能力。

不达目的，誓不罢休！



**提示**

“目标”和“目的”的区别

| 词语 | 语义特点 | 常用搭配 | 用法特点 | 具体名词 |
|---|---|---|---|---|
| 目标 | 射击、攻击或寻求的对象 | 击中～ | | + |
| | 想要达到的境地或标准(重理想和追求) | 实现～ 树立～ 确立～ ～高<br>伟大～ 宏伟～ 远大～ 长远～<br>奋斗～ 令人振奋的～<br>终生追求的～ 大～ 小～ 近期～<br>远期～ | 多用于褒义；多用于长远的行动 | － |
| 目的 | 想要达到的地点 | ～地 | | + |
| | 动作想要得到的结果(重结果) | 达到～ ～不纯<br>不可告人的～ 卑鄙的～ | 可用于贬义；常用于当前的行动 | － |

1．“目的”不能像“目标”那样表示具体的射击、攻击或寻求的对象，也不能表示较为远大的努力方向(一般有比较重大的意义)，因而下面的“目标”不能换成“目的”。

飞行员可以通过电视摄像机看到导弹飞向被袭的目标。(具体)

考上大学之后，我的下一个目标是读研究生。(较远大的方向)

2．“目的”多用于说话人马上要实行的动作，说话人所注意的是当前动作的结果。动作可以有重要意义，也可以是没有什么重要意义的、比较小的动作。下面句中的“目的”不能换成“目标”。

我来这里的主要目的是看我的朋友。

因此，“目的”可以组成“漫无目的”“毫无目的”等短语。如：

一时心血来潮，漫无目的地乱干一气，不是勇敢，而是蛮干。

李丽毫无目的地在街上闲逛。

3．“目的”常可表示说话人带贬义的看法，“目标”则常带褒义，这样用法“目的”和“目标”不能互换(具体搭配见下表)。如：

那个家伙怀着不可告人的目的，接近老实忠厚的张大妈。

他们把建设世界一流的企业作为自己的伟大目标。

“目标”可以受“大、小、新、近期、远期”等词修饰，“目标”的谓语可以是“高”，“目的”很少这样用。如：

现在大学生找工作难是因为他们的目标太高，一定要去好的企业。

他已经为自己找到了新的目标，开始了更加艰辛的工作。

我们要正确处理个人的小目标和社会发展的大目标的关系。

4. "目的"可以和"地"组成"目的地"，表示想要到达的地点，"目标"不可以。如：

虽然开快车可准时抵达目的地，但是司机与乘客却要因此而支付额外的代价。

## 练一练

**一、HSK 仿真题：在下面的答案中选择唯一正确的填在横线上。**

1. 雷达可以经过电子计算机迅速确定__①__，__②__无误地命中导弹。

①A. 目标　　B. 目的　　C. 目光　　D. 标准

②A. 准确　　B. 正确　　C. 确切　　D. 精确

2. 也许就在你停下来的时候，你会惊奇地__①__一条通向你人生__②__的新路。

①A. 发明　　B. 发现　　C. 看见　　D. 看到

②A. 目光　　B. 标准　　C. 目标　　D. 目的

3. 在幼儿__①__家长就要有__②__地让孩子参加一定的有意识记忆的活动。

①A. 时代　　B. 时期　　C. 时间　　D. 时候

②A. 眼光　　B. 目光　　C. 目标　　D. 目的

**二、判断对错并改正错句（正确的打"√"，错误的打"×"）。**

1. 小王接近那位漂亮姑娘的目标不纯。

2. 一个穿黑衣服的人怀着某种目的在慢慢靠近她。

3. 请大家集中精力，目标已经出现。

4. 我们离目的越来越近了。

**三、用"目标""目的"填空。**

1. 你今天来这里的________是什么？

2. 到达________地之前，我们要节省随身带的食物。

3. 军队指挥官下令炮轰一群可疑的________。

4. 我们要看自己的实力给自己订________，太高了会让自己失去自信。

**四、HSK 仿真题：在下面每一段话中找出错误的部分并改正。**

1. 我写这本书的目标（A），并非要告诉你们一些新的东西（B），而是要提醒你注意那些你已经知道的事（C），因为其中有不少是十分重要的（D）。

2. 其实现在大学生想找到工作并不难（A），很多人说不容易（B），是因为他们把目的订得太高了（C），

第三单元

非要进世界500强的企业不可。

D

**五、用句后括号中的词语完成句子。**

1. 提高修养，增长知识，这是＿＿＿＿＿＿＿＿。（目标　追求）
2. 射击前，要＿＿＿＿＿＿＿＿。（目标）
3. 你在背后说别人的坏话，＿＿＿＿＿＿＿＿？（目的）

## 参考答案

一、1. ①A ②A　2. ①B ②C　3. ①B ②D

二、1. ×　改为：小王接近那位漂亮姑娘的目的不纯。

2. √

3. √

4. ×　改为：我们离目的地越来越近了。

三、1. 目的　2. 目的　3. 目标　4. 目标

四、1. A　改为：我写这本书的目的

2. C　改为：是因为他们把目标订得太高了

五、1. 提高修养，增长知识，这是<u>我们应该追求的生活目标</u>。

2. 射击前，要<u>看清目标</u>。

3. 你在背后说别人的坏话，<u>有什么目的</u>？

# 后编 形容词

## 第一课 优良、优秀、优异 亲切、亲热、亲爱

### 优良、优秀、优异

讲一讲

“优良”经常形容动植物品种、材料、成绩、作风、传统、武器装备等的出色。如:

我们已经在全县推广了这种优良的小麦品种。

这位同学学习努力,成绩优良,多次得到老师的表扬。

发扬中华民族的优良传统在当代社会显得非常重要。

装备优良的敌军竟是这样脆弱,这是谁都没有想到的事。

“优秀”经常形容成绩、人、人的道德品行、文艺作品等的出色。如:

该生成绩优秀,每年都能得到奖学金。

中华民族的优秀儿女在南极建立了一座新的“长城”。

最近几年,她已经在这本杂志上发表了不少优秀作品。

被选中的同志不但要能力出众,更重要的是必须具有无私奉献的优秀品质。

“优异”经常形容人的天赋、素养、才能、表现、成绩以及物品的性能、质量、效果等非常好,超出一般。如:

19 岁时,张华以优异的成绩考入了北京大学。

这位歌手在演唱时充分发挥了她优异的嗓音天赋。

现在市场上的相机种类繁多,性能优异。

这家公司在大规模更新产品品种的同时,始终注意保持优异的产品质量。

提示

"优良""优秀""优异"的区别

| 词语 | 语义 | 常用搭配 |
|---|---|---|
| 优良 | 比较好 | 成绩～ 品德～ 作风～ 性能～ 质地～ 产品～ 质量～<br>～(的)品德 ～(的)材料 ～(的)品质 ～(的)品种 ～(的)树种 ～(的)港口<br>～(的)武器装备 ～(的)导体 ～(的)技术 ～(的)传统 ～(的)风气 |
| 优秀 | 非常好 | 成绩～<br>～(的)成绩 ～(的)品德 ～(的)人才 ～(的)历史人物 ～(的)作家<br>～(的)科学家 ～(的)学生 ～(的)管理者 ～(的)企业 ～(的)小说<br>～(的)诗歌 ～(的)论文 ～(的)文化 ～(的)事迹 ～(的)成果 ～(的)品质 |
| 优异 | 特别突出的好 | 成绩～ 表现～ 性能～<br>～的成绩 ～的才能 ～的嗓音 ～的天赋 ～的技术 ～的素养<br>～的产品质量 ～的防治效果 |

1. "优秀""优良""优异"都可形容成绩好,程度有高低,"优良"是比较好,"优秀"是很好,"优异"的程度最高,表示十分突出地好。"优秀"和"优异"可以受"很、非常、特别"等修饰,"优良"不能。

2. 应注意这三个形容词各自独有的搭配,如"优秀"常用来形容人和人的精神成果(论文、文艺作品、文化)等;"优良"常用来形容品种、武器、作风、材料等;"优异"可形容人天生所具备的才能、天赋、素养等。这些搭配一般不能换成另外的近义词。

练一练

**一、HSK 仿真题:在下面的答案中选择唯一正确的填在横线上。**

1. 17 岁时,李丽以全省第一名的______成绩考入了这所全国最著名的大学。
A. 优良 B. 优异 C. 优秀 D. 优美

2. 我们需要在课本中增加一定数量的______的文艺作品。
A. 优良 B. 优异 C. 优秀 D. 优点

3. 我国的水稻有大量的______品种,并不需要到国外去引进。
A. 优良 B. 优异 C. 优秀 D. 优美

4. 孩子的成绩一直很______,妈妈非常高兴。
A. 优良 B. 优异 C. 优秀 D. 优美

**二、用"优良""优秀""优异"填空。**

1. 在建造这座世界闻名的跨海大桥的过程中,涌现了大量的________工程技术人员。
2. 中国丝绸品种丰富,颜色艳丽,质地________。
3. 勤劳朴实是中华民族的________作风。
4. 这种农药对许多害虫有________的防治效果。
5. 这本书记录了许多企业家的________事迹。

三、用句后括号中的词语完成句子。

1. 对留学生来说，____________可以提高汉语水平。（优秀作品）

2. 尽管现在生活富裕了，但____________。（艰苦朴素优良）

3. 经过多年努力，科学家终于培育________________。（优良品种）

4. 无论一个人的天赋__________，如果不努力，还是不能取得成功。（优异）

## 参考答案

一、1. B　2. C　3. A　4. C

二、1. 优秀　2. 优良　3. 优良　4. 优异　5. 优秀

三、1. 对留学生来说，多阅读一些优秀的中国文学作品可以提高汉语水平。

2. 尽管现在生活富裕了，但我们还需要继续保持艰苦朴素的优良传统。

3. 经过多年努力，科学家终于培育出这种优良的玉米品种。

4. 无论一个人的天赋有多么优异，如果不努力，还是不能取得成功。

# 亲切、亲热、亲爱

## 讲一讲

“亲切”可以作形容词，有两个意思。一是亲密、亲近。常作谓语、状语、定语和宾语。如：

这位老者表情开朗、态度亲切，他那深邃的目光，让人感到智慧无穷，可以信赖。

大家都亲切地称她为小陈老师。

二是形容热情而关心。常作定语和状语。如：

这里的每个服务员都对顾客报以亲切的微笑。

“亲热”有两个意思。一是形容词，亲密而热情。常作谓语、状语、定语，可以 AABB 式重叠。如：

大伙儿就像久别重逢的亲人一样，亲热极了。

乡亲们围着子弟兵，亲亲热热地问长问短。

二是动词，表示亲密和喜爱。常作谓语，可以 ABAB 式重叠。如：

每次出差回家，他总要先跟孩子亲热。

每次回家小晶要做的第一件事就是和她家的小狗好好亲热亲热。

“亲爱”是属性词，表示关系密切的，感情深厚的。常作定语，也可以作状语，可以 AABB 式重叠，后加“的”可以单独用，是对爱人的一种称呼。如：

亲爱的爸爸，儿子每日每夜都在思念你。

书中有一幅画，画着书中的主人公（一男一女）亲爱地依偎在一起。

结婚久了，夫妻间便没有了从前那种亲亲爱爱。

亲爱的，牛奶会有的，面包也会有的。

**提示**

"亲切""亲热""亲爱"的区别

| 词语 | 语义特点 | 作动词 | 作谓语 | 重叠 | 常用搭配 |
|---|---|---|---|---|---|
| 亲切 | 亲密、亲近 | － | ＋ | － | 态度～ 感觉～ ～的称呼 |
| | 形容热情而关心 | － | － | － | ～的眼神 ～的笑容 ～的问候 ～的话语 ～的声音 |
| 亲热 | 亲密而热情 | － | ＋ | ＋ | 态度～ ～的笑容 ～的举动 |
| | 表示亲密和喜爱 | ＋ | ＋ | ＋ | 好好～ 和……～ |
| 亲爱 | 关系密切的，感情深厚的 | － | － | ＋ | ～的 ～的祖国 ～的母亲 ～的老师 |

1．"亲热"可以作动词，"亲切""亲爱"不可以(详见上)。

2．第一种意思是"亲切"和"亲热"可以作谓语，"亲爱"不可以(详见上)。

3．"亲热"和"亲爱"可以重叠，"亲切"不可以。

4．第一种意思是"亲切"常和"觉得""感觉"搭配作宾语，"亲热"和"亲爱"不能作宾语。如：

师兄师姐的热情接待让新生们像回到自己家似的感到亲切与温暖。

＊师兄师姐的热情接待让新生们像回到自己家似的感到亲热/亲爱与温暖。

5．"亲切"是对感觉的描写，主要用于形容那些能够被感知的表情、动作或语言；"亲热"主要指人与人之间的态度、外表，常形容态度、表情、行动等；"亲爱"指亲近，感情好，表示与所爱者关系密切，只用来形容人与人之间的关系。如：

小强每天擦黑板、收拾教室，想取得老师的好感，哪怕是一个亲切的眼神也好。

她不喜欢第一次见面就拥抱，所以躲开了对方这种亲热的举动。

老师，我是你从小照顾大的，你就是我最最亲爱的妈妈。

6．"亲热"可指双方，也指单方；"亲切"多指单方，有时也指双方。如：

他们好几天没有见面了，一见面觉得格外亲热。

他很亲热地拍拍卢小波的肩，又为他倒了一杯茶。

听到话筒里传来的柔和、亲切的声音，一个18岁的新兵动情地哭了好长时间。





## 练一练

**一、HSK 仿真题：在下面的答案中选择唯一正确的填在横线上。**

1．西方人喜欢用拥抱来表示__①__，但是我们中国人觉得拥抱太过__②__。

①A．友情　B．友好　C．友谊　D．友爱

②A．亲切　B．亲热　C．亲爱　D．亲情

2．__①__的，你每次回来都这么__②__，孩子们想和你__③__都来不及。

①A．亲切　B．亲爱　C．亲热　D．亲密

②A．匆忙　B．急忙　C．慌忙　D．忙乱

③A．亲切　B．亲爱　C．亲热　D．亲密

3. 总统向站着的___①___群众___②___问好，广场上立刻响起一片___③___的掌声。

①A. 大概　B. 大量　C. 大批　D. 大多

②A. 亲切　B. 亲爱　C. 亲热　D. 亲密

③A. 激烈　B. 猛烈　C. 剧烈　D. 热烈

**二、判断正误并改正错句（正确的打“√”，错误的打“×”）。**

1. 胡富国的话使农民感到很实在，很亲切，很像自家人。

2. 每天工作10多个小时，回到家里只想往床上躺，连与家人亲切的机会也日渐减少。

3. 在“你好”之后再重复一遍对方的名字，是一种亲切而礼貌的反应。

4. 他喜欢在和别人说话时拍拍对方的肩膀以示亲爱。

**三、HSK仿真题：找出下面句子中错误的部分并改正。**

1. 记者同志，说来不怕你笑话，夫妻两人这么长时间没见，见了总要亲爱亲爱吧。
A　B　C　D

2. 她看见他开心得像个孩子，搂着他的脖子又笑又跳又叫，用几千种亲热的名称来呼唤他，这使他觉得所有的委屈都有了代价。
A　B　C　D

**四、用句后括号中的词语完成句子。**

1. 校长总是能叫出每个学生的名字，和他在一起，我们____________。（亲切）
2. 他们分别已7年，今天在这儿__________。（亲热）
3. ____________，你们身体还好吗？（亲爱）
4. 他刚来到这个陌生的城市，____________，特别激动。（亲切　家乡话）

## 参考答案

一、1. ①B ②B　2. ①B ②A ③C　3. ①C ②A ③D

二、1. √

2. ×　改为：每天工作10多个小时，回到家里只想往床上躺，连与家人亲热的机会也日渐减少。

3. √

4. ×　改为：他喜欢在和别人说话时拍拍对方的肩膀以示亲热。

三、1. D　改为：见了总要亲热亲热吧

2. C　改为：用几千种亲切的名称来呼唤他

四、1. 校长总是能叫出每个学生的名字，和他在一起，我们<u>觉得很亲切</u>。

2. 他们分别已七年，今天在这儿<u>相见格外亲热</u>。

3. <u>亲爱的爸爸妈妈</u>，你们身体还好吗？

4. 他刚来到这个陌生的城市，<u>听到家乡话，感到特别亲切</u>，特别激动。

# 第二课 充分、充足、充沛 大量、大批

## 充分、充足、充沛

### 讲一讲

“充分”可以作形容词，有两个意思。一是表示“足够”，多用于抽象事物。可作谓语、定语、状语和补语。如：

你不觉得自己的这个理由充分得过了头吗？

大学成绩对球员进入NBA是很重要的，但不是充分条件。

他们的准备工作做得很充分，所以是很有希望胜利的。

这件事充分说明了大学生提高生活自理能力的必要性。

二是表示“尽量”，一般作状语。如：

我们充分利用有利条件争取早日完成任务。

在比赛中，要使每个人都能充分发挥个人的长处，做到人尽其才。

“充足”可以作形容词，表示“多到能满足需要”，多用于具体的事物。如：

这间房子是向阳的，光线很充足，对你画画儿很有利。

“充足”也可以修饰抽象名词，但仅限于“理由、论据”等。可作谓语、定语，一般不作状语和补语。如：

在单位里请假很难的，必须要有充足的理由。

“充沛”可以作形容词，表示充足而旺盛，既可以用于具体事物，也可以用于“精力、体力、感情”等抽象事物。如：

鸡公山的雨量很充沛，气候宜人，植物有1 200多种。

人们常常需要午睡以保证下午能有充沛的精力。

### 提示

“充分”“充足”“充沛”的区别

| 词语 | 语义特点 | 单独作状语 | 用于具体事物 | 用于抽象事物 | 常用搭配 |
|---|---|---|---|---|---|
| 充分 | 足够 | + | − | + | 理由～ 论据～ 论证～ 准备～ ～说明 ～证明 ～表现 ～展现 |
| | 尽量 | + | − | + | ～利用 ～发挥 ～发表 ～表现 ～相信 |

续表

| 词语 | 语义特点 | 单独作状语 | 用于具体事物 | 用于抽象事物 | 常用搭配 |
|---|---|---|---|---|---|
| 充足 | 多到能满足需要 | － | ＋ | ＋ | 阳光～ 光线～ 资源～ 劳力～ 睡眠～ 理由～ 论据～ |
| 充沛 | 充足而旺盛 | － | ＋ | ＋ | 感情～ 精力～ 体力～ 雨水～ 资源～ |

1．“充分”有尽量的意思，“充足”和“充沛”没有这样的意思(详见上)。

2．“充足”多用于比较具体的事物，如粮食、储备、工具、光线等，只能形容少数抽象名词。“充分”多形容较抽象的事物。“充沛”既可以指具体事物，如雨水、资源等，也可以修饰说明抽象的事物，如精力、感情等(详见上)。

3．“充沛”有旺盛的意思，所以可以修饰“精力”等抽象名词。如：

我们请来的教授虽然年纪大，但是精力都还很充沛。

*我们请来的教授虽然年纪大，但是精力都还很充足/充分。

4．“充分”常单独作状语，“充足”和“充沛”则不能。有些句中的谓语动词只能受“充分”修饰。如：

每个大学生在毕业时都想进好的单位充分施展自己的才华。

5.“充足”和“充沛”只有和名词构成主谓短语才能作状语。这种用法并不多见。如：

比赛正式日程不过6天，可他们却理由充足地安排为12天。

中国队在半决赛中能否精力充沛地打满全场，令人担忧。

## 练一练

**一、HSK 仿真题：在下面的答案中选择唯一正确的填在横线上。**

1．作品__①__于世的女作家一头短发，谈笑风生，看上去亲切随和而精力__②__。

①A．有名　B．闻名　C．著名　D．出名

②A．充足　B．充沛　C．充分　D．充实

2．干部们要__①__了解和考虑到群众的要求，使各种社会问题得到__②__的解决。

①A．充分　B．充足　C．充沛　D．充裕

②A．公平　B．公正　C．公道　D．平等

3．小鱼__①__地栖息在水底，说明水里氧气__②__，外界气压高，是晴天的预兆。

①A．安静　B．平静　C．寂静　D．冷静

②A．充足　B．充分　C．充沛　D．充实

**二、判断正误并改正错句(正确的打“√”，错误的打“×”)。**

1．不管是在课堂上还是在课外，都要充分考虑儿童的兴趣和能力。

2．近来，全市的蔬菜供应数量充沛，品种丰富，价格平稳。

3．有很多人从小地方考到大城市，由于有充足的时间准备，考分较高，但是水平却一般。

三、HSK 仿真题:找出下面句子中错误的部分并改正。

1. 她不再回避在学校的失败(A),而是认真总结经验教训(B),充足利用大学这个良好的环境(C),有意识地弥补自己的不足(D)。

2. 江南地区雨水充沛(A),日照不够充分(B),但是气候方面的原因(C),并不能充分解释这种现象的发生(D)。

四、用句后括号中的词语完成句子。

1. 做每件事之前,我们__________的准备。(充分)
2. 人休息好,才能精神好,因此,每天应保证__________。(充足)
3. 这次应该选谁当代表,希望大家__________。(充分)
4. 我每天早上为孩子做美味早餐,让她上午__________上课。(充沛)

## 参考答案

一、1. ①B ②B 2. ①A ②B 3. ①A ②A

二、1. √

2. × 改为:近来,全市的蔬菜供应数量充足,品种丰富,价格平稳。

3. × 改为:有很多人从小地方考到大城市,由于有充分的时间准备,考分较高,但是水平却一般。

三、1. C 改为:充分利用大学这个良好的环境

2. B 改为:而日照不够充足

四、1. 做每件事之前,我们<u>都要有充分</u>的准备。

2. 人休息好,才能精神好,因此,每天应保证<u>充足的睡眠</u>。

3. 这次应该选谁当代表,希望大家<u>充分发表自己的意见</u>。

4. 我每天早上为孩子做美味早餐,让她上午<u>能有充沛的精力</u>上课。





# 大量、大批

## 讲一讲

"大量""大批"这两个词都是形容词,表示数量很多。"大批""大量"都是非谓形容词(属性词),不能作谓语,也不能接受程度副词的修饰,一般在句中作定语。

"大量"表示个体的数量很多。使用范围较大,可以用于具体事物,也可以用于抽象事物。如:

他们家族拥有大量的工厂和土地。

完成这个任务需要大量的时间和精力。

“大量”也可以表示气量大，能容忍。如：

您大人有大量，不会跟我们一般计较吧？

王教授一向宽宏大量，这件事情他才不会放在心上呢。

“大批”表示每一次、每一批的数量很多。一般只用于具体事物，通常是数量较大的货物和人。如：

大批电子产品被运到了国内。

我们刚刚进了大批货物，最近没有新的进货计划了。

“大批”不能修饰抽象名词，下面的句子是错的：

*为了这次考试，我投入了大批精力。

*没有大批时间是不可能完成这个计划的。

“大批”前可以加数量词“一”，表示数量非常大。“大批”还可以重叠为“大批大批”，表示很多“批”。“大量”没有这些用法。如：

一大批货物从这里偷偷运到国内。

大批大批货物从上海运到世界各地。

**提示**

“大量”和“大批”的区别

| 词语 | 语义特点 | 形容对象 | 接受“一”的修饰 | 重叠式 ABAB |
|---|---|---|---|---|
| 大量 | 表示个体的数量多 | 具体物体抽象事物 | − | − |
| 大批 | 表示每一批的数量很多 | 具体事物，特别是数量较大的货物和人 | + | + |

## 练一练

**一、HSK 仿真题：在下面的答案中选择唯一正确的填在横线上。**

1. 石油和天然气在燃料燃烧过程中也向大气排入______二氧化碳。

A. 大多　　B. 大量　　C. 大约　　D. 大批

2. 我们学校拥有一______优秀的留学生，通过努力学习，全部通过了 HSK。

A. 大多　　B. 大量　　C. 大约　　D. 大批

3. 海南岛因风景秀丽吸引着______的外国友人来旅游。

A. 大批大批　　B. 大量　　C. 大约　　D. 大体

4. 谁会没有缺点？我们要宽宏______地对待别人的小错误和小缺点。

A. 大量　　B. 总量　　C. 多批　　D. 大批

**二、用“大批”“大量”填空。**

1. 昨天，公司进了一__________这种产品。

2. 这场官司耗费了他们公司__________精力。

3. 听说那里的灾民们缺吃少穿，__________ __________的救援物资开始运往灾区。

**三、HSK 仿真题:找出下面句子中错误的部分并改正。**

1. 大批农村劳动力的进入(A),一方面为城市提供了充沛的劳动力(B),但另一方面(C),也引起了大量的社会问题(D)。

2. 在西藏一年多的游览和考察(A),使我获得了大批的知识(B),又从民间语言中汲取了丰富的养料(C),给我的写作打下了重要的基础(D)。

3. 这部书原来是为少年儿童写的(A),后来知道在读者中(B),不仅有一大量青年学生、职工(C),还有相当一部分老人(D)。

**四、用句后括号中的词语完成句子。**

1. 这个职业技术学校为社会__________。(大批)
2. 为了写好这篇论文,我查阅了__________,收集了很多资料。(大量)
3. 我知道是我错了,您大人__________,原谅我这一次吧。(大量)

## 参考答案

一、1. B 2. D 3. A 4. A

二、1. 大批 2. 大量 3. 大批 大批

三、1. B 改为:一方面为城市提供了充足的劳动力

2. B 改为:使我获得了大量的知识

3. C 改为:不仅有一大批青年学生、职工

四、1. 这个职业技术学校为社会<u>输送了大批技术工人</u>。

2. 为了写好这篇论文,我查阅了<u>大量报刊杂志</u>,收集了很多资料。

3. 我知道是我错了,您大人<u>有大量</u>,原谅我这一次吧。

# 第三课 活泼、活跃 坚固、牢固 坚定、坚决

## 活泼、活跃

### 讲一讲

“活泼”主要表示生动、自然，有活力。常常形容人或动物的性格、神态、举止等，也常常形容语言、文字、表演等。如：

他家最近养了一只非常活泼的小狗。

这篇文章语言活泼、内容生动，大家都非常喜爱。

鱼在水里活泼地游着。

“活跃”主要表示行动积极的意思，常常形容气氛、行动、思想等。如：

这个老师上课的时候，课堂气氛特别活跃。

这是一个内地的城市，思想保守，学术气氛很不活跃。

他是我们班最活跃的一个人！

“活跃”还可以作动词，表示“使……活跃”，后面可以带宾语。如：

为了活跃课堂气氛，老师做了一个小游戏。

这次活动活跃了大家的课外生活。

### 提示

“活泼”和“活跃”的区别

| 词语 | 语义特点 | 形容对象 | 通常形容的名词 | 作动词 |
|---|---|---|---|---|
| 活泼 | 表示生动、有活力 | 常常形容人或动物的性格、神态、举止等，也常常形容语言、文字、表演等。 | 孩子、动物、语言、表情、文字、性格、年轻人、动作等 | − |
| 活跃 | 表示行动积极 | 常常形容气氛、行动、思想等 | 思想、气氛、氛围、表现、因素、时期、状态、情绪等 | + |

## 练一练

**一、HSK 仿真题：在下面的答案中选择唯一正确的填在横线上。**

1. 这个歌舞节目形式十分__①__，表演时气氛非常__②__。

①A. 活跃　B. 活动　C. 活泼　D. 活

②A. 激烈　B. 热烈　C. 猛烈　D. 剧烈

2. 新的法律对于______市场经济起到了很大的作用。

A. 活跃　B. 活动　C. 活泼　D. 生动

3. 你的这篇文章的语言风格有点儿太__①__了，不够__②__，能不能改一下？

①A. 严厉　B. 严肃　C. 严重　D. 严格

②A. 活跃　B. 活动　C. 活泼　D. 活

4. 他的两个孩子，一个__①__好动，一个却比较__②__。

①A. 活跃　B. 活动　C. 活泼　D. 生动

②A. 安静　B. 平静　C. 宁静　D. 冷静

**二、用"活泼""活跃"填空。**

1. 上课的时候，美国的学生一般比中国学生__________。
2. 李东的性格很死板，一点儿也不__________，我不喜欢他。
3. 他是我们班的__________分子，什么事情都少不了他！
4. 只有形式生动__________的广告才能吸引人。

**三、HSK 仿真题：在下面的 A、B、C、D 中选择最接近画线词语的解释。**

1. 做事情要<u>活</u>，要动脑子，想法子。

A. 活泼　B. 活跃　C. 灵活　D. 活动

2. 这段文字非常<u>活泼</u>，不像一个老人写出来的。

A. 活跃　B. 灵活　C. 生动　D. 积极

3. 上课的时候，大家要<u>活跃</u>一点儿。

A. 活泼　B. 灵活　C. 生动　D. 积极

**四、用句后括号中的词语完成句子。**

1. 大卫____________，我们都很喜欢他。（活泼）
2. 在今天的会议上，____________，争着发言。（活跃）
3. 这位老师讲课时，经常会说些幽默的话，____________。（活跃）
5. 这篇小说因情节生动，______________，受到读者的欢迎。（活泼）





## 参考答案

一、1. ①A ②B　2. A　3. ①B ②C　4. ①C ②A

二、1. 活跃　2. 活泼　3. 活跃　4. 活泼

三、1. C　2. C　3. D

四、1. 大卫<u>性格活泼</u>，我们都很喜欢他。

2. 在今天的会议上，大家十分活跃，争着发言。

3. 这位老师讲课时，经常会说些幽默的话，活跃一下课堂气氛。

4. 这篇小说因情节生动，语言活泼，受到读者的欢迎。

## 坚固、牢固

### 讲一讲

这两个词都是形容词，表示结实，不容易损坏的意思。如：

三峡大坝非常牢固，是十分安全的。

"坚固"表示物体材质很硬，比较结实，很难破坏。常用于具体的物体，一般不可以用于人、软的物体和抽象的事物。如：

牙齿是人体最坚固的物体之一。

这几根柱子非常坚固，所以台上可以容纳上百人。

*他的身体很坚固。（应该用"结实"）

*这根绳子特别坚固。（绳子是"软"的，一般不用"坚固"，而用"结实"）

"牢固"一般表示物体与物体之间连接很紧，不容易分开。如：

这张床很牢固，睡三个人没问题。

你的这些家具牢固不牢固？

"牢固"还可以表示人和人的关系紧密，以及用于思想、感情、信念、精神等各种抽象的事物。如：

他们俩的关系别提多牢固了，都一起生活十几年了。

这几个词我记得很牢固，考试的时候不会忘的。

"牢固"还可以作状语。如：

我们要牢固树立为人民服务的思想。

### 提示

"牢固"和"坚固"的区别

| 词语 | 语义特点 | 形容对象 | 通常形容的名词 |
|---|---|---|---|
| 坚固 | 表示物体材质很硬，比较结实，很难破坏 | 常用于具体的物体，一般不可以用于人、软的物体和抽象的事物 | 石头、材料、牙齿、建筑、结构、围墙、房屋、防线、金属等 |
| 牢固 | 一般表示物体之间连接很紧，不容易分开 | 可以用于具体的物体，也可以用于抽象事物 | 关系、基础、感情、信念、习惯、基础、联盟、权力等 |

## 练一练

**一、HSK 仿真题：在下面的答案中选择唯一正确的填在横线上。**

1. 这种材料特别______，很适合用于建筑。

A. 牢固　　B. 坚固　　C. 实在　　D. 坚实

2. 他们俩的关系是非常______的，这一点谁都能看出来。

A. 结实　　B. 牢固　　C. 坚固　　D. 坚实

3. 你这胶水行吗？粘东西______吗？

A. 结实　　B. 坚固　　C. 牢固　　D. 牢靠

**二、用"坚固""牢固"填空。**

1. 这种胶水可以将两块木头__________地粘在一起。
2. 这是一种非常__________的新型材料。
3. 有些重要的内容，光听没有用，要__________地记在脑子里。
4. 只有先打下__________的基础，将来的学习才可能取得较大进步。

**三、HSK 仿真题：找出下面句子中错误的部分并改正。**

1. 巩固知识的过程（A），就是通过记忆把知识结实地保留在头脑中（B），以便在需要时能及时提取出来（C），加以运用（D）。

2. 在楼房的规划及内墙装修、屋顶保温层铺设上（A），尽量做到牢固耐用（B），不图华丽（C），以节约经费（D）。

**四、用句后括号中的词语完成句子。**

1. 他们的感情基础____________，经常闹矛盾。（牢固）
2. 这扇门是由特殊材料制成的，____________，不会坏的。（坚固）
3. 你这飞机模型____________，一碰就掉下来了。（牢固）
4. 在维护边疆治安中，边防战士们筑起了____________。（坚固）

## 参考答案

一、1. B　2. B　3. C

二、1. 牢固　2. 坚固　3. 牢固　4. 牢固

三、1. B　改为：就是通过记忆把知识牢固地保留在头脑中

2. B　改为：尽量做到坚固耐用

四、1. 他们的感情基础＿不太牢固＿，经常闹矛盾。

2. 这扇门是由特殊材料制成的，＿坚固得很＿，不会坏的。

3. 你这飞机模型＿粘得不太牢固＿，一碰就掉下来了。

4. 在维护边疆治安中，边防战士们筑起了＿一道坚固的防线＿。

# 坚定、坚决

## 讲一讲

"坚定""坚决"两个词都是形容词,表示确定、不动摇。可以作谓语、宾语和状语。如:

他的态度很坚决,就是不同意。

做大事,没有坚定的信心怎么行?

我坚决支持你的行动。

"坚定"常常表示思想方面不变更,不动摇。常常形容观点、信念、立场、意志、信心、方向等。如:

他是一名立场坚定的好战士。

我们的信念一定要坚定不移!

在战争年代,他表现出了极其坚定的意志。

"坚定"可以作动词,表示"使……坚定"。如:

想要成功,首先就要坚定自己的信心!

"坚决"常常表示态度、行为方面不犹豫。常常形容态度、主张、行动等。如:

我们要坚决反对这种不良思想。

我国坚决主张通过和平方式解决争端。

**提示**

"坚定"和"坚决"的区别

| 词语 | 语义特点 | 形容对象 | 通常形容的名词 | 作状语 |
|---|---|---|---|---|
| 坚定 | 表示思想方面不变更、不动摇 | 观点、信念、立场、意志、信心、方向等 | 信心、信念、意志、立场、方向、信仰、基础、表现、脸色、步伐、结论、语义、脚步等 | 可以,一般要用"地" |
| 坚决 | 表示态度、行为方面不犹豫 | 态度、主张、行动等 | 态度、主张、斗争、立场、口气等 | 可以,一般不需要加"地" |

"坚决""坚定"都可以作状语,"坚决"一般不需要用"地","坚定"一般需要用"地"。如:

我们坚决反对使用武力。

王女士坚定地主张真正的男女平等。

## 练一练

**一、用"坚决""坚定"填空。**

1. 我们________反对厂家的这种不负责任的行为。

2. 你的立场怎么这么不________，总是变来变去。

3. 你要先________自己的信心，然后再谈学习技巧。

**二、HSK 仿真题：找出下面句子中错误的部分并改正。**

1. 作决定以前（A），都可以公开地发表自己的意见（B）；在作出决定以后（C），就必须坚定执行（D）。

2. 克服困难（A），首先要树立坚决的自信心（B），不论发生什么样的环境变化（C），自己仍一如既往地去做自己认为是对的事情（D）。

**三、用句后括号中的词语完成句子。**

1. 既然选择了这条路，我就要____________。（坚定）

2. 在这个问题上，我们都____________你的主张。（坚决）

3. 他做起事情来，一向____________。（坚决）

## 参考答案

一、1. 坚决　2. 坚定　3. 坚定

二、1. D　改为：就必须坚决执行

2. B　改为：首先要树立坚定的自信心

三、1. 既然选择了这条路，我就要<u>坚定地走下去</u>。

2. 在这个问题上，我们都<u>坚决支持</u>你的主张。

3. 他做起事情来，一向<u>坚决果断</u>。

# 第四课 宝贵、可贵、珍贵、贵重 和蔼、和气、温柔、温和

## 宝贵、可贵、珍贵、贵重

### 讲一讲

“宝贵”“可贵”“珍贵”“贵重”这四个词的意思是价值很高，但意思和形容对象有所差别。

“宝贵”指具有较高的利用价值，或者本身价值比较高，因此值得珍惜。常常形容资源、生命、时间、经验、意见、财富等。如：

父母的经验，对孩子来说是非常宝贵的。

森林是人类宝贵的财富。

为了自由，数以万计的人献出了宝贵的生命。

请各位提出自己宝贵的意见。

“珍贵”强调的是数量少，不常见，所以要保护、珍惜。常常形容文物、动植物、礼物、矿物等。也常常形容意义深刻，值得怀念。如：

大熊猫是一种珍贵的国家保护动物。

这件衬衫是总理送给我的，所以特别珍贵。

博物馆这次展出了一些首次亮相的珍贵文物。

“可贵”着重表示很难得，不容易产生，常常修饰行动、精神、品质、思想等。如：

放弃城市生活而要求去贫困地区工作，这是非常可贵的精神。

在三千年前就能有这样的思想，是孔子的可贵之处。

“贵重”表示物品的价格很高，价钱很贵。如：

对农村的孩子来说，一块手表已经是很贵重的物品了。

请大家自己保管好贵重物品。

### 提示

“宝贵”“珍贵”“可贵”“贵重”的区别

| 词语 | 语义特点 | 通常形容的名词 |
|---|---|---|
| 宝贵 | 表示具有较高的利用价值，或者本身价值较高，所以需要珍惜 | 资源、生命、时间、经验、意见、财富，思想、精力、史料、品格、名誉、健康、机会、资料等 |
| 珍贵 | 表示数量少，不常见，需要珍惜 | 文物、动物、植物、礼物、矿产、资料、回忆、遗产、艺术品、纪念品、文物、友谊、感情等 |

续表

| 词语 | 语义特点 | 通常形容的名词 |
| --- | --- | --- |
| 可贵 | 表示很难得,不容易产生 | 精神、行动、品质、想法、素质、品质、思想等 |
| 贵重 | 表示物品的价格很高 | 礼物、物品、行李等 |

## 练一练

**一、HSK 仿真题:在下面的答案中选择唯一正确的填在横线上。**

1. 很多人为了理想,宁愿献出______的生命。

A. 宝贵　　B. 珍贵　　C. 可贵　　D. 贵重

2. 英雄的这种舍己救人的______品质值得我们学习。

A. 宝贵　　B. 珍贵　　C. 可贵　　D. 贵重

3. 这支笔并不贵,但是对我来说,却比什么笔都要______。

A. 宝贵　　B. 珍贵　　C. 可贵　　D. 贵重

4. 这本记录本记录着很多顾客______的意见。

A. 宝贵　　B. 珍贵　　C. 可贵　　D. 贵重

5. 他得了一种奇怪的病,每天都必须使用一些______的药品,所以费用惊人。

A. 宝贵　　B. 珍贵　　C. 可贵　　D. 贵重

6. 钻石是最______的饰品之一。

A. 宝贵　　B. 珍贵　　C. 可贵　　D. 贵重

**二、HSK 仿真题:在下面的 A、B、C、D 中选择最接近画线词语的解释。**

1. 人们常常说"金贵",实际上,自然界还有很多中比黄金更<u>贵</u>的金属。

A. 宝贵　　B. 珍贵　　C. 贵重　　D. 可贵

2. 这只杯子并不<u>值钱</u>①,但在我心里,它却比什么都<u>重</u>②。

①A. 宝贵　　B. 贵重　　C. 可贵　　D. 珍贵

②A. 宝贵　　B. 珍贵　　C. 可贵　　D. 贵重

**三、HSK 仿真题:找出下面句子中错误的部分并改正。**

1. 桑树的叶子可以喂蚕(A),木材中心为黄色(B),质坚而致密(C),是可贵的木料(D)。

2. 野生动物是一种珍贵的自然资源(A),是人类的贵重财富(B),我们要保护野生动物,尤其是珍稀动物(C),建立自然保护区(D)。

3. "生命诚可贵,爱情价更高(A);若为自由故,两者皆可抛(B)",这种思想是十分珍贵的(C),值得我们学习(D)。

四、用句后括号中的词语完成句子。

1. 对我来说，没有比时间__________。（宝贵）

2. 这__________的植物，现在已经越来越少了。（珍贵）

3. 在危难的时刻，他首先想到的不是保护自己，而是保护身边的老人和孩子，这种__________。（可贵）

4. 我们是朋友，我永远不会忘记我们俩之间__________。（珍贵）

5. 旅行的时候，__________携带。（贵重）

参考答案

一、1. A 2. C 3. B 4. A 5. D 6. D

二、1. C 2. ①B ②A

三、1. D 改为：是贵重的木料

2. B 改为：是人类的宝贵财富

3. C 改为：这种思想是十分可贵的

四、1. 对我来说，没有比时间更宝贵的东西了。

2. 这是一种很珍贵的植物，现在已经越来越少了。

3. 在危难的时刻，他首先想到的不是保护自己，而是保护身边的老人和孩子，这种精神十分可贵。

4. 我们是朋友，我永远不会忘记我们俩之间珍贵的友谊。

5. 旅行的时候，贵重物品要随身携带。

## 和蔼、和气、温柔、温和

讲一讲

"和蔼"，形容词，指态度温和，容易接近。褒义词，多用来形容长辈。用于书面语，较庄重。作定语、谓语、状语。如：

孩子们都非常喜欢这位和蔼可亲的老师。

不要紧张，我们领导和蔼得很。

主席和蔼地微笑着，和我们挥手告别。

"和气"多指人待人接物的态度；褒义词，适用于各类人。书面语和口语都可用。

"和气"有三个意思。一是形容词，指人的态度不严厉、不粗暴，使人感到亲切。作定语、谓语、状语。如：

杨经理说话特别和气。

老张和气地对她说："别着急，再想想办法。"

王老师一说话就给人一种和气的感觉。

二是形容词，表示人与人相处融洽友爱，不争吵。作谓语、补语。如：

经过那件事之后，同事之间变得和气多了。

虽然刚认识没多久，但他们之间关系不错，彼此都很和气。

三是名词，指和谐的气氛、融洽的感情。常作“伤”等的宾语。如：

有话慢慢说，别伤了和气。

他们虽然不喜欢对方，但是双方都掩饰自己，而表面上保持一团和气。

“温柔”是形容词，多描写女性的性格温和柔顺，不强硬、不粗暴。褒义词。作定语、谓语、状语。如：

小丽很温柔，公司的同事都很喜欢她。

每唱完一首歌，她就会温柔地向观众鞠躬。

海水轻轻地抚摸着沙滩，发出温柔的刷刷声。

“温和”(wēnhé)是形容词，有两个意义。一是指不冷不热。常用来形容气候、阳光等。作定语、谓语。如：

昆明气候温和，四季如春。

四月的苏州，草木发芽，温和的阳光洒满大地。

二是指不严厉、不粗暴，使人感到亲切。常用来形容人的性情、态度、言语等。作定语、谓语、补语、状语。如：

她看见爸爸的脸色温和下来了，才敢继续把刚才的话题说下去了。

老师正用关切而温和的目光给在台上演讲的同学打气。

妈妈温和地说：“傻孩子，别担心，一切都会过去的。”

一看到小丽进来，他的语气立刻变得温和了。

**提示**

“和蔼”“和气”“温柔”“温和”的区别

| 词语 | 词性与语义特点 | 语体色彩 | 常用搭配 |
|---|---|---|---|
| 和蔼 | 形容词，态度温和、容易接近，多形容长辈 | 褒义，多用于书面语 | ~可亲　慈祥~　~地说<br>~的神情/目光(不能重叠) |
| 和气 | 形容词，指待人接物的态度不严厉、不粗暴，使人感到亲切 | 褒义，兼用于书面语和口语 | 对人~　说话~<br>和和气气 |
|  | 形容词，相处融洽友爱，不争吵 |  | ~生财 |
|  | 名词，指和谐的气氛、融洽的感情 |  | 伤了~　保持一团~ |
| 温柔 | 形容词，性格温和柔顺，多形容女性 | 褒义，兼用于书面语和口语 | ~的女人　~地笑了笑<br>(不能重叠) |
| 温和 | 形容词，不冷不热。常用来形容气候、阳光等 | 中性词，兼用于书面语和口语 | 气候~　~的阳光<br>(不能重叠) |
|  | 不严厉、不粗暴，使人感到亲切。常用来形容人的性情、态度、言语等 |  | 不能重叠 |

“和气”作形容词时，可重叠成AABB式；而其他三个形容词都不行。如：

一家人和和气气的，就是幸福美满的生活。

## 练一练

**一、HSK 仿真题：在下面的答案中选择唯一正确的填在横线上。**

1. 事情虽然已经过去 20 多年了，但是老人那__①__可亲的面容，和他所带给我的__②__，依然深刻留在我的记忆里。

①A. 和气　　B. 温和　　C. 温柔　　D. 和蔼

②A. 暖和　　B. 温暖　　C. 温和　　D. 温柔

2. 他们两家是老邻居了，日子过得也都很__①__，一起__②__地住了 10 年了。

①A. 简单　　B. 容易　　C. 简简单单　　D. 容容易易

②A. 温温和和　　B. 温温柔柔　　C. 和和气气　　D. 和和蔼蔼

3. 他就是让女朋友脸上__①__甜美的__②__给迷住的。

①A. 温和　　B. 温柔　　C. 和气　　D. 和蔼

②A. 表情　　B. 神情　　C. 脸色　　D. 神色

4. 那__①__，他明明知道小王在背后说他的坏话，但是他仍然是一团__②__，以朋友相待。

①A. 时期　　B. 时代　　C. 时间　　D. 时候

②A. 和蔼　　B. 和气　　C. 温柔　　D. 温和

5. 总理用__①__的语气和__②__的笑容，给在场的每一个工人带来了__③__。

①A. 温和　　B. 温柔　　C. 和蔼　　D. 和气

②A. 亲爱　　B. 亲切　　C. 亲热　　D. 热爱

③A. 温和　　B. 和气　　C. 温暖　　D. 暖和

**二、在下面的 A、B、C、D 中选择最接近画线词语的解释。**

1. 每次我回答错了的时候，王老师总是<u>和蔼</u>地说："没关系。"

A. 温柔　　B. 和气　　C. 温暖　　D. 暖和

2. 看到她<u>温和</u>的目光，我感到不太紧张了。

A. 温柔　　B. 温暖　　C. 暖和　　D. 和气

**三、HSK 仿真题：找出下面句子中错误的部分并改正。**

1. <u>朋友之间</u>，<u>有问题就应该明说</u>，<u>不能彼此猜疑</u>，<u>这样最容易伤温和</u>。
　　A　　B　　C　　D

2. <u>我非常喜欢我的家乡</u>，<u>那儿气候温柔</u>，<u>冬天不冷</u>，<u>夏天也不是太热</u>。
　　A　　B　　C　　D

3. <u>虽然他说话的语调非常和蔼</u>，<u>但是态度却非常坚决</u>，<u>小丽知道这次要想说服他</u>，<u>真的很难</u>。
　　A　　B　　C　　D

**四、用句后括号中的词语完成句子。**

1. 他那高大的形象，________________，永远印在我的记忆深处。（和蔼）

2. 老板平时十分严厉，可今天________________，这让玛丽觉得很奇怪。（和气）

3. 他的女朋友________________,朋友们都很羡慕他。(温柔)

4. 听了大卫的解释,她的__________________。(温和)

## 参考答案

一、1. ①D ②B　2. ①A ②C　3. ①B ②A　4. ①D ②B　5. ①A ②B ③C

二、1. B　2. A

三、1. D　改为:这样最容易伤和气

2. B　改为:那儿气候温和

3. A　改为:虽然他说话的语调非常温和

四、1. 他那高大的形象,__和蔼的表情__,永远印在我的记忆深处。

2. 老板平时十分严厉,可今天__比平常和气多了__,这让玛丽觉得很奇怪。

或:老板平时十分严厉,可今天__说话和气多了__,这让玛丽觉得很奇怪。

3. 他的女朋友__又漂亮又温柔__,朋友们都很羡慕他。

4. 听了大卫的解释,她的__脸色温和了下来__。

# 第五课 灵活、灵敏、敏捷、灵巧 激烈、热烈、猛烈、剧烈

## 灵活、灵敏、敏捷、灵巧

### 讲一讲

“灵活”有两个意思。一是指敏捷，不呆板。常作谓语和定语。如：

李丽年纪轻，手脚灵活，浑身是劲。

所有的事情都显示了他是一个脑筋灵活的人。

二是善于根据具体情况随机应变，不拘泥。常作谓语、状语、补语和定语。如：

这个国家的外交手段很灵活。

好的学习方法固然重要，但是采用什么样的方法要根据人的不同情况，灵活运用。

按规定办事是对的，但在某些具体事情的处理上，应该有一定的灵活性。

“灵敏”是指能对刺激迅速作出反应。常作谓语和定语。如：

狗的嗅觉特别灵敏，能够辨别1 000多种不同物质的气味。

当人冻僵时，意识反应和动作灵敏度都会变得很迟钝。

“敏捷”是指（动作、思路等）十分迅速。常作谓语、状语和定语。如：

金丝猴行动十分敏捷，常常成群地生活在一起，由“猴王”率领寻找食物。

有的人在思考问题时，表现得极为敏捷，反应速度也很快。

“灵巧”是指不笨拙，巧妙。常用于形容人的手、身体的活动灵便，或形容手艺、技术高超，物品的精巧等。常作定语和谓语。如：

人类因具有灵巧的手可以制造工具，而区别于其他所有的动物。

陈明对技术上的一些灵巧的新发明，诸如自动门一类东西都有浓厚的兴趣。

### 提示

“灵活”“灵敏”“敏捷”“灵巧”的区别

| 词语 | 语义特点 | 常用搭配 | 固定短语 |
| --- | --- | --- | --- |
| 灵活 | 敏捷，不呆板 | 动作～　手脚～　思维～ | 灵活性 |
|  | 善于随机应变，不拘泥 | 方法～　～办事　～处理　～运用　～多样　～生动 |  |

续表

| 词语 | 语义特点 | 常用搭配 | 固定短语 |
|---|---|---|---|
| 灵敏 | 强调对刺激的迅速反应 | 感官感觉(如嗅觉等)~<br>动作~ 仪器~ 反应~ 心思~ 信息~<br>反馈~ | 灵敏度 |
| 敏捷 | 形容动作、思路等十分迅速,强调“快” | 动作~ 思维~ 才思~ 反应~ | 无 |
| 灵巧 | 不笨拙、巧妙、精巧,多强调“技巧性” | 动作~ 双手~ 双脚~ 心思~ 身材~<br>~的技术 ~的技艺 ~的物品 | 灵巧性 |

以上四个形容词都可以形容“动作”,都可以用于“使”字句,但强调的重点不同。如:

人上了年纪,动作就不像以前那么灵活了。(强调肢体动作)

他在这种时候,精力充沛,精神集中,动作灵敏,思路清晰,一刹那间需要牺牲什么,他就会献出什么!(强调反应快,下同)

大卫动作敏捷,一下把这个家伙推到一边,走进了大厅。(强调动作快,下同)

这个运动员场上作风顽强,跑动范围大,动作灵巧,经常能够直接插上抢点射门。(强调技巧)

## 练一练

**一、HSK 仿真题:在下面的答案中选择唯一正确的填在横线上。**

1. 训练中,消防队员动作______,很快就把火势控制住了。

A. 灵活　B. 灵敏　C. 敏捷　D. 灵巧

2. 铁路四通八达,接触面广,信息__①__,因此,铁路职工思想十分__②__。

①A. 灵活　B. 灵敏　C. 敏捷　D. 灵巧

②A. 活动　B. 灵活　C. 活泼　D. 活跃

3. 犀牛眼睛很小,视力很差,听觉也不十分______。

A. 灵活　B. 灵敏　C. 敏捷　D. 灵巧

4. 这次培训班时间虽然较短,但信息量大,内容丰富,学习方法______多样。

A. 灵活　B. 灵敏　C. 敏捷　D. 灵巧

5. 这些具有______手艺的民族是多么精干聪明,他们已掌握的工程技术知识令人十分佩服。

A. 灵活　B. 灵敏　C. 敏捷　D. 灵巧

6. 他文思______,写文章一篇接着一篇,挥洒自如。

A. 灵活　B. 灵敏　C. 敏捷　D. 灵巧

7. 这几幅画虽然是画稿,却画得______生动。

A. 灵活　B. 灵敏　C. 敏捷　D. 灵巧

8. 马克头脑__①__,思维__②__,很多带有创意的“金__③__”都是他想出来的。

①A. 灵活　B. 灵敏　C. 敏捷　D. 灵巧

②A. 活泼　B. 活跃　C. 活动　D. 灵活

③A. 方法　B. 方式　C. 办法　D. 点子

## 二、HSK 仿真题：找出下面句子中错误的部分并改正。

1. 他不喜欢现代的大城市，十分欣赏西部地区建筑那些灵敏多样的布局形式，在此基础上，创造了富有田园风味的“草原式住宅”。

   A：他不喜欢现代的大城市　B：十分欣赏西部地区建筑那些灵敏多样的布局形式　C：在此基础上　D：创造了富有田园风味的“草原式住宅”

2. 盲人的眼睛虽然看不见物体，但是他的听觉却比一般人灵活，触摸觉也会相当发达，可以通过触摸来阅读盲文。

   A：盲人的眼睛虽然看不见物体　B：但是他的听觉却比一般人灵活　C：触摸觉也会相当发达　D：可以通过触摸来阅读盲文

3. 有些人在思考问题的时候十分灵巧，反应速度很快，而有的人比较迟钝，反应缓慢。

   A：有些人在思考问题的时候十分灵巧　B：反应速度很快　C：而有的人比较迟钝　D：反应缓慢

4. 李军有一双非常敏捷的手，能够做出许许多多奇奇怪怪的东西来，只要你能想得出的东西，他都可以给你做出来。

   A：李军有一双非常敏捷的手　B：能够做出许许多多奇奇怪怪的东西来　C：只要你能想得出的东西　D：他都可以给你做出来

## 三、用句后括号中的词语完成句子。

1. 滑雪的时候，由于气温太低，而且穿了很多，__________。（灵活）
2. 有些低等动物，如昆虫，虽然没有鼻子，却有__________。（灵敏）
3. 苏州的刺绣早在宋代就很有名，而今闻名全球，体现着__________。（灵巧）
4. 上课的内容，学生不仅要记住，更要理解，才能__________所学的知识。（灵活）
5. 他__________，对于新知识、新事物领会得快，学习得快。（敏捷）
6. 最近，市场上推出了__________的新型防火报警器。（灵敏）

## 参考答案

一、1. C　2. ①B ②D　3. B　4. A　5. D　6. C　7. A　8. ①A ②B ③D

二、1. B　改为：十分欣赏西部地区建筑那些灵活多样的布局形式

2. B　改为：但是他的听觉却比一般人灵敏

3. A　改为：有些人在思考问题的时候十分敏捷

4. A　改为：李军有一双非常灵巧的手

三、1. 滑雪的时候，由于气温太低，而且穿了很多，手脚也太不灵活了。

2. 有些低等动物，如昆虫，虽然没有鼻子，却有灵敏的嗅觉。

3. 苏州的刺绣早在宋代就很有名，而今闻名全球，体现着苏州人的聪明灵巧。

4. 上课的内容，学生不仅要记住，更要理解，才能灵活地运用所学的知识。

5. 他思维敏捷，对于新知识、新事物领会得快，学习得快。

6. 最近，市场上推出了一种灵敏度极高的新型防火报警器。

# 激烈、热烈、猛烈、剧烈

## 讲一讲

“激烈”表现的是事件进行的紧张程度或双方斗争尖锐的情形。常用来形容竞争、比赛、争论等。常作定语、谓语、状语、补语。如：

任何一家公司想要在激烈的市场竞争中生存，都必须生产出高质量的产品。

目前这个职位已有100多人报名参加应聘，竞争相当激烈。

他不会隐藏自己的观点，在分组会上，便与人激烈地争论起来。

参加这次乒乓球决赛的选手实力都很强，整场比赛打得紧张激烈。

“热烈”指情绪高涨，表现的是活跃友好的氛围。常用来形容人的行为、感情，事件所呈现出的场面、气氛以及引起的反响等。常作状语、定语、谓语。如：

他们的精彩演出，受到了观众的热烈欢迎。

演出结束后，全场响起了热烈的掌声。

会上代表们发言踊跃，会场气氛十分热烈。

“猛烈”指来势凶猛，力度大。常用来形容跟战争有关的词语如攻击、冲击、炮火等，也可以形容风雨等自然现象。常作定语、状语、谓语。如：

他冒着猛烈的炮火，找到了一名军医。

进口扩大后，外国商品大量涌入，猛烈冲击市场，使不少商品的价格降了下来。

这里气候寒冷，风势猛烈。

“剧烈”指来势急剧，运动或变化的幅度大。常形容运动、活动、疼痛、变化等，不能用来修饰风雨等自然现象。常作定语、状语、谓语。如：

他身体不太好，不能进行剧烈运动。

演出马上就要开始了，可是她的胃剧烈地疼了起来，她知道自己的老毛病又犯了。

沙漠地区全年干旱少雨，气温变化剧烈，每日温差高达50℃以上。





## 提示

“激烈”“热烈”“猛烈”“剧烈”的区别

| 词语 | 语义特点 | 适用范围 | 常用搭配 |
|---|---|---|---|
| 激烈 | 事件进行的紧张程度或双方斗争尖锐的情形 | 竞争、比赛、争论等 | ~的竞争　~的比赛　~的争论　竞争~　讨论~　~地竞争　~地争论　~地讨论　~地争抢　~地争夺　~地进行　进行得~　竞争得~　争论得~　争夺得~　讨论得~　打得~ |
| 热烈 | 情绪高涨，表现出活跃友好的氛围 | 人的行为、感情，事件所呈现出的场面、气氛以及引起的反响 | ~的掌声　~的场面　~的气氛　~的感情　~(地)欢迎　~(地)庆祝　~(地)祝贺　~(地)鼓掌　~(地)追求　~(地)赞美　~(地)歌颂　~(地)讨论　气氛~　场面~　反应~　反响~ |

续表

| 词语 | 语义特点 | 适用范围 | 常用搭配 |
| --- | --- | --- | --- |
| 猛烈 | 来势凶猛，力度强 | 跟战争有关的词语以及风雨等自然现象 | ~的进攻 ~的攻击 ~的反攻 ~的暴风雨 ~的风暴 ~的炮火 ~地进攻 ~地冲击 ~地抨击 ~地喷发 攻势~ 风势~ |
| 剧烈 | 来势急剧，运动或变化的幅度大 | 运动、活动、疼痛、变化等 | ~(的)运动 ~(的)活动 ~(的)变化 ~(的)疼痛 ~(的)爆炸声 ~(地)波动 ~(地)震动 ~(地)晃动 ~(地)颤动 ~(地)跳动 ~(地)燃烧 ~(地)疼 ~(地)咳嗽 变化~ |

少数词语既能与“激烈”搭配，也能与“热烈”搭配，但强调的重点不同。比如，“激烈地讨论”突出的是讨论时紧张、针锋相对的气氛，而“热烈地讨论”突出的是友好活跃的气氛。

## 练一练

**一、HSK 仿真题：在下面的答案中选择唯一正确的填在横线上。**

1. 许多年轻人都______追求着自己美好的未来。
A. 激烈　　B. 热烈　　C. 猛烈　　D. 剧烈

2. 会上，学者们争论得非常______，互相批评对方，谁也不让谁。
A. 激烈　　B. 热烈　　C. 猛烈　　D. 剧烈

3. 战士们冒着______的炮火，勇敢地完成了侦察任务。
A. 激烈　　B. 热烈　　C. 猛烈　　D. 剧烈

4. 一旦异物进入气管，人就会______咳嗽。
A. 激烈　　B. 热烈　　C. 猛烈　　D. 剧烈

5. 主席对这次会议的圆满成功表示了______祝贺。
A. 激烈　　B. 热烈　　C. 猛烈　　D. 剧烈

6. 山脉所在地区也是地壳运动最为______的地方，火山、地震常在这些地区发生。
A. 激烈　　B. 热烈　　C. 猛烈　　D. 剧烈

7. 原子弹爆炸那天我正坐在教室里上课，突然听到一声___①___的响声，大地随之___②___地震动，教室被强大的冲击波压塌了。
①A. 巨大　　B. 伟大　　C. 宏大　　D. 庞大
②A. 激烈　　B. 热烈　　C. 猛烈　　D. 剧烈

8. 谈到高考，不少学生都露出了无奈的___①___，他们都觉得现在的竞争很___②___，自己的压力很大。
①A. 脸色　　B. 表情　　C. 样子　　D. 神色
②A. 激烈　　B. 热烈　　C. 猛烈　　D. 剧烈

**二、HSK 仿真题：找出下面句子中错误的部分并改正。**

1. 在今天的会议上(A)，大家发言踊跃(B)，讨论积极(C)，会场的气氛十分激烈(D)。

2. 比赛刚开始他就摔了一跤，可他没有放弃，忍着膝盖猛烈的疼痛，坚持跑到了终点。
A B C D

3. 会议一开始，他俩的意见就不一样，因此很快就陷入热烈的争论中，最终两人的意见也没能达成一致。
A B C D

4. 这种武器不但设计新颖，而且十分精准，在战斗中，总是能迅速、剧烈地打击敌人。
A B C D

## 三、用句后括号中的词语完成句子。

1. 这部小说非常贴近大家的生活，________________。（热烈）
2. ________________，几乎摧毁了整个城市。（猛烈）
3. 当老师要宣布比赛结果时，________________。（剧烈跳动）
4. 比赛一开始，________________。（激烈）

## 参考答案

一、1. B　2. A　3. C　4. D　5. B　6. D　7. ①A ②D　8. ①B ②A

二、1. D　改为：会场的气氛十分热烈
2. C　改为：忍着膝盖剧烈的疼痛
3. C　改为：因此很快就陷入激烈的争论中
4. D　改为：总是能迅速、猛烈地打击敌人

三、1. 这部小说非常贴近大家的生活，一出版就引起了热烈反响。
2. 这场暴风雨十分猛烈，几乎摧毁了整个城市。
3. 当老师要宣布比赛结果时，我感到心脏在剧烈地跳动。
4. 比赛一开始，双方就打得十分激烈。

# 第六课 虚心、谦虚　谨慎、小心

## 虚心、谦虚

### 讲一讲

“虚心”和“谦虚”都表示人的一种品质,都可以作主语、宾语、谓语、定语、状语和补语,不可重叠。少数情况下可以互换。如:

这个人很虚心/谦虚。

你虚心/谦虚点儿。

“虚心”,形容词,表示不自以为是,能诚心地接受别人的意见。如:

李平是一个很虚心的人,常常会主动请教别人。

“谦虚”作形容词时,是指不自满、不自夸。如:

谦虚是一种美德。

谦虚的人既不自高自大,也不自卑,总是满怀信心地努力进取。

“谦虚”还可作动词,意思是说谦虚的话。在句子中只可以作谓语,不可重叠。如:

她谦虚了一番,终于答应了我的请求。

### 提示

“虚心”和“谦虚”的区别

| 词语 | 词性 | 语义特点 | 常用搭配 | 受程度副词修饰 | 后加“一点”,可用于祈使句 | 受“过分、别、不要、假”修饰 |
|---|---|---|---|---|---|---|
| 虚心 | 形容词 | 接受别人的意见,肯向别人学习 | ~接受　~好学　~求教　~听取　~倾听　~讨教　~好问　~请教 | + | + | − |
| 谦虚 | 形容词 | 不骄傲自满的礼貌态度 | ~谨慎　~的态度　~地说　~地笑 | + | + | + |
| | 动词 | 说谦虚的话 | ~一番 | − | − | − |

1. 形容词“谦虚”强调的是交际中礼貌而不骄傲的态度。常常体现在说话用词或交际行动上。如:

你如果感谢老李,他总会谦虚地说:“哪里,哪里,这是我应该做的。”

2. “虚心”表示能够接受别人的意见,肯向别人学习。一般是发自内心的、真实的,通过实际行动表现出来的，常修饰“接受、学习、请教”类动词。如：

作为班长，要虚心听取同学们的意见。

3. 过分的“谦虚”是带有贬义的，所以有“过分谦虚、假谦虚、别谦虚”的说法。“虚心”是褒义词，没有这类用法。如：

杨大明提出应该让我先上场，并解释说：“我可不是假谦虚，而是确实缺乏比赛经验。”

过分谦虚往往形成负面效应，一是透着一种虚伪，二是自贬身价，让他人看不起。

两词都可以受“不”修饰，一般是否定的，但有时，“(毫)不谦虚”是表示实事求是的态度，而“虚心”则没有这类用法。如：

我是搞美术的，因此，毫不谦虚地说，在美术设计方面我并不十分外行。

## 练一练

**一、HSK 仿真题：在下面的答案中选择唯一正确的填在横线上。**

1. 一个__①__谨慎的人，遇到问题的时候常常会__②__地向别人请教，广泛听取意见。

① A. 虚心　B. 谦让　C. 谦顺　D. 谦虚

② A. 谦虚　B. 虚心　C. 谦让　D. 谦顺

2. 在工作中，王光把领导和同事视为老师，向他们__①__学习。受到表扬的时候，他也总是会__②__一番。所有这些都使他获得了良好的口碑。

① A. 虚心　B. 谦让　C. 谦逊　D. 谦虚

② A. 谦让　B. 虚心　C. 虚伪　D. 谦虚

**二、用“谦虚”“虚心”填空。**

1. 作为领导光聪明不行，还应该________倾听别人的意见。

2. 陆飞不管见到谁都是________热情，礼貌地微笑、握手。

3. 你就别________了，一定得把你的经验向我们好好介绍介绍。

4. ________是中国传统的美德之一。

**三、HSK 仿真题：找出下面句子中错误的部分并改正。**

1. <u>王老师为人正直，虚心热情</u>(A)，<u>她的学生都感到她平易近人</u>(B)，<u>当遇到学习方面或思想方面问题的时候</u>(C)，<u>都愿意和她聊聊</u>(D)。

2. <u>他刚上班的时候</u>(A)，<u>好多方面都不懂</u>(B)，<u>于是他谦虚地向别人请教</u>(C)，<u>很快掌握了有关技术</u>(D)。

**四、用句后括号中的词语完成句子。**

1. 我在电影界还是一个新人，今后一定要________。(虚心)

2. 别人询问李静的作品时，她________地给自己打了满分，以表示自己对新作充满信心。(谦虚)

3. 大家一直夸王涛有音乐细胞，有天分，弄得________也有点骄傲了。(谦虚)

4. 所有人都对吴强说："你____________，这些奖都是你应该得的。"（谦虚）

## 参考答案

一、1. ①D ②B 2. ①A ②D

二、1. 虚心 2. 谦虚 3. 谦虚 4. 谦虚

三、1. A 改为：王老师为人正直，谦虚热情

2. C 改为：于是他虚心地向别人请教

四、1. 我在电影界还是一个新人，今后一定要<u>虚心向大家学习</u>。

2. 别人询问李静的作品时，她<u>毫不谦虚</u>地给自己打了满分，以表示自己对新作充满信心。

3. 大家一直夸王涛有音乐细胞，有天分，弄得<u>一向谦虚的他</u>也有点骄傲了。

4. 所有人都对吴强说："<u>你就别谦虚了</u>，这些奖都是你应该得的。"

# 谨慎、小心

## 讲一讲

"谨慎""小心"这两个词都有"注意外界事物而行事"的意思，有时可以互换。如：

上下班的时候，路上的车特别多，一定要谨慎/小心驾驶。

"谨慎"是形容词，指注意外界事物或自己的言行，以免发生不好的事情。它强调的是自身约束，遇事要仔细考虑再进行。主要用于人的言行举止，一般不用于其他事物；多用于褒义。常常与"小心"连用。多用于书面语。如：

专家提醒广大股民要注意分辨信息，谨慎投资。

他做事一向谨慎，生活也比较简朴。

"小心"有两个词性，一是动词，指注意、留神，防止外在的、不好的事情发生，可带宾语和补语。如：

大家平时生活要注意卫生，小心各种传染病。

小心点儿，这狗会咬人的！

"不小心"常在句中作状语，是"不留神"的意思。如：

她不小心把菜汤撒到顾客身上了。

公交车里人太多了，我一不小心就踩到了别人的脚。

"小心"除了可以用于人的言行举止外，还可以用于其他事物，如"天黑要小心""风大要小心"。从这一点可以看出，"小心"的适用范围比"谨慎"要宽得多。

"小心"可以独立成句，用来提醒他人注意。

"小心"还有形容词的用法，与"谨慎"意义相近，强调处处注意外界事物与自己的言行，不做错事，避免造成对自己不利的影响，是中性词，常用于口语。如：

他做事一向很小心。

上面的"小心"可以与"谨慎"互换，有时两词可以连用。如：

刘老师是个小心谨慎的人，一生中没犯过什么大错误。

我胆小，从不敢做对健康不利的事，每天总是很小心/谨慎地过日子，我已经90岁了，每一天都是可贵的，要仔仔细细地过，小小心心地过。

形容词"小心"可构成成语"小心翼翼"，"谨慎"则不能。如：

我们不仅要小心翼翼地尊重别人，也要小心翼翼地保护自己，不让心灵受到伤害。

**提示**

"谨慎"和"小心"的区别

| 词性 | 词语 | 语义重点 | 适用范围 | 其他特点 |
|---|---|---|---|---|
| 动词 | 小心 | 对外在的防备 | 人的言行举止、其他事物 | 可带宾语；可独立成句，用来提醒他人注意 |
| 形容词 | 小心 | 强调做事特别注意不犯错 | 小的方面、具体动作 | 中性；多用于口语 |
|  | 谨慎 | 强调自身约束 | 大的、较抽象的方面：为人或作风、具体动作 | 褒义；多用于书面语 |

"谨慎"可用于大的、较抽象的方面，如为人或作风等。所修饰的表示具体动作的动词一般是较正式的书面语，如"投资、支持、使用、组织"等。"小心"常用于小的方面、十分具体的动作，多用于口语。在有些句中"小心"和"谨慎"不能互换。如：

他虽然被评为全国杰出青年，但仍然保持着谦虚谨慎的作风。

爸爸总是教育我们要谨谨慎慎地做人。

我们搬家公司会很小心地为您搬东西的，玻璃、镜子什么的一定完好无损。

## 练一练

**一、HSK仿真题：在下面的答案中选择唯一正确的填在横线上。**

1. 老李不管在什么__①__，都很谦虚__②__，从不招惹是非。

① A. 场地　B. 场所　C. 场合　D. 场景

② A. 谨慎　B. 小心　C. 留神　D. 注意

2. 大城市人多车多，过马路的__①__一定要十分__②__，否则__③__严重。

① A. 时代　B. 时期　C. 时间　D. 时候

② A. 谨慎　B. 小心　C. 留神　D. 注意

③ A. 结果　B. 后果　C. 后来　D. 结束

3. 妈妈是个__①__的人，决不会__②__地作出这个决定的，她肯定是已经作了__③__的思考了。

① A. 留神　B. 小心　C. 谨慎　D. 注意

② A. 直率　B. 轻率　C. 慎重　D. 轻巧

③ A. 充分　B. 充足　C. 充裕　D. 充满

4. 气象专家提醒：夏天雨水多，蛇虫也随之增多，应______提防。

A. 谨慎　B. 留神　C. 小心　D. 当心

5. ＿①＿虎妈妈出去觅食之前，总会＿②＿翼翼地先把小老虎藏好，防止被人发现。

①A. 天天　　B. 每天　　C. 每天每天　　D. 月月

②A. 谨慎　　B. 留神　　C. 小心　　D. 注意

**二、HSK 仿真题：在下面的 A、B、C、D 中选择最接近画线词语的解释。**

1. 那个人做事一向都很＿小心＿，生怕出什么错。

A. 谨慎　　B. 留神　　C. 小气　　D. 粗心

2. 你是代表我们这个集体去跟对方谈判的，而且这是一个很＿关键＿(①)的谈判，所以你每说一句话都要很＿谨慎＿(②)。

① A. 重要　　B. 主要　　C. 要紧　　D. 主观

② A. 留意　　B. 小心　　C. 小气　　D. 粗心

**三、HSK 仿真题：找出下面句子中错误的部分并改正。**

1. 今天早上(A)，奶奶出门散步的时候(B)，不谨慎被石头拌了一下(C)，摔了一个跟头(D)。

2. 老李十分谦虚小心(A)，这么多年来(B)，工作没有出过任何差错(C)，深得老板的赏识(D)。

3. 早上我刚要出门的时候(A)，接到了妈妈的电话(B)，她嘱咐我多穿点衣服(C)，谨慎感冒(D)。

**四、用句后括号中的词语完成句子。**

1. "外交无小事"，这种事情一定要＿＿＿＿，不要影响到两国关系。（谨慎）

2. 杰克昨天出门的＿＿＿＿，＿＿＿被车撞了，现正在医院躺着呢。（时候　小心）

3. 昨晚下了一场大雪，你今天慢点开车，＿＿＿＿。（小心）

4. 每次一提起孩子，她就会伤心落泪，所以我们每次和她聊天都会＿＿＿＿。（小心）

第三单元

**参考答案**

一、1. ①C ②A　2. ①D ②B ③B　3. ①C ②B ③A　4. C　5. ①B ②C

二、1. A　2. ① A　② B

三、1. C　改为：不小心被石头拌了一下

2. A　改为：老李十分谦虚谨慎

3. D　改为：小心感冒

四、1. "外交无小事"，这种事情一定要＿谨慎处理＿，不要影响到两国关系。

2. 杰克昨天出门的＿时候＿，＿不小心＿被车撞了，现正在医院躺着呢。

3. 昨晚下了一场大雪，你今天慢点开车，＿小心路滑＿。

4. 每次一提起孩子，她就会伤心落泪，所以我们每次和她聊天都会＿很小心＿。

# 单元练习

## 一、HSK 仿真题：在下面的答案中选择唯一正确的填在横线上。

1. 你们夫妻俩的思维______一个比一个奇怪。
A. 方法　B. 办法　C. 法子　D. 方式
2. 怎么遇到你这样的人，我真是拿你没______了。
A. 方法　B. 办法　C. 点子　D. 方式
3. 这两种字体最大的______是什么？
A. 分别　B. 区别　C. 差别　D. 分开
4. 这两种货质量差不多，没有太大的______。
A. 区别　B. 差别　C. 分别　D. 区分
5. 今天是“五一”节，估计这些天宾馆不一定有______了。
A. 房子　B. 屋子　C. 房间　D. 房屋
6. 这几个学生很懂______，非常有礼貌。
A. 规定　B. 标准　C. 规范　D. 规矩
7. 你这篇文章的格式有点儿不太______，可能通不过。
A. 规定　B. 规范　C. 规矩　D. 规则
8. 这个位置的视野最______，能看到整个湖面。
A. 广大　B. 宽阔　C. 宽广　D. 宽敞
9. 你们家比我们家______多了。
A. 广大　B. 宽阔　C. 宽广　D. 宽敞
10. 这个地区雨水一直非常______。
A. 足够　B. 满足　C. 充足　D. 充分
11. 对于明天的考试，我已经作好了______的准备。
A. 足够　B. 充足　C. 充分　D. 足足
12. 我们单位招聘了一______本科毕业生。
A. 大量　B. 大批　C. 大多　D. 大群
13. 虽然你的回答很奇怪，但是______了课题气氛。
A. 活动　B. 活泼　C. 活跃　D. 运动
14. 她参加了不少比赛，组织过很多活动，在公司里很______。
A. 活泼　B. 活跃　C. 活动　D. 灵活
15. 这种______的友谊是几十年形成的。
A. 坚固　B. 牢固　C. 结实　D. 坚强
16. 校长______地问了我的名字。
A. 亲切　B. 亲热　C. 亲自　D. 亲爱

17. 这些___①___的记忆将是我永远的___②___财富。

① A 宝贵　　B. 珍贵　　C. 贵重　　D. 可贵

② A 宝贵　　B. 宝贝　　C. 可贵　　D. 贵重

18. 这位老人的______很死板，大家都说他是个脾气很古怪的人。

A. 表情　　B. 脸色　　C. 神色　　D. 样子

19. 他______慌张，手在微微颤抖。

A. 表情　　B. 脸色　　C. 神色　　D. 样子

20. 大家都不喜欢新来的经理，因为他一不高兴，就会给员工______看。

A. 表情　　B. 脸色　　C. 神色　　D. 样子

21. 农产品批发市场应当制定合理的交易______。

A. 规定　　B. 规范　　C. 规矩　　D. 规则

22. 汉语其实并不难学，只要掌握了___①___词汇和简单的语法，你会发现用汉语交流___②___不难。

① A. 基础　　B. 基本　　C. 根本　　D. 根基

② A. 基本　　B. 根基　　C. 基础　　D. 根本

23. 听到自己被解雇的消息，小马气得___①___发白，___②___顾不上冷静地想一想，就一头冲出办公室，向经理室跑去。

① A. 表情　　B. 感情　　C. 脸庞　　D. 脸色

② A. 根本　　B. 根基　　C. 基础　　D. 基本

24. 按药品说明书上的___①___，我只能给你其中的一___②___，剩下的药得等你来医院再做一次全身检查后才能给你。

① A. 规则　　B. 规矩　　C. 规定　　D. 规范

② A. 部分　　B. 局部　　C. 全部　　D. 内部

25. 多读______的文艺作品对孩子的成长很有帮助。

A. 优秀　　B. 优良　　C. 优美　　D. 美丽

26. 到我家玩吧，我家___①___很大，有好几个___②___呢！

① A. 房间　　B. 房屋　　C. 房子　　D. 屋子

② A. 房间　　B. 房屋　　C. 房子　　D. 屋子

27. 今年我们公司制定了一个年终___①___：争取用一年___②___的时间，实现利润翻一番。如果能顺利完成的话，公司将于圣诞节___③___举行一次评比___④___，超额完成的员工将得到丰厚的奖金。

① A. 后果　　B. 结果　　C. 目标　　D. 目的

② A. 上下　　B. 前后　　C. 大约　　D. 左右

③ A. 上下　　B. 前后　　C. 大约　　D. 左右

④ A. 活动　　B. 运动　　C. 活泼　　D. 活跃

28. 气象___①___发布紧急预报：今天夜里到明天有雷雨，雨量中到大，___②___地区有暴雨或暴雪，阵风五到六级。请___③___司机朋友___④___驾驶，注意安全。

① A. 中间　　B. 中心　　C. 中央　　D. 中等

② A. 上下　　B. 前后　　C. 局部　　D. 部分

③ A. 广大　　B. 广阔　　C. 辽阔　　D. 宽阔

④ A. 严谨　　B. 细心　　C. 小心　　D. 谨慎

29. 在同学们的眼里，王老师____①____可亲，就像妈妈一样，和王老师在一起，同学们都感到很____②____。王老师对待学生很____③____，也很有耐心，班里的成绩一直都是全年级第一，每年都有一____④____优秀的学生考上名牌大学。

① A. 和蔼　　B. 和气　　C. 温柔　　D. 温和

② A. 亲热　　B. 亲吻　　C. 亲爱　　D. 亲切

③ A. 和蔼　　B. 和气　　C. 温柔　　D. 温和

④ A. 大量　　B. 大量大量　　C. 大批　　D. 大批大批

**二、HSK 仿真题：在下面的 A、B、C、D 中选择最接近画线词语的解释。**

1. 我觉得你这几天脸色不太好。

A. 颜色　　B. 脸面　　C. 表情　　D. 气色

2. 你这么做，跟违法犯罪有什么不同？

A. 差别　　B. 差异　　C. 分别　　D. 区别

3. 小明就是不肯来，我有什么法子呢？

A. 办法　　B. 方法　　C. 法律　　D. 点子

4. 这菜的做法一定很复杂吧？

A. 办法　　B. 方法　　C. 法子　　D. 点子

5. 现在社会上还真的有不少“点子”公司呢，专门帮人出点子。

A. 方式　　B. 方法　　C. 法子　　D. 主意

6. 明天就要分别了，晚上我们一夜都没睡着。

A. 区别　　B. 差别　　C. 分离　　D. 区分

7. 听说你最近买房了？在哪个小区？

A. 房间　　B. 屋子　　C. 房子　　D. 房屋

8. 屋子里真热，把窗子打开吧！

A. 房间　　B. 房屋　　C. 房子　　D. 住房

9. 公司制定的这些条例，职工们其实并不熟悉。

A. 规定　　B. 规范　　C. 规矩　　D. 规则

10. 我想买套两房的公寓，但是市面上大多都是三房的。

A 房子　　B. 房间　　C. 屋子　　D. 房屋

11. 做人就是要胸怀宽阔，不要老是斤斤计较。

A. 广阔　　B. 宽广　　C. 宽大　　D. 宽敞

12. 你慢慢写，时间是充足的。

A. 充分　　B. 足够　　C. 充满　　D. 充实

13. 这段对话写得非常活泼。

A. 活跃　　B. 灵活　　C. 生动　　D. 积极

14. 这个班的学生上课的时候都非常活跃。

A. 活泼　　B. 生动　　C. 积极　　D. 灵活

15. 绳子绑得很结实，不会松的。

A. 坚固　　B. 牢固　　C. 实际　　D. 实在

16. 这种金属是非常结实的，在工业上有很大作用。

A. 坚固　　B. 牢固　　C. 实在　　D. 实际

17. 这玩意儿怎么这么贵？什么材料做的？

A. 珍贵　　B. 宝贵　　C. 可贵　　D. 贵重

18. 旅游贵在有特色。

A. 珍贵　　B. 宝贵　　C. 可贵　　D. 贵重

19. 你没听说过吗？物以稀为贵！

A. 珍贵　　B. 宝贵　　C. 可贵　　D. 贵重

20. 这是一种极其珍贵的金属，我国境内只有云南省少量出产。

A. 稀少　　B. 宝贵　　C. 可贵　　D. 贵重

21. 虽然一年可以划分为四季，但世界不同地区，四季的早晚、长短有很大差异。

A. 区别　　B. 差别　　C. 分别　　D. 区分

22. 做数学题时，所有的计算都应当按照运算法则进行。

A. 规定　　B. 规范　　C. 规矩　　D. 规则

**三、HSK 仿真题：找出下面句子中错误的部分并改正。**

1. 中医看病的方法很多，比如看看脸色，听听声音，就能得出检查后果。

A　B　C　D

2. 局部同学没有通过考试，这种结果是大家都不希望看到的，这并不是学习方法的问题，而是学习态度的问题。

A　B　C　D

3. 买到一套满意的房子，绝对不是一件容易的事，价格便宜的，往往房间太小，布局不合理，看到满意的屋子，价格又太贵。

A　B　C　D

4. 明天你们有什么运动吗？如果没安排，我请你们到我家来玩，我家房子大，大家一起来。

A　B　C　D

5. 广大读者都希望，能在杂志中看到更广阔的社会生活画面，这就要求我们广大作家所关注的题材，也必须具有一定的广大性。

A　B　C　D

6. 这里田地宽阔，房子宽敞，男人们都心胸广大，到处都是爽朗的笑声。

A　B　C　D

7. 江南地区雨水充分，物产丰富，如果有充足的时间，真想在这里呆上半年。

A　B　C　D

8. 老师家没有什么特别贵重的东西,但是,我们却看到不少珍贵的书籍,不少书已经无法阅读了,但是,老师却依然把它们看成自己最可贵的财富。

A　B　C　D

9. 广场上很多人都在安静地休息,一名男子东张西望,脸色慌张,引起了警察的注意。

A　B　C　D

10. 有些交易所和公司缺乏统一规划,布局不够合理,上市品种、交易规则都不够规矩,因而往往会造成很大的损失。

A　B　C　D

11. 这座建筑是一个不规范的多边形,酷似一座岛屿,而蓝色玻璃幕墙,则像蓝色的海洋。

A　B　C　D

12. 这是一个很难解决的科学难题,许多优异的科学家都进行了研究,但是几十年过去了,问题还是没有得到解决。

A　B　C　D

13. 在这次激烈的战斗中,他奉命潜入敌方阵营探听情报,在战友们的掩护下,他灵敏地躲过敌人的枪林弹雨,成功地进入敌方阵地。

A　B　C　D

14. 他这个人谦虚谨慎、性格温和,是个优秀的男人,可是有什么方法呢,我就是不喜欢他啊!

A　B　C　D

## 四、用句后括号中的词语完成句子 。

1. __________和不懈的努力,他终于实现了自己的愿望。(坚定)
2. 毕业5年后,他终于__________。(努力　房子)
3. 你的胳膊现在在康复期,__________。(活动)
4. __________,大家都以他为学习的榜样。(优秀)
5. 一说起那件事情,__________。(表情　严肃)
6. 大卫昨天晚上熬夜了,所以今天__________。(脸色)
7. 还有三天就要考试了,__________。(宝贵)
8. 这孩子太调皮了,老师__________。(办法)
9. __________,说起话来声音总是轻轻的。(温柔)
10. ________对人的健康影响很大,所以我们要注意培养孩子________。(方式　习惯)
11. __________,老师讲了一个有趣的故事。(活跃)
12. 他遇到问题的时候,__________。(虚心)

13. 这两件事情性质不同,我们要__________。(区别)
14. 这场比赛双方实力都很强,因此__________。(激烈)
15. __________,见到长辈也不打声招呼。(规矩)
16. __________,很多房屋倒塌,运输系统也瘫痪了不少。(后果)
17. 这孩子是在7个月__________开始叫妈妈的。(左右　时候)
18. __________,王军最调皮捣蛋。(中间)
19. __________,而不是作装饰或摆设。(根本　目的)
20. 婚礼上,新娘对着新郎的妈妈,__________。(亲热)

## 参考答案

一、1. D　2. B　3. B　4. B　5. C　6. D　7. B　8. B　9. D　10. C　11. C　12. B　13. C　14. B　15. B　16. A　17. ①B ②A　18. A　19. C　20. B　21. D　22. ①B ②D　23. ①D ②A　24. ①C ②A　25. A　26. ①C ②A　27. ①C ②D ③B ④A　28. ①B ②C ③A ④D　29. ①A ②D ③C ④C

二、1. D　2. D　3. A　4. B　5. D　6. C　7. C　8. A　9. A　10. B　11. B　12. B　13. C　14. C　15. B　16. A　17. D　18. C　19. A　20. A　21. B　22. D

三、1. D　改为:就能得出检查结果
2. A　改为:部分同学没有通过考试
3. D　改为:看到满意的房子,价格又太贵
4. A　改为:明天你们有什么活动吗
5. D　改为:也必须具有一定的广阔性
6. C　改为:男人们都心胸宽广
7. A　改为:江南地区雨水充沛
8. D　改为:但是,老师却依然把它们看成自己最宝贵的财富
9. C　改为:神色慌张
10. C　改为:上市品种、交易规则都不够规范
11. A　改为:这座建筑是一个不规则的多边形
12. B　改为:许多优秀的科学家都进行了研究
13. D　该为:他敏捷地躲过敌人的枪林弹雨
14. C　该为:可是有什么办法呢

四、1. 凭着坚定的信念和不懈的努力,他终于实现了自己的愿望。
2. 毕业5年后,他终于靠自己的努力买了一套房子。
3. 你的胳膊现在在康复期,应该多活动活动。
4. 小王是个很优秀的学生,大家都以他为学习的榜样。
5. 一说起那件事情,他的表情就变得很严肃。
6. 大卫昨天晚上熬夜了,所以今天脸色不太好。
7. 还有三天就要考试了,你要好好利用这宝贵的时间。
8. 这孩子太调皮了,老师拿他一点办法也没有。
9. 她是一个很温柔的人,说起话来声音总是轻轻的。
10. 生活方式对人的健康影响很大,所以我们要注意培养孩子良好的生活习惯。
11. 为了活跃气氛,老师讲了一个有趣的故事。
12. 他遇到问题的时候,总是虚心向老师请教。

13. 这两件事情性质不同，我们要 区别对待 。
14. 这场比赛双方实力都很强，因此 比赛打得十分激烈 。
15. 这孩子一点都不懂规矩 ，见到长辈也不打声招呼。
16. 这次地震的后果非常严重 ，很多房屋倒塌，运输系统也瘫痪了不少。
17. 这孩子是在7个月 左右的时候 开始叫妈妈的。
18. 在这群孩子中间 ，王军最调皮捣蛋。
19. 读者买书的根本目的是为了阅读 ，而不是作装饰或摆设。
20. 婚礼上，新娘对着新郎的妈妈， 亲热地叫了一声“妈” 。

# ·第四单元·

## 前编　名词

## 第一课　风俗、习惯　动作、举动、行动、行为

### 风俗、习惯

讲一讲

“习惯”，名词，主要指长期形成的、不容易改变的行为方式，可用于社会、集体的或个人的行为方式。如：

这所学校的老师都有上课前整理着装的习惯。（集体的）

爷爷一直保留着睡觉前看报纸的习惯。（个人的）

“习惯”还可作动词，表示常常接触某种新情况而渐渐地适应，可带名词或动词性宾语。如：

你习惯中国的饭菜吗？

李丽一点儿都不习惯南方多雨的天气。

“习惯”还可以构成“习惯于……”“习惯上”的结构。如：

一个习惯于用右手的人，他的左半大脑较为发达。

举办婚礼所使用的费用，习惯上新郎新娘各承担一半。

“习惯”的方面也可用介词“对”引出，放在“习惯”前面。如：

大卫对这种早出晚归的生活方式一点儿都不习惯！

“风俗”，名词，主要指在一定地域中长期形成的、在社会上比较稳定的、大家都尊崇的生活方式、礼仪、风土人情等。如：

中国大部分地区都有中秋节吃月饼的风俗。

与北方不同，江南人有年初一吃汤圆的风俗。

提示

"习惯"和"风俗"的区别

| 词语 | 词性 | 语义特点 | 常用搭配 | 使用范围 |
|---|---|---|---|---|
| 习惯 | 名词 | 长期形成的、一时不易改变的行为方式 | 生活～ 学习～ 好～ 坏～ 养成～ | 社会的、集体的、个人的 |
| | 动词 | 常常接触某种新情况而渐渐地适应 | ～于 ～上 对……～ | |
| 风俗 | 名词 | 长期形成的、在社会上比较稳定的、大家都尊崇的生活方式、礼仪、风土人情等 | 社会～ 民族～ 旧时的～ 当地的～ 新年～ | 社会的 |

练一练

**一、HSK 仿真题：在下面的答案中选择唯一正确的填在横线上。**

1. 你如果到中国人家中做客，人们常会__①__地请你喝茶，这是中国人的__②__，不过喝什么茶，怎么个喝法，往往就是个人的__③__了。

① A. 热心　B. 热情　C. 好客　D. 热烈

② A. 习气　B. 风俗　C. 民俗　D. 俗气

③ A. 习惯　B. 风俗　C. 民俗　D. 俗气

2. 我喜欢去云南旅游，那里__①__温暖，__②__迷人；那里有很多少数民族，有很多独特的__③__，在那里你能欣赏到中国中原地区所没有的__④__。

① A. 天气　B. 气候　C. 气温　D. 温度

② A. 风华　B. 景象　C. 风光　D. 风采

③ A. 俗气　B. 习惯　C. 风俗　D. 习俗

④ A. 习惯　B. 俗气　C. 风俗　D. 习俗

**二、用"习惯""风俗"填空。**

1. 我来这里三年了，对于这里的一切，我都已经__________了。
2. 端午节吃粽子本来是中国南方的__________。
3. 这孩子见人不打招呼的坏__________是怎么来的？
4. 圣诞夜在门上挂树枝的__________盛行于美国。

**三、HSK 仿真题：找出下面句子中错误的部分并改正。**

1. 你刚吃完午饭就去办事吗？(A)我劝你还是两点以后去，(B)我们这儿的人有午休的风俗，(C)现在去可能他们不上班。(D)

2. 中国人过春节，(A)本来的习惯是全家在家中吃年夜饭，(B)不过这几年生活好了，(C)在饭店吃年夜饭成了新的时尚。

D

**四、用句后括号中的词语完成句子。**

1. 玛丽刚来中国时，__________，经过半年的时间，总算适应了。（习惯）
2. 中秋节赏月吃饼，这是__________。（风俗）
3. __________对身体很有好处。（习惯）
4. 大卫是研究中国文化的，__________。（风俗）

## 参考答案

一、1. ①B ②B ③A　2. ①B ②C ③B ④C

二、1. 习惯　2. 风俗　3. 习惯　4. 风俗

三、1. C　改为：我们这儿的人有午休的习惯

2. B　改为：本来的风俗是全家在家中吃年夜饭

四、1. 玛丽刚来中国时，生活上很不习惯，经过半年的时间，总算适应了。

2. 中秋节赏月吃饼，这是中国人从古代流传下来的风俗。

3. 早睡早起的习惯对身体很有好处。

4. 大卫是研究中国文化的，他对中国风俗非常感兴趣。

# 动作、举动、行动、行为

## 讲一讲

“动作”，可作名词，表示人或动物全身或身体某一部位的活动。常作主语、宾语和定语。如：

她年纪轻，动作就是快。

上课的时候不要老是做小动作。

“动作”，也可作动词，表示活动、行动起来。一般作谓语。如：

弹钢琴要十个指头都动作。

先不要惊动他们，看他们怎么动作。

“行动”可作名词，表示人和动物的行为、举动。常作主语、宾语。如：

他太生气了，行动完全不受思想的控制。

看一个人不仅要听他的言论，而且要看他的行动。

“行动”常用于指有目的、有计划的行为、举动。可作定语，也常带定语，可作“进行”“参与”“开始”等动词的宾语，如：

大家记住，我们这一行动的目的是推广普通话。

晚上10点开始行动。

“行动”，也可作动词，有两个意思。一是表示行走、走动，作谓语。如：

爷爷的腿疼病好了，能下床行动了。

我们为行动不便的人准备了轮椅。

二是表示为实现某种意图而具体地进行活动，作谓语时常带状语或补语。如：

不管天气有没有变化，都要按计划行动。

我们必须行动起来，改变现在的落后状况。

“举动”，名词，表示个人或集体的各类动作和行动，比较具体、客观，可观察到，往往会产生一定影响。常作主语或宾语，常带定语。如：

他一有什么举动就马上告诉我。

政府的这一举动深受农民群众欢迎。

“行为”，名词，表示人受思想支配而表现出来的活动。常作主语、宾语。经常受定语修饰，有的表示对人的行为的分类，有的表示主观评价。如：

这种爱国行为受到了人们的一致称赞。

有些公司认为在这里投资有风险，迟迟不敢有大的举动，这是一种“短视行为”。

提示

“动作”“举动”“行动”“行为”的区别

| 词语 | 语义特点 | 常用搭配 | 语体色彩 |
|---|---|---|---|
| 动作 | 表示人或动物全身或者身体某一部分的活动 | ～敏捷 ～轻巧 ～优美 ～协调 ～自然 ～夸张 ～准确 ～(和)表情 ～性 慢～ 小～ | 多用于书面语 |
| | (动)活动、行动起来 | | |
| 行动 | 表示人和动物的行为、举动，较概括、抽象 | ～敏捷 ～隐秘 ～轻快 ～自如 采取～ 付诸(于)～ 进行～ 开始～ 参与～ ～计划 ～目的 军事～ 个人～ 实际～ | 多用于书面语 |
| | 动词，表示行走、走动 | 单独～ 分头～ ～起来 | |
| 举动 | 表示人或人的集团的各类动作和行动 | 推出～ 采取～ 有所～ 伟大的～ 惊人的～ 冒险的～ 反常的～ 意外的～ 可笑的～ 进步的～ 引人注目的～ 积极的～ 有礼貌的～ 同情的～ | 多用于书面语 |
| 行为 | 表示人受思想支配而表现出来的活动 | 合法的～ 欺骗的～ 正义(的)～ 政府～ 个人～ 短期～ 长期～ ～规范 ～准则 ～习惯 ～方式 ～端正 ～异常 | 多用于公文、法律条文、学术论文 |

1．“动作”和“行动”都可以用于人和动物。“举动”和“行为”只用于人。“动作”比较具体，一般用于指人或动物的身体或身体各部分的活动，动作幅度有大小，还可以分解，多用于个体。“行动”比较概括、抽象，虽可用于个体，但更常用于集体一起做。

2．“举动”和“行为”都常带定语，“举动”所带的定语多从一般社会习惯或产生的影响出发加以说明；“行为”的定语则多从法律道德的规范、标准或心理学角度出发，对行为加以分类与评价。

3．“行动”多用于有目的、有计划的活动，所以可以作“计划”“目的”的定语，其他三个动词则不能。

4. “大的动作”有时可以指人身体方面的活动，有时则可以指政府、集团采取的重大的措施，这一用法和“举动”相近。但“大的举动”可作“采取”“推出”“组织”的宾语，“大的动作”则不能。

## 练一练

**一、HSK 仿真题：在下面的答案中选择唯一正确的填在横线上。**

1. 你______轻点儿，别人在睡觉呢。

A. 动作　　B. 行动　　C. 举动　　D. 行为

2. 一定要注意他们的______，有情况就告诉我。

A. 动作　　B. 行动　　C. 举动　　D. 行为

3. 维护世界和平，需要世界各国的一致努力和统一______。

A. 动作　　B. 行动　　C. 举动　　D. 行为

4. 他最近的______太不正常了，到底怎么了？

A. 动作　　B. 行动　　C. 举动　　D. 行为

5. 那个 8 号球员手上有个小______，裁判没看到。

A. 动作　　B. 行动　　C. 举动　　D. 行为

6. 为了人类的生存，______起来，保护环境。

A. 动作　　B. 行动　　C. 举动　　D. 行为

7. 我们今晚就__①__。大家注意，进入敌人营地时，__②__一定要轻，以免被敌人发现，使得__③__失败。

① A. 动作　　B. 举动　　C. 行动　　D. 行为

② A. 行为　　B. 动作　　C. 行动　　D. 举动

③ A. 行动　　B. 动作　　C. 举动　　D. 行为

8. 与他人相处时，别不在意你的一言一行、__①__，言辞要恰当，__②__要优雅。

① A. 一动一作　　B. 一举一动　　C. 一行一动　　D. 一行一为

② A. 动作　　B. 举动　　C. 行动　　D. 行为

**二、HSK 仿真题：找出下面句子中错误的部分并改正。**

1. 运动会上(A)，有一个项目是老师们的广播操比赛(B)，我看有一个老师的行动不是很熟练(C)，不过他还是很努力地在比赛着(D)。

2. 你的一动一作我们都看在眼里(A)，你是什么样的人(B)，从你的行为中就能看出来(C)，你想瞒我们是瞒不住的(D)。

三、用句后括号中的词语完成句子。

1. ____________,我们要迟到了!(动作)

2. 我决定旅行结婚,母亲得知这个消息后,____________,反而还很支持我。(举动)

3. 奥运会是全世界的体育盛事,大家都应____________为奥运会作贡献。(行动)

## 参考答案

一、1. A 2. C 3. B 4. C 5. A 6. B 7. ①C ②B ③A 8. ①B ②A

二、1. C 改为:我看有一个老师的动作不是很熟练

2. A 改为:你的一举一动我们都看在眼里

三、1. 动作快点儿,我们要迟到了!

2. 我决定旅行结婚,母亲得知这个消息后,对我这一举动不但不反对,反而还很支持我。

3. 奥运会是全世界的体育盛事,大家都应以实际行动为奥运会作贡献。

# 第二课 场合、场所 地方、地点、地区

## 场合、场所

讲一讲

“场合”指特定的与交际相关的时间、地点、情况等。一般要注意交际规则或礼仪。如：

在那样的场合下还开玩笑，小王能不被批评吗？

我们要学会根据场合选择合适的衣服。

“场所”指活动的处所。如：

有的场所是不适合孩子去的。

在公共场所大声说话是不文明的表现。

“场所”经常被一些表示活动的定语修饰，中间不能加“的”。如：

李森的生活，是从夜晚开始，他和大帮朋友，出入各种休闲场所。

记者暗访了一些娱乐场所，结果让我们非常吃惊。

提示

“场合”和“场所”的区别

| | 语义特点 | 量词 | 常用搭配 | 能否单独使用 |
|---|---|---|---|---|
| 场合 | 一定的时间、地点、相关人员的综合情况，多要受交际规则与礼仪限制 | 种 | 公共～ 正式～ 特殊～ 社交～ 公开～ 外交～ | 极少 |
| 场所 | 活动的具体的地点、处所 | 个、种 | 公共～ 娱乐～ 活动～ 休闲～ 体育～ | 较多 |

“场所”强调的是具体的地点、处所，如体育馆、商店超市等都是公共场所；而“场合”强调的是一定的时间、地点、相关人员的综合情况。如：

公共场所不要吸烟。（指处所）

公共场合不要吸烟。（指综合情况）

## 练一练

**一、HSK 仿真题：在下面的 A、B、C、D 中选择最接近画线词语的解释。**

1. 这次活动一定要选择一个好点儿的地方。

A. 场合　　B. 场所　　C. 方面　　D. 地区

2. 成年人的自尊心强，如果对他们的表扬和批评不注意场合和分寸，很容易产生副作用。

A. 情况　　B. 场所　　C. 地方　　D. 场地

3. 学校附近的体育场所很多。

A. 场地　　B. 场面　　C. 操场　　D. 场合

**二、用"场合""场所"填空。**

1. 政府修建了大量的体育__________供群众使用。

2. 在什么样的__________下就应该说什么样的话。

3. 新年到了，小李给我们推荐了几种适合不同__________饮用的酒。

**三、HSK 仿真题：找出下面句子中错误的部分并改正。**

1. 春节过后，我参加了她的葬礼(A)，在这样的场所(B)，透过墨镜看着悲戚中的人们(C)，一种新的感受涌上心头(D)。

2. 根据颜色产生不同的心理效应的原理(A)，人们对住宅、学校、医院等不同的场合涂上不同的色彩(B)，以适应人们在不同情况下生理、心理状态(C)，有利于身心健康(D)。

**四、用句后括号中的词语完成句子。**

1. 我胆子很小，很不习惯__________说话。（场合）

2. 九寨沟人烟稀少，是动植物__________。（场所）

3. 我这个人天生爱安静，爱一个人呆着，不喜欢去__________。（场合）

4. 人民公园已经修建好了，马上就能成为人们__________。（场所）

## 参考答案

一、1. B　2. A　3. A

二、1. 场所　2. 场合　3. 场合

三、1. B　改为：在这样的场合

2. B　改为：人们对住宅、学校、医院等不同的场所涂上不同的色彩

四、1. 我胆子很小，很不习惯 在人多的场合 说话。

2. 九寨沟人烟稀少，是动植物 生长的良好场所 。

3. 我这个人天生爱安静，爱一个人呆着，不喜欢去<u>热闹的社交场合</u>。
4. 人民公园已经修建好了，马上就能成为人们<u>休息和游玩的理想场所</u>。

## 地方、地点、地区

### 讲一讲

“地方”可表某一区域。如：

大卫家地方虽然不大，但安排得很合理。

“地方”也可表某一具体空间中的一部分。如：

我的书包里没地方了，这本书就放在你包里吧！（书包里）

“地方”还可表事物的一个部位或一部分，常需定语修饰。如：

袖口这个地方弄脏了，只能再洗一洗了。（衣服上）

“地点”表示某个区域中确定、具体的一点，常需带定语。如：

请告诉我你们公司的地点，好吗？

“地区”表示较大范围的地方。如：

中东地区不断发生战争。

### 提示

“地方”“地点”“地区”的区别

| 词语 | 语义特点 | 常用搭配 |
|---|---|---|
| 地方 | 某一区域，可以是确定的范围，也可以是大概、模糊的范围 | 一些～　许多～ |
| | 空间的一部分 | 有～　这个～　很多～　～小 |
| | 具体事物或抽象事件的一部位或部分 | 这个～　错的～　高明的～　不懂的～ |
| 地点 | 某个区域中确定、具体的一点 | 工作～　出事～　约会～　预定～　居住～ |
| 地区 | 面积更大的一个确定，具体区域 | 中国～　北京～　受灾～　火山～　热带～ |

1．“地方”可以表示事物的一部分，这是“地点”“地区”所没有的。

2．“地方”“地点”“地区”都可以表示某一区域，但是使用范围与侧重不同。“地方”所指的区域，可以是确定的范围，也可以是大概的、模糊的范围。而且“地方”的面积可大可小，使用的范围最广泛。如：

您去过国外什么地方吗？（大概，模糊的）

珠穆朗玛峰是许多登山运动员向往的地方。（确定的）

“地点”所表示的区域，只能是确定的、具体的一点，常常指某个处所或所在的地方。

“地区”所表示的区域范围比“地方”大，一般地理上有明确的界线。常常受方位名词或专用名词修饰，如东北地区、华北地区、北京地区等。

## 练一练

**一、HSK 仿真题:在下面的答案中选择唯一正确的填在横线上。**

1. 太湖______最近出现一些奇怪的天气现象。

A. 地方　B. 地点　C. 地区　D. 场所

2. 她早早就来到了约会______。

A. 地方　B. 地点　C. 地区　D. 地面

3. 他们的吃饭______比较固定,没什么变化。

A. 地方　B. 地点　C. 地区　D. 地址

4. 这个省的西北______最近发生了流行病。

A. 地方　B. 地点　C. 地区　D. 地位

5. 我游玩过中国的许多______。

A. 地方　B. 地点　C. 地区　D. 场地

**二、HSK 仿真题:在下面的 A、B、C、D 中选择最接近画线词语的解释。**

1. 出事地儿离我们家很近,所以我们都看到了这次事故。

A. 地方　B. 地点　C. 地区　D. 空间

2. 里面有地儿,请里边坐!

A. 地方　B. 地点　C. 地区　D. 场地

3. 这一地段的学生都在第十中学读书。

A. 地方　B. 地点　C. 地区　D. 空间

**三、HSK 仿真题:找出下面句子中错误的部分并改正。**

1. 现代社会很多人养成了一种依赖的习惯(A),即使离工作地区走路不过十几分钟(B),也习惯于驾车前去(C),即使开车比走路、骑车慢,也非得开车(D)。

2. 苏绣原是苏州地点妇女的手工艺品(A),苏绣艺人都很灵巧(B),能用 40 多种针法(C),1 000 多种花线绣出形状各异的图案(D)。

**四、用句中括号中的词语完成句子。**

1. 这个行李架太小,__________这么大的包。(地方)

2. 今年南方遭遇了雨雪灾害,灾情越来越严重,__________大。(地区)

3. 这次聚会,大家都想早点儿见到老同学,很多人都提早__________。(地点)

4. 这个学生喜欢思考,遇到__________,总要向老师问个明白。(地方)

## 参考答案

一、1. C　2. B　3. B　4. C　5. A

二、1. B　2. A　3. C

三、1. B　改为:即使离工作地点走路不过十几分钟

2. A　改为:苏绣原是苏州地区妇女的手工艺品

四、1. 这个行李架太小,<u>没有地方放</u>这么大的包。

2. 今年南方遭遇了雨雪灾害,灾情越来越严重,<u>受灾的地区也越来越</u>大。

3. 这次聚会,大家都想早点儿见到老同学,很多人都提早<u>来到了见面的地点</u>。

4. 这个学生喜欢思考,遇到<u>不懂的地方</u>,总要向老师问个明白。

# 第三课 机会、时机、机遇 感觉、感受

## 机会、时机、机遇

### 讲一讲

“机会”表示做某事情的好时候。常常跟“有”“利用”“错过”“失去”等词搭配。如：

工商管理学院的学习使 MBA 们有机会进入最著名的大公司。

听说学校正在招聘兼职老师，快去看看，别错过这个机会。

“时机”表示具有时间性的客观条件。常常和“有利”“大好”“好”等词搭配。如：

现在是发展经济的有利时机。

这项技术的运用，在时机上已经成熟了。

“机遇”也表示好的时候，一般用于好的、意义重大的大事，特别是事业的成功。如：

他事业的成功在于把握住了机遇。

我们要抓住机遇，加快经济发展。

### 提示

“机会”“时机”“机遇”的区别

| 词语 | 语义特点 | 使用范围 | 常见搭配 |
|---|---|---|---|
| 机会 | 强调某种“可能性” | 比较广泛，大事、小事都可以使用 | 有～ 错过～ 得到～ 抓住～ |
| 时机 | 表示最好、最合适的一段时间 | 用于好的方面，大事、小事都可以使用 | 有利～ 大好～ 好～ 把握～ 错过～ |
| 机遇 | 表示好的时候、机会 | 用于好的、意义重大的事情，特别是事业方面 | 把握～ 抓住～ |

“机会”强调某种“可能性”。可以用于大事方面，也可以用于小事方面，使用范围比较广泛。在人的一生中，会伴随很多不同方面的机会。在某些条件下，还可以为自己或他人创造机会。如：

他在篮球比赛中，除了自己进球外，还为同伴进球创造机会，实现了夺杯的梦想。

“时机”强调的是对于做某事来说，是一段最好的时间。如：

买杭州茶最好的时机是清明节后，这个时候，不但品种多，价格也便宜。

“机遇”多用于好的、意义重大的事情，因此机遇往往很少碰到，是可以碰到而不可自己创

造的。不能用于一般的小事方面。下面的句子是错的：

＊你今年暑假有机遇来我这里玩吗？

## 练一练

**一、HSK 仿真题：在下面的答案中选择唯一正确的填在横线上。**

1. 这次，我终于逮着______，狠狠批评了他一顿。

A. 机会　　B. 时机　　C. 机遇

2. 儿童阶段是培养孩子智力的最佳______。

A. 机会　　B. 时机　　C. 机遇

3. 一些科学家认为：睡前这段时间，是记忆的最好______。

A. 机会　　B. 时机　　C. 机遇

4. 想要事业成功，与其等待__①__的降临不如自己主动寻找__②__。

① A. 机会　　B. 时机　　C. 机遇

② A. 机会　　B. 时机　　C. 机遇

**二、HSK 仿真题：找出下面句子中错误的部分并改正。**

1. 你可要珍惜这次时机(A)，能去那地方留学不容易(B)，挑战和机遇是并存的(C)，就看你能不能抓住(D)。

2. 史玉柱抓住了这个时机(A)，更难得的是他选择了珠海这样一个特区城市(B)，使他的所有梦想都成为现实(C)，所有努力都得到回报(D)。

**三、用句后括号中的词语完成句子。**

1. 春天是鲜花盛开的季节，正是____________。（时机）

2. 事业成功____________，而不是欺骗。（机遇）

3. 我们好多年没有见面了，今天____________，好好聊聊吧。（机会）

## 参考答案

一、1. A　2. B　3. B　4. ①C ②C

二、1. A　改为：你可要珍惜这次机会

2. A　改为：史玉柱抓住了这个机遇

三、1. 春天是鲜花盛开的季节，正是 游览观光的好时机 。

2. 事业成功 靠的是机遇、勤劳和头脑 ，而不是欺骗。

3. 我们好多年没有见面了，今天 终于有了机会 ，好好聊聊吧。

# 感觉、感受

## 讲一讲

“感觉”可作名词，表示人的感觉器官对外界事物的具体的、直接的反应，如味觉、触觉、视觉、听觉等的各种反应。比如：

你摸一摸，有什么感觉？很光滑吧。

听着这样的音乐，她还是一点儿感觉也没有。

“感觉”还可作动词，多表示人身体或精神上的具体的反应。如：

吃了药，大卫感觉身体比昨天好多了。

她感觉身后有人，回头一看，是一个陌生的男人。

“感觉”还可表示不太肯定的认识或看法、态度等，必须带宾语。如：

我感觉这场比赛王强一定会赢。

我感觉这个人还不错，是个值得交往的朋友。

“感受”作名词时，一般不表示人体的具体、直接的反应，而是人内心深处的体会等。如：

看完电影，请每个同学说说自己的感受。

这本书会给不同的人完全不一样的感受。

“感受”也可作动词，表示用内心体会，常需带宾语。如：

天天感受着老师、同学的关心，她感动得哭了。

一下飞机，我就感受到了中国人的热情！

## 提示

“感觉”和“感受”的区别

| 词语 | 词性 | 语义特点 | 常用搭配 |
|---|---|---|---|
| 感觉 | 名词 | 表示人的感觉器官对外界事物具体的、直接的反应 | 温暖的～　舒服的～　奇怪的～ |
| | 动词 | 表示直接、具体的反应 | ～很冷　～不舒服 |
| | | 表示不太肯定的认识、看法、想法、态度等 | ～＋宾语 |
| 感受 | 名词 | 人内心深处的体会 | 内心～　真实的～　～很深　心理～　对……的～ |
| | 动词 | 表示用内心体会 | ～到 |

## 练一练

**一、HSK 仿真题：在下面的答案中选择唯一正确的填在横线上。**

1. 在李丽家做客，看到他们全家人都那么__①__，我有一种回家的__②__。

① A. 热情　B. 热心　C. 热爱　D. 热烈

② A. 感受　B. 感觉　C. 感情　D. 感想

2. 千鸟的__①__很__②__，只要周围稍有动静，它就一哄而散，叽喳乱叫。

① A. 感受　B. 感觉　C. 感情　D. 感想

② A. 灵敏　B. 敏捷　C. 灵活　D. 灵巧

3. 正是因为人们之间互相帮助，互相关爱，才使我们更深切地__①__到人世间的__②__与美好。

① A. 感受　B. 感觉　C. 感情　D. 感想

② A. 暖和　B. 温暖　C. 温和　D. 温柔

**二、用"感受""感觉"填空。**

1. 人激烈运动以后，情绪松弛下来，疲倦的________会立即出现。

2. 说这些话，你怎么就不注意别人心里的________呢？

3. 这种手镯(zhuó)戴上后，会给人一种冰凉的________。

4. 到过天津的人有个共同的________：天津虽不够繁华，却有人情味。

5. 每到春天，人们常常会产生昏昏欲睡、无精打采的________，这就是俗话说的"春困"。

**三、HSK 仿真题：找出下面句子中错误的部分并改正。**

1. 武打、爱情片我都看腻了(A)，但是这部有关农村的片子我感受挺感人的(B)，所以就抱着试试看的心态看了(C)，看着看着我就哭了(D)。

2. 这件羊毛衫价格很贵(A)，但摸上去(B)，并没有特别柔软的感受(C)，所以我不想买(D)。

**四、用句后括号中的词语完成句子。**

1. 这次生病，我得到了班里很多同学的帮助，我真切地________。(感受)

2. 开了空调，我________。(感觉)

3. 李胜的妻子生了一个儿子，李胜高兴得逢人便说________。(感受)

## 参考答案

一、1. ①A ②B　2. ①B ②A　3. ①A ②B

二、1. 感觉　2. 感受　3. 感觉　4. 感受　5. 感觉

三、1. B　改为：但是这部有关农村的片子我感觉挺感人的

2. C　改为:并没有特别柔软的感觉

四、1. 这次生病,我得到了班里很多同学的帮助,我真切地<u>　感受到了集体的温暖　</u>。

2. 开了空调,我<u>　感觉很舒服　</u>。

3. 李胜的妻子生了一个儿子,李胜高兴得逢人便说<u>　自己当爸爸的感受　</u>。

# 第四课 作用、用处、用途 风气、风尚

## 作用、用处、用途

### 讲一讲

“作用”作名词时，常常表示对事物所产生的影响、效果和变化。可以作主语、定语和宾语。如：

这种药的作用并没有他们想象的那么大。

老师和他谈了很多次，但并没有什么作用。

“作用”还可以指在一定条件下对事物产生影响的活动，这种活动往往使事物发生一定的变化，多用于科学术语。如：光合作用、化学作用、同化作用、消化作用，催化作用等。

太阳光是绿色植物进行光合作用、制造有机物质唯一的能量来源。

物理作用所造成的土地退化，主要在非洲。

“作用”作主语、宾语时一般要加修饰成分，如“带头作用”“示范作用”等。

优秀同学的带头作用在班级中是显而易见的。

王强严谨的工作作风，为同事们起了很好的示范作用。

“作用”还可以作动词，表示对事物产生影响。如：

外界的事物作用于我们的感觉，在头脑中形成印象。

有的减肥药可以作用于神经，所以会严重影响睡眠质量。

“用处”指人或者事物的可以发挥作用的地方。可以作主语、宾语。作主语时必须带修饰成分，不能单独使用。如：

竹子的用处是非常广泛的。

这种虫子喷出的液体到底有什么用处呢？

“用途”指事物发生作用的方面或者范围。一般作主语、宾语。作主语时必须有修饰成分，作宾语时一般也需要“多”“少”“广泛”等或者其他定语的修饰。如：

这种新型材料的用途是非常多的。

谁都没有想到这么不起眼的“石头”会有这么广泛的用途。

**提示**

"作用""用处""用途"的区别

| 词语 | 语义特点 | 常用搭配 | 语体色彩 |
| --- | --- | --- | --- |
| 作用 | 表示对事物产生的影响 | ~大　~小　~明显　突出的~　起~　有~　产生~　发挥~　带头~　示范~　骨干~　光合~　物理~　在……~下　起……~ | 多用于书面语 |
| 用处 | 事物发挥作用的地方 | ~广　~广泛　~狭窄　~多　~大　很多~　有~ | 多用于口语 |
| 用途 | 事物发挥作用的方面、范围 | ~广　~广泛　~狭窄　~多　~少　很多~　特殊~　基本~ | 多用于书面语,应用文体 |

1. "作用"指由于外界的影响而使事物产生的变化,因此"作用"可以用于短语"起……作用""在……作用下";"用处"指事物在什么地方发挥作用;"用途"则是强调事物发挥作用的方面和范围。请比较下面的句子:

这种药是有作用的。(强调在治病的时候,这种药肯定会有效果)

这种药有它的用处。(强调这种药在某个方面有用,不强调效果)

这种药的用处很多。(这种药可以在许多方面起作用)

这种药的用途很多。(这种药可以用于多种疾病,甚至在更大范围内可以使用)

2. 三个词都可用于事物,不过"作用"常用于表示某人、某个组织起的作用;"用处"有时也表示某人有可利用的地方;"用途"不能用于人。如:

这次总统选举,他所在的党起了很大的作用。

把他留在公司,我有用处。

*每一个人,既生于世,必有他独特的用途。

3. 在词汇色彩方面,"作用"和"用途"在书面语中使用较多,"用处"在口语中使用较多。"有作用""没作用"在口语中经常被"有用""没用"替代。"用途"在应用文体中使用较多,而在口语中经常被"用处"替代。如:

你给我仔细讲讲这种药的用途/用处吧!

谁也说不清钢铁到底有多少种用途/用处。



**练一练**

**一、HSK 仿真题:在下面的答案中选择唯一正确的填在横线上。**

1. 他的这一番话在班里起了很大的______。
A. 作用　　B. 用处　　C. 用途
2. 说明书上不是很清楚地写着这种胶水的______吗?怎么就用错了呢?
A. 作用　　B. 用处　　C. 用途
3. 科学家断言,没有光合______,地球上就没有生命。
A. 作用　　B. 用处　　C. 用途
4. 海格在酒精的______下,变得健谈起来。
A. 作用　　B. 用处　　C. 用途

5. 这所医院的学术水平和管理工作，在当地各个＿＿①＿＿都具有示范＿＿②＿＿。

① A. 地点　　B. 地区　　C. 地方

② A. 作用　　B. 用处　　C. 用途

6. 这种材料具有良好的抗高温和催化＿＿①＿＿，在工业上有广泛的＿＿②＿＿。

① A. 作用　　B. 用处　　C. 用途

② A. 作用　　B. 用处　　C. 用途

**二、HSK 仿真题：找出下面句子中错误的部分并改正。**

1. 在现代社会中(A)，垃圾的作用还在不断被人们挖掘翻新(B)，垃圾回收不仅有利于环保(C)，而且已成为一种有利可图的新行业(D)。

2. 电影作为一种最大众的娱乐方式(A)，可以给人以视听享受(B)，更重要的是可以用处于人的心灵(C)，对人们特别是青少年的思想和作为有很大影响(D)。

**三、用句后括号中的词语完成句子。**

1. 这些旧报纸＿＿＿＿＿＿，快点处理了吧。（用处）

2. 这次小张的爸爸妈妈吵架后能和好，小张＿＿＿＿＿＿。（作用）

3. 杨树是世界上分布最广、＿＿＿＿＿＿树种。（用途）

## 参考答案

一、1. A　2. C　3. A　4. A　5. ①B ②A　6. ①A ②C

二、1. B　改为：垃圾的用途还在不断被人们挖掘翻新

2. C　改为：更重要的是可以作用于人的心灵

三、1. 这些旧报纸＿没有什么用处了＿，快点处理了吧。

2. 这次小张的爸爸妈妈吵架后能和好，小张＿起了很大的作用＿。

3. 杨树是世界上分布最广、＿用途最广泛的＿树种。

# 风气、风尚

## 讲一讲

"风气"，名词，表示爱好、习惯的范围比较广，可以是好的方面，也可以是坏的方面，且不固定，容易改变。可以用于社会或集团的爱好和习惯。如：

利用下班时间学习外语成为了一种社会新风气。

互相攀比，这是一种不好的社会风气。

“风气”常受名词修饰，表示具体某一方面的风气。如：

高校科研工作要形成脚踏实地的学术风气。

在李金华的家乡，读书风气很浓。

“风尚”，名词，指社会上大家共同注重的行为、习惯，是褒义词，通常是良好的精神、态度、思想、道德品质。常需带定语。不能用于较小范围内，不能用于坏的方面。如：

尊老敬老是我们提倡的社会风尚。

良好的职业道德风尚是社会发展的好环境。

**提示**

“风气”和“风尚”的区别

| 词语 | 语义特点 | 使用范围 | 常用搭配 |
|---|---|---|---|
| 风气 | 容易改变，不固定 | 好的和坏的方面皆可 | 好～　良好～　社会～　时代～　学术～　～转变　～形成 |
| 风尚 | 比较固定；常带定语 | 只限好的方面 | 道德～　社会～　精神～　民俗～　新～　良好～　形成～　发扬～　树立～　倡导～ |

**练一练**

**一、用“风气”“风尚”填空。**

1. 我们单位减肥的______很盛。
2. 孩子在这种坏______的影响下，性格发生了很大变化。
3. 这种教育有助于形成是非分明的社会______。
4. 我们要学习这种乐于助人的精神______。
5. 在农村，赌博的______又开始慢慢形成。

**二、HSK 仿真题：找出下面句子中错误的部分并改正。**

1. 现在小到一个社区（A），大到一个集团公司（B），整个社会爱老敬老（C）、关心老人已经形成良好的风气（D）。

2. 对于我们来说（A），如果不养成勤俭持家的良好习惯（B），那么我们这一代的坏风尚（C），就会潜移默化地影响到下一代的心灵（D）。

**三、用句后括号中的词语完成句子。**

1. 由王丽组织的读书会已活动多年了，公司员工______________就是她带起来的。（风气）
2. 体育赛场既是竞技场，也是展示__________舞台。（风尚）
3. 我们学校经常抓学生的品德教育，__________。（风气）
4. 游牧生活方式使草原民族__________，不奢侈，不浪费。（风尚）

## 参考答案

一、1. 风气 2. 风气 3. 风尚 4. 风尚 5. 风气

二、1. D 改为:关心老人已经形成良好的风尚

2. C 改为:那么我们这一代的坏风气

三、1. 由王丽组织的读书会已活动多年了,公司员工 爱读书的好风气 就是她带起来的。

2. 体育赛场既是竞技场,也是展示 体育道德风尚的 舞台。

3. 我们学校经常抓学生的品德教育, 培养良好的学习风气 。

4. 游牧生活方式使草原民族 形成节俭的风尚 ,不奢侈,不浪费。

# 第五课 消息、信息、新闻 启示、启事

## 消息、信息、新闻

### 讲一讲

“消息”有两个意思。一是关于人或事物情况的报道。如：

不论白天黑夜，只要人们一打开收音机，就可以听到来自世界各地的消息。

二是指音信。如：

自从他走了以后，一天一天过去，直到年底，都没有一点消息。

“信息”有三个意思：一是指消息，即关于人或事物的消息。如：

在古代，曾经有一段时间，人们用信鸽传递信息。

二是指音信。如：

三个月以前，他离开了北京。从此以后，我们就再也没有他的信息。

三是指信息论中用符号传递的内容，可以获取、储存、传递、处理、再生和利用。如：

电脑有两个最主要的用途：信息的管理和信息的传输。

“新闻”有两个意思：一是特指通讯社、报纸、广播电台、电视台等报道的消息。如：

直到今天，报纸仍然是新闻传播的主要手段之一。

二是泛指最近发生的新事情。如：

你刚从家乡回来，有什么新闻给大家说说。



### 提示

“消息”“信息”“新闻”的区别

| 词语 | 语义特点 | 常用搭配 | 语体色彩 |
|---|---|---|---|
| 消息 | 音信 | 有～ 没有～ | 多用于口语 |
| | 关于人或事物的情况 | 公布～ 发布～ | 多用于书面语 |
| | | 得到～ 传出～ 探听～ 透漏～ 小道～ ～灵通 | 多用于口语 |
| 信息 | 关于人与事物的消息 | ～发布会 提供～ 寻找～ ～反馈 ～爆炸 ～灵通 | 多用于书面语 |
| | 音信 | 有～ 没有～ | 多用于口语 |
| | 信息论中用符号传递的内容（独有） | 动词（发送、传递、处理、加工、贮存）+～<br>～+名词（技术、社会、产业、系统、时代） | 多用于书面语 |

续表

| 词语 | 语义特点 | 常用搭配 | 语体色彩 |
| --- | --- | --- | --- |
| 新闻 | 关于人与事物的报道 | ～＋名词（记者、机构、工作、媒体、界、节目、发布会等）<br>形容词（重大、国际等）＋～<br>动词（刊登、发现、提供等）＋～ | 多用于书面语 |
| | 泛指最近发生的事情（独有） | 有什么～　听到什么～ | 多用于口语 |

1．“消息”和“信息”可以指音信，这是“新闻”所没有的。而且，在日常使用中，“消息”多于“信息”。另外，“信息”可以指信息论中用符号传递的内容。“新闻”作口语词时，可以泛指最近发生的事情。

2．“消息”“信息”“新闻”这三个词都可以指关于人或事物的情况，但是使用范围与侧重不同。“消息”既可以指借助报纸、电视、广播等媒体传播的报道，又可以特指人们口口相传的关于人或事物的情况。“新闻”只可以指通讯社、报纸、广播电台、电视台等报道的消息，而且常常侧重于最新的报道。“新闻”比“消息”更具有庄重色彩。“信息”对于收信者方面来说，多指新知识或有意义的内容。

## 练一练

**一、HSK 仿真题：在下面的答案中选择唯一正确的填在横线上。**

1．我们在电视上看了__①__，看到王平的家乡发生了特大地震，我就在电话里告诉了他这个不幸的__②__。

①A．新闻　　B．消息　　C．故事　　D．事情

②A．信息　　B．新闻　　C．消息　　D．故事

2．这个地区的__①__工作者报道本地区的经济发展，沟通经济__②__，扩大本地区的影响，这样是很有意义的。

①A．新闻　　B．消息　　C．信息　　D．故事

②A．故事　　B．新闻　　C．消息　　D．信息

**二、用“消息”“新闻”“信息”填空。**

1．现在是市场需要什么，我们就把______反馈（fǎnkuì）到厂长那里，厂里迅速组织生产什么。

2．古城被毁坏的事情由当地______媒体传播以后，引起了大家的广泛关注。

3．他的个性很强，得知要解雇他的______，仍然表现得像个男子汉。

4．如何推动______技术的发展，已成为当今世界的热门话题。

**三、HSK 仿真题：找出下面句子中错误的部分并改正。**

1．这个试题先给出一段文字，详细叙述题干提供的新闻，在所给的五个选择中，选择一个最合适的作为答案。

（A：这个试题先给出一段文字；B：详细叙述题干提供的新闻；C：在所给的五个选择中；D：选择一个最合适的作为答案）

2. 一个好的记者要有渊博的知识，能够在各种各样的事物中抓住有消息价值的东西，
A B
能够在最短的时间内写出最好的文章，报道出最真实的事件。
C D

3. 他在准备参加世界杯的时候，父亲突然生病，他的教练得知这一新闻后，立刻派人将他
A B C
的父亲送到当地最好的医院治疗。
D

**四、用句后括号中的词语完成句子。**

1. 齐欣看见我手里拿着报纸，便问我："今天__________？"（新闻）

2. 他离开已经很久了，快三个月了，但是__________。（消息）

3. 出于职业的需要，__________对各地发生的事情怀有很强烈的好奇心。（新闻）

## 参考答案

一、1. ①A ②C　2. ①A ②D

二、1. 信息　2. 新闻　3. 消息　4. 信息

三、1. B　改为：详细叙述题干提供的信息

2. B　改为：能够在各种各样的事物中抓住有新闻价值的东西

3. C　改为：他的教练得知这一消息后

四、1. 齐欣看见我手里拿着报纸，便问我："今天 有什么新闻吗 ？"

2. 他离开已经很久了，快三个月了，但是 到现在还没有一点儿消息 。

3. 出于职业的需要， 新闻工作者 对各地发生的事情怀有很强烈的好奇心。

# 启示、启事

"启示"，可作动词，表示启发提示，使人明白某种道理。如：

这个现象启示科学家建造了世界上第一个625平方米的太阳池。

"启示"，可作名词，表示通过启发提示而领悟到的道理。常常作得到或给予类动词的宾语。如：

科学家们受到鱼的启示，发明了潜水艇；受到鸟的启示，发明了飞机。

"启事"，名词，为了说明某事而贴在墙上或登在报刊、电视等媒体上的文字。如：

弟弟丢失的那些天里，母亲经常做恶梦，哥哥就在报纸上刊登了寻找弟弟的寻人启事。

提示

"启示"和"启事"的区别

| 词语 | 词性 | 语义特点 | 常用搭配 |
|---|---|---|---|
| 启示 | 动词 | 启发提示,使人得到某种道理 | ~+某人做什么　~+某人 |
| | 名词 | 某种令人受教育的道理 | 得到~　受到~　给……提供~ |
| 启事 | 名词 | 为说明某事公开张贴、登出的文书 | 寻人~　遗失~　征婚~　征文~　招聘~　鸣谢~ |

## 练一练

**一、HSK 仿真题:在下面的答案中选择唯一正确的填在横线上。**

1. 首届全国书法大赛在北京开幕。书法艺术不仅体现书法家本人的素质和品格,同时也起到教育和__①__他人的作用。本次书法大赛从 8 月开始发出征稿__②__,截至10月初共收到书法爱好者的书法作品 3 000 多件。

① A. 通知　　B. 启示　　C. 启事　　D. 教导

② A. 启示　　B. 公告　　C. 宣布　　D. 启事

2. 越来越多的人在网上刊登各种__①__。这种现象给我们一个__②__:网络已经越来越深入人们的生活了。

① A. 启事　　B. 启示　　C. 宣布　　D. 教导

② A. 公告　　B. 启事　　C. 通知　　D. 启示

**二、用"启示""启事"填空。**

1. 这件事__________我们,做什么事情都要认真。

2. 有的报纸在左右两版之间狭长的部分刊登广告或__________。

3. 不久前,我在一张报纸上看到一则"茶文化"的研讨__________。

4. 此次研讨会给我们留下了一个__________:只有不断地进行探索,才能取得更大的成就。

**三、HSK 仿真题:找出下面句子中错误的部分并改正。**

1. 事物是在不断的发展变化的(A),这就启事我们(B):对一些事物"看准"之后(C),必须抓准时机,不要犹豫,大胆去干(D)。

2. 他最近失业了(A),所以一直看报纸(B),寻找招工启示(C),但是一直没有找到适合的工作(D)。

**四、用句后括号中的词语完成句子。**

1. 看到这家杂志上__________,很多人纷纷把自己宝宝的照片寄了过去。(启事)

2. 陈明的失败__________:超越自我比超越他人更难。(启示)

3. 我们捡到了一只皮包,就在学校大门外的公告栏上__________。(启事)

4. 萤火虫的发光原理__________既省电又明亮的日光灯。(启示)

5. 为了找到一份合适的工作,他每天看__________,寻找__________。(启事 信息)

## 参考答案

一、1. ①B ②D 2. ①A ②D

二、1. 启示 2. 启事 3. 启事 4. 启示

三、1. B 改为:这就启示我们

2. C 改为:寻找招工启事

四、1. 看到这家杂志上 征集婴儿照片的启事后 ,很多人纷纷把自己宝宝的照片寄了过去。

2. 陈明的失败 给人们一个启示 :超越自我比超越他人更难。

3. 我们捡到了一只皮包,就在学校大门外的公告栏上 贴了一张失物招领启事 。

4. 萤火虫的发光原理 启示人们发明了 既省电又明亮的日光灯。

5. 为了找到一份合适的工作,他每天看 很多招工启事 ,寻找 更多的信息 。

# 第六课 情景、情况、情形 情绪、感情

## 情景、情况、情形

### 讲一讲

“情景”有三个意思。一是指人或事物所呈现出的某一具体画面。如：

　　我至今还记得三年前在老师家做客的情景。

二是指景色。如：

　　夜色越浓，水灯越多，连成一片，与波光相映，情景十分动人。

三是指人为设计的具体场景、环境，可以直接作定语。如：

　　口语课上，老师经常设置情景让学生进行对话。

“情况”有两个意思。一是指人或事物概括的、整体性的条件与状况。如：

　　公司常派他去上海出差，因为他比较了解那里的情况。

二是指事物的变化、动向。如：

　　别紧张，这两天没什么情况。

“情形”指人或事物所呈现出的状态、过程。因此，前面常出现表示具体情形的描述或定语。如：

　　他把飞机如何燃烧、如何坠落的情形讲了一遍。

**提示**

“情景”“情况”“情形”的区别

| 词语 | 语义特点 | 句法成分 | 常见搭配 |
|---|---|---|---|
| 情景 | 人或事物所呈现的某具体画面 | 主语<br>宾语 | 记得……的~　记录……的~　描写……的~　一幕幕~ |
| | 景色 | | ……的~　一番~ |
| | 人为设计的具体场景、环境 | 主语<br>宾语<br>定语 | 设计~　~对话　~喜剧 |
| 情形 | 人或事物所呈现的具体、形象的状态、过程，包括周围的环境、形势等 | 主语<br>宾语 | 展现……的~　描写……的~　体现……的~ |

续表

| 词语 | 语义特点 | 句法成分 | 常见搭配 |
| --- | --- | --- | --- |
| 情况 | 表示人或事物较抽象的状况，注重整体与概括 | 主语<br>宾语 | 家庭～ 学习～ 实际～ 在一般～下<br>大多数～下 了解～ 调查～ 反映～<br>处理～ 根据～ |
| | 事物的变化、动向 | | 有～ 没有～ 新～ |

1．"情景"和"情形"一般用于表示人或事物具体的状况，注重细节和描写；"情况"则用于表示人或事物较抽象的状况，注重整体与概括。

由于这一原因，"情况"经常受"工作、学习、政汉、经济、比赛"等概括性词语的修饰;经常与"汇报、了解、调查、反映、处理"等动词搭配使用。"情形""情景"则很少这样用。

2．"情景"和"情形"有时候可以互换，但侧重的方面不同。"情景"重在表示所发生事件的某一生动的画面；而"情形"还可以包括事件过程中的周围环境、形势等，所指范围更大。如：

我依然记得他们两个当初吵架时的情景。（突出吵架时的那个特定画面）

我依然记得他们两个当初吵架时的情形。（吵架的画面及周围环境等）

3．"情景"还有景色和人为设计的场景、环境的意思，除了作主语、宾语外，还可以作定语(详见上)，这点是"情形"和"情况"所没有的。

4．"情形"和"情况"在许多句子里是可以互换的，它们的主要区别是，"情形"比"情况"要具体。因此，在法律条文中，使用"情形"要比"情况"多得多，特别是关于处罚方面的条文，因为必须讲清具体的状况才能执行。用"情形"的句子，前后文往往会有说明具体状况的句子或成分。如：

违反治安管理有下列情形之一的，可以从轻或者免予处罚……（下面是具体说明）

大学生中另一种常见的焦虑情形是因对身体健康状况过分关注而产生的焦虑。

与"情形"不同，"情况"可以用于一切不需要具体说明的时候，下面的"情况"就不能换成"情形"。

在一般情况下，水火是不相容的。

5．"情况"有事物的变化、动向的意思，这是"情景""情形"所没有的。





## 练一练

**一、HSK 仿真题：在下面的答案中选择唯一正确的填在横线上。**

1．在通常__①__下，不管遇到什么事，他都能保持__②__。

① A．情景　　B．情形　　C．情况　　D．状况

② A．安静　　B．平静　　C．寂静　　D．宁静

2．课堂上的时间虽然很__①__，但是抽出一部分时间让同学们进行__②__对话还是很有必要的。

① A．珍贵　　B．可贵　　C．宝贵　　D．贵重

② A．情景　　B．情形　　C．情况　　D．状况

**二、用"情景""情形""情况"填空。**

1. 我不太清楚他的家庭__________。
2. 诗中所表现的,是个别__________,还是普遍__________?
3. 你见过大吊车开进学校的__________吗?
4. 我好久没有回去了,不知道家乡近来的__________如何。
5. 春天的校园十分美丽,随处可见鲜花盛开的__________。

**三、HSK 仿真题:找出下面句子中错误的部分并改正。**

1. 装有监视摄像机的出租车(A),如发生紧急情形(B),司机只要按一下电钮(C),车内的情景就以图像的方式传送出去(D)。

2. 上个周末(A),大卫去参加了一个中国朋友的婚礼(B),回来以后(C),他把从头到尾的具体情况写成了作文(D)。

**四、用句后括号中的词语完成句子。**

1. 他以前在中国工作过几年,________________。(情况)
2. 这个公园我小时候常跟哥哥一起来,至今还记得________________。(情形)
3. 在________________下,只要你开口,他就会帮助你。(情况)
4. 这张照片记录了三年前________________。(情景)

## 参考答案

一、1. ①C ②B 2. ①C ②A

二、1. 情况 2. 情况 情况 3. 情形 4. 情况 5. 情景

三、1. B 改为:如发生紧急情况

2. D 改为:他把从头到尾的具体情形写成了作文

四、1. 他以前在中国工作过几年,比较了解那里的情况。

2. 这个公园我小时候常跟哥哥一起来,至今还记得那时和哥哥一起玩的情形。

3. 在大多数情况下,只要你开口,他就会帮助你。

4. 这张照片记录了三年前他刚来中国时的情景。

## 情绪、感情

"情绪"有两个意思。一个是指人从事某种活动时产生的一种心理状态,可以是积极的,也可以是消极的。如:

晚会中许多观众情绪高涨,也随着节拍舞动起来。(积极的)

她在整个比赛中,完全被急躁情绪控制住了,影响了正常水平的发挥。(消极的)

二是指不愉快的情感。如：

听说园林工人为了报酬问题在闹情绪，不肯工作。

“感情”有两个意思。一是指人对外界客观事物产生的比较强烈的稳定心理反应。如：

沈先生是个感情丰富的人，非常容易动情，非常容易受感动。

二是指对人或事物的关切的心情，还指人与人之间的关爱的情感。如：

他在农村生活了五年，这使他对农村产生了深厚的感情。

**提示**

“情绪”和“感情”的区别

<table>
<tr><th>词语</th><th>语义特点</th><th>特点</th><th>常用搭配</th></tr>
<tr><td rowspan="2">情绪</td><td>随着情景的变化而产生的一种心理状态</td><td rowspan="2">由一定情景引发；短暂而且易变</td><td rowspan="2">~高涨　~低落　~稳定　~兴奋　~激动<br>愉快~　~化　紧张~　不满~　厌倦~　空虚~<br>调整~　控制~　闹~　有点儿~　~很大</td></tr>
<tr><td>特指不愉快的情感</td></tr>
<tr><td rowspan="2">感情</td><td>人对外界客观事物产生的稳定深刻的心理反应</td><td rowspan="2">较稳定，持久而且深刻</td><td rowspan="2">建立~　联络~　增进~　伤害~　~流露<br>~破裂　~疏远　~融洽　~深厚　~细腻<br>思想~　民族~　宗教~　~经历　~基础<br>~寄托</td></tr>
<tr><td>对人或事物的关切的心情，人与人关爱的情感</td></tr>
</table>

## 练一练

**一、HSK仿真题：在下面的答案中选择唯一正确的填在横线上。**

1. 这一段时间，我的__①__受到挫折，女朋友提出和我分手，__②__糟透了，但是王大叔给了我许多鼓励和安慰。

① A. 情绪　　B. 感觉　　C. 情趣　　D. 感情

② A. 情怀　　B. 情趣　　C. 情绪　　D. 感情

2. 北京的程姑娘是个__①__细腻的女孩子，她见我这几天__②__低沉，非常着急，一直陪伴在我的身边。

① A. 感情　　B. 感觉　　C. 情趣　　D. 情绪

② A. 情绪　　B. 情怀　　C. 情趣　　D. 感情

3. 我们在开车前提前把坏______处理掉很重要，可以通过深呼吸来平静自己，千万不要带着______上路。

① A. 感情　　B. 感觉　　C. 情趣　　D. 情绪

② A. 情绪　　B. 情怀　　C. 情趣　　D. 感情

**二、用“情绪”“感情”填空。**

1. 现在因为网恋闹得夫妻________破裂、家庭破碎的事情，近年来并不少见。

2. 现在很多公司里的员工超时工作，因过于劳累而产生厌倦________。

3. 春节的时候，农民购书________高涨，有关动物饲养、花草管理这类的书都很畅销。

4. 我和我的女朋友交往了一年多，我给她写了200多封情书，我很珍惜这份________。

**三、HSK 仿真题：找出下面句子中错误的部分并改正。**

1. 我很感谢大学同学胡劲军，他让我确信，结交在青春时的友情，是这个世界上最美好的情绪之一。
（A：我很感谢大学同学胡劲军　B：他让我确信　C：结交在青春时的友情　D：是这个世界上最美好的情绪之一）

2. 自从在网上找到了交流对象，找到了情绪寄托以后，林小凤情绪高涨，又开始进美容店，又开始对服装感兴趣了。
（A：自从在网上找到了交流对象　B：找到了情绪寄托以后　C：林小凤情绪高涨，又开始进美容店　D：又开始对服装感兴趣了）

**四、用句后括号中的词语完成句子。**

1. 足球比赛已经结束了，球输了，冠军丢了，大家________________。（情绪）
2. 家长和孩子一起玩一些有意义的游戏，可以________________。（感情）
3. 最近，他因为和妻子________________打算离婚。（感情）
4. 由于平时工作和生活压力较大，我常常________________。（情绪）

## 参考答案

一、1. ①D ②C　2. ①A ②A　3. ①D ②A

二、1. 感情　2. 情绪　3. 情绪　4. 感情

三、1. D　改为：是这个世界上最美好的感情之一

2. B　改为：找到了感情寄托以后

四、1. 足球比赛已经结束了，球输了，冠军丢了，大家<u>心里都有点儿情绪</u>。

2. 家长和孩子一起玩一些有意义的游戏，可以<u>增加父母与孩子的感情</u>。

3. 最近，他因为和妻子<u>感情破裂</u>打算离婚。

4. 由于平时工作和生活压力较大，我常常<u>感到情绪低落</u>。

# 第七课 友好、友爱、友谊、友情

## 友好、友爱、友谊、友情

### 讲一讲

“友好”有两个意思。一是名词,指好朋友。这种用法较少用。多见于“生前友好”“亲朋友好”,是书面语用法。如:

先生的生前友好均出席了追悼会。

节日期间,亲朋友好聚在一起,孩子是必谈的话题。

二是形容词,表示人与人或不同集团(如“国家、地区、民族等)之间友善相待、和睦相处。多用于正式场合。常作谓语、定语、状语或宾语。如:

我们第一次见面的时候,他的态度十分友好。

朋友见面握手,表示友好,这是全世界通用的一种“符号”。

“友爱”是形容词,重在指集团内部成员之间关系亲密,相互关爱;也可用于人对动物的关爱。常作谓语和定语,常与“团结”“互助”连用。如:

同学之间要团结友爱,互相帮助。

我希望能有更多的人对动物伸出友爱之手。

“友谊”是名词,指人与人之间(多看做是属于不同集团)的友好情谊与关系,强调关系好。“友谊”不像“友情”那么强调感情,但比“友情”庄重;适用范围大。常作主语、宾语、兼语或定语。如:

她真挚的友谊令我难忘。

这支球队将与我市青年足球队进行两场友谊赛。

“友谊”不常作定语,常见于给事物或单位命名,如“友谊勋章”“友谊赛”“友谊医院”“友谊宾馆”等(有的是为纪念或加强友好关系而命名的)。

“友情”是名词,指朋友等私人间的亲密感情,比“友谊”更强调感情,但没有“友谊”庄重。多用于个人与个人、家庭与家庭,适用范围较小。常作主语和宾语,也可作状语。如:

他们俩认识有 20 多年了,友情十分深厚。

这部公益性的电影将有好几位著名影星友情出演。

## 提示

"友好""友爱""友谊""友情"的区别

| 词语 | 词性 | 语义特点 | 常用搭配 | 语体色彩 |
| --- | --- | --- | --- | --- |
| 友好 | 名词 | 好朋友 | 生前～　亲朋～ | 书面语 |
| | 形容词 | 表示人与人或不同集团之间友善相待,和睦相处;着重表示外部关好 | ～相处　～往来　～交往<br>～交流　～关系　～气氛 | 多用于不同国家间,较正式 |
| 友爱 | 形容词 | 表示集团内部成员之间关系亲密,相互关爱 | 团结～　互助～ | 多用于一般人之间 |
| 友谊 | 名词 | 用于属于不同集团的人与人之间的友好情谊与关系 | ～勋章　～赛　～医院<br>～宾馆 | 多用于国家、民族间,较正式 |
| 友情 | 名词 | 指朋友等私人间的亲密感情 | ～客串　～提醒　～提供 | 多用于个人与家庭,更强调感情 |

1."友谊""友好"比"友爱"和"友情"更多用于集团、国家之间和正式场合,强调关系好;"友爱"和"友情"多用于私人交往,更强调感情好。

2."友好"常作状语,"友情"只作"出演"等少数动词的状语。"友爱""友谊"不能作状语。

## 练一练

**一、HSK 仿真题:在下面的答案中选择唯一正确的填在横线上。**

1. 每到年底,亲朋__①__都会利用春节休假的__②__,一起聚聚,聊聊天,谈谈心。

① A. 友谊　B. 友情　C. 友好　D. 友爱

② A. 时机　B. 机会　C. 机遇　D. 时节

2. 在这次登山活动中,同学们__①__发挥了团结__②__的精神,顺利完成了任务。

① A. 充分　B. 充足　C. 充满　D. 满足

② A. 友谊　B. 友情　C. 友好　D. 友爱

3. 晓月不知道自己和小军之间到底是__①__还是爱情,现在很苦恼,她说自己一点__②__都没有,要我帮帮她。

① A. 友谊　B. 友情　C. 友好　D. 友爱

② A. 方法　B. 方式　C. 法子　D. 点子

4. 残疾人互助__①__的精神深深打动了每一个孩子的心,在这次__②__中,孩子们受到了很大的教育。

① A. 友谊　B. 友情　C. 友好　D. 友爱

② A. 活动　B. 运动　C. 活力　D. 行动

5. 由于时间__①__,临时找个演员来也不__②__,她就把她那个大明星朋友拉过来,__③__客串了一回售票员。

① A. 匆忙　B. 仓促　C. 急忙　D. 充分

② A. 简单　　B. 简便　　C. 容易　　D. 轻松

③ A. 友谊　　B. 友情　　C. 友好　　D. 友爱

**二、HSK 仿真题：找出下面句子中错误的部分并改正。**

1. 我和小丽只相处了三个多月(A)，时间虽短(B)，但是(C)，她真挚的友好令我难忘(D)。

2. 这里的居民很纯朴(A)，他们团结友谊(B)，互相帮助(C)，生活得非常快乐(D)。

3. 他长期在印度工作和生活(A)，和印度人民建立了深厚的友爱(B)。直到现在(C)，当地的印度人还常常提起他(D)。

**三、用句后括号中的词语完成句子。**

1. 人生最美好的东西，就是__________________。（友情）
2. 通过各种会议，他和一些著名的专家、学者、教授__________________。（友谊）
3. 我们从小所受到的教育是：对同学__________________，对他人要礼貌谦让。（友爱）
4. 同为“水乡”，早在 1980 年，苏州就已和威尼斯__________________。（友好）

## 参考答案

一、1. ①C ②B　2. ①A ②D　3. ①B ②C　4. ①D ②A　5. ①B ②C ③B

二、1. D　改为：她真挚的友情/友谊令我难忘

2. B　改为：他们团结友爱

3. B　改为：和印度人民建立了深厚的友谊

三、1. 人生最美好的东西，就是<u>一个人同别人的友情</u>。

2. 通过各种会议，他和一些著名的专家、学者、教授<u>建立了深厚的友谊</u>。

3. 我们从小所受到的教育是：对同学<u>要友爱团结</u>，对他人要礼貌谦让。

4. 同为“水乡”，早在 1980 年，苏州就已和威尼斯<u>结为友好城市</u>。

## 后编 形容词

# 第一课 广大、广阔、辽阔 宽阔、宽敞、宽广

### 广大、广阔、辽阔

讲一讲

"广大",形容词,有三个意思。一是(面积、空间)宽阔,修饰具体的事物。常作定语。如:

中国有很多人温饱问题还没有解决,特别是广大山区。

二是(范围、规模)巨大,既可以形容具体的事物又可以形容抽象的事物。常作定语和谓语。如:

世界经济的发展应考虑到广大发展中国家的利益。(具体)

少林功夫神通广大,世界闻名。(抽象)

三是(人数)众多,修饰具体的人群。常作定语。如:

中国加入世界贸易组织,中国广大消费者能得到更多的实惠。

"广阔",形容词,广大宽阔。既可以形容具体的表示很大空间、面积的词语,也可以形容少数如"前途、前景、背景、视野"等抽象名词。常作定语和谓语。如:

在广阔无边的宇宙中,整个太阳系就像大海中的一滴水珠。

年轻人要有广阔的视野才能在将来的发展中作出成绩。

"辽阔",形容词,宽广而望不到边,"辽"有"远"的意思,大多修饰较具体的事物。常作定语和谓语。如:

我国幅员辽阔,各地经济技术水平和自然环境条件差别很大。

辽阔的大草原在微风的吹动下,宛如大海的波涛,景色十分迷人。

## 提示

"广大""广阔""辽阔"的区别

| 词语 | 语义特点 | 作谓语 | 直接作定语 | 修饰抽象事物 | 常用搭配 |
| --- | --- | --- | --- | --- | --- |
| 广大 | (自然的空间、面积)宽阔 | - | + | - | ~地区 ~的田野 面积~ |
| | (范围、规模)巨大 | + | + | + | 神通~ ~的组织 ~的热潮 |
| | (人数)众多 | - | + | - | ~群众 ~干部 ~读者 ~师生 ~顾客 |
| 广阔 | (自然的空间、面积与社会空间、前景等)广大宽阔 | + | - | + | 地域~ 幅员~ ~的田野 ~的天地 前途~ 生活~ 视野~ 背景~ 题材~ |
| 辽阔 | (自然的空间、面积)宽广而辽远 | + | - | + | 地域~ 幅员~ ~的土地 ~的海洋 ~的夜空 |

1."广阔"和"辽阔"没有"广大"的后两个意思(详见上)。下面是"广大"的第一种用法和"广阔""辽阔"的区别。

2."广阔"和"辽阔"可以作谓语,"广大"的第一种用法只能作定语(详见上)。

3."广大"的第一种用法常常直接作定语,"广阔"和"辽阔"常常要加"的"作定语。

4."广阔"可以形容如"背景、前途、前景"等抽象名词,"广大"的第一种用法和"辽阔"则不行。如:

我们应该把雨果放在更广阔的背景下来研究。

汽车工业是世界各国的经济支柱,微型车具有广阔的前途。

## 练一练

**一、用"广大""广阔""辽阔"填空。**

1. 这个改革对全国________的基层组织影响很大。
2. 蔚蓝________的海洋,覆盖着地球表面的71%。
3. 现今中国的针灸疗法为________的国外医学界所乐用。
4. 我国地域________,方言非常多,各地方言之间存在着很大的差别。

**二、HSK仿真题:在下面的答案中选择唯一正确的填在横线上。**

1. 我们对__①__教育工作者的辛勤努力表示__②__的慰问和深深的敬意。

① A. 广阔　B. 广大　C. 辽阔　D. 广泛

② A. 亲热　B. 亲爱　C. 亲密　D. 亲切

2.《唐明皇》是由__①__编导欧阳山尊导演的,题材十分__②__。

① A. 有名　B. 著名　C. 闻名　D. 出名

② A. 广大　B. 辽阔　C. 广阔　D. 宽阔

3. 在城市,__①__妇女为推动经济的改革与发展作出了__②__贡献。

① A. 广阔　B. 广大　C. 辽阔　D. 广泛

② A. 重要　　　B. 关键　　　C. 主要　　　D. 要紧

三、HSK 仿真题：找出下面句子中错误的部分并改正。

1. 白居易的诗歌通俗易懂，受到当时广阔人民的欢迎，街头巷尾，到处都传诵着他的诗篇。
（A：白居易的诗歌通俗易懂；B：受到当时广阔人民的欢迎；C：街头巷尾；D：到处都传诵着他的诗篇）

2. 有过曲折，也曾经有过迷惘，但是失败是成功之母，它教会了我从更广大的视角来看待这些问题。
（A：有过曲折；B：也曾经有过迷惘；C：但是失败是成功之母；D：它教会了我从更广大的视角来看待这些问题）

四、用句后括号中的词语完成句子。

1. 这部小说虽然篇幅不长，却有着__________________。（广阔）
2. 夏夜，爷爷喜欢轻抚着她的头，望着__________，给她讲以前的故事。（辽阔）
3. 尽管电脑__________，它终究还是人类发明的，是人脑智慧的产物。（广大）

## 参考答案

一、1. 广大　2. 辽阔　3. 广大　4. 广阔/辽阔
二、1. ①B ②D　2. ①B ②C　3. ①B ②A
三、1. B　改为：受到当时广大人民的欢迎
　　2. D　改为：它教会了我从更广阔的视角来看待这些问题
四、1. 这部小说虽然篇幅不长，却有着＿十分广阔的社会背景＿。
　　2. 夏夜，爷爷喜欢轻抚着她的头，望着＿辽阔的夜空＿，给她讲以前的故事。
　　3. 尽管电脑＿如此神通广大＿，它终究还是人类发明的，是人脑智慧的产物。

# 宽阔、宽敞、宽广

## 讲一讲

“宽阔”，形容词，面积大，范围广，主要表示外部空间平面的宽大、辽阔，也用于表示道路、通道横向的宽大。如：

湖面非常宽阔，有不少船在航行。

宽阔的草原上有很多白色的羊群。

“宽阔”也可以形容人的胸怀、眼界等。如：

年轻人应该有大海那样的宽阔胸怀。

公司的领导必须有宽阔的眼界。

“宽敞”，形容词，主要表示建筑物内部的空间的宽、大。如：

我们到宽敞一点儿的院子里去，这里太挤了。

新教室比旧教室宽敞多了。

“宽广”，形容词，面积或范围大，一般用于草原、原野、大海等自然环境的宽大、广阔，不用

于建筑、广场、马路等相对较小的人为环境。如:

我从来没见过这么宽广的草原!

宽广的海面上有不少船只。

“宽广”还常常形容人的心胸、人的发展道路等。如:

心胸宽广的人有更多成功的机会。

你的人生道路是宽广的,但是一定要努力!

**提示**

“宽阔”“宽敞”“宽广”的区别

| 词语 | 语义特点 | 使用范围 | 通常形容的名词 |
|---|---|---|---|
| 宽阔 | 户外有边界面积以及胸怀、眼界思想等的宽大 | 一般的平面;人的胸怀、眼界等 | 江河、广场、操场、胸怀、天地、视野、眼界、思想等 |
| 宽敞 | 建筑物内部空间的宽大 | 建筑物 | 房屋、礼堂、办公室、房间等 |
| 宽广 | 户外大面积自然环境、胸怀及前景的宽大 | 广大的环境;人的心胸;人的发展道路 | 大路、草原、大海、世界、沙漠、胸怀、心胸、前景等 |

1.“宽阔”“宽敞”“宽广”都有宽和大的意思,但“宽阔”侧重于地面、水面等平面的宽、大、开阔;“宽敞”侧重于建筑物内部空间的宽、大;“宽广”侧重于原野等大的环境,一般不用于马路等相对较小的环境(详见上)。

2.“宽阔”和“宽广”可以用于形容人的心胸、视野等,“宽敞”不可以。

3.“宽阔”可以表示人的思想不狭隘,“宽广”和“宽敞”没有这样的用法。如:

我喜欢读他的书,因为他的思想很宽阔。

4.“宽广”可以形容人的发展道路,“宽阔”和“宽敞”不可以。如:

你将来的发展道路还很宽广,不要泄气!

**练一练**

**一、HSK 仿真题:在下面的答案中选择唯一正确的填在横线上。**

1. 这一段马路比较______,我们开得快一点儿吧!

A. 宽阔　　B. 宽敞　　C. 宽广　　D. 广大

2. 天安门广场非常______,可以同时容纳数万人。

A. 宽阔　　B. 宽敞　　C. 宽广　　D. 广大

3. ______的大厅里已经坐了很多人。

A. 宽阔　　B. 宽敞　　C. 宽广　　D. 宽大

4. __①__的展厅内,各家公司利用巨大的模型、鲜明的品牌__②__、滑稽的表演吸引了大量观众。

① A. 宽阔　　B. 宽敞　　C. 宽广　　D. 宽大

② A. 标记　　B. 标志　　C. 记号　　D. 坐标

5. 双方合作基础良好,领域__①__,潜力很大,前景__②__。

① A. 宽阔　　B. 宽敞　　C. 宽广　　D. 广大

② A. 广大　　　　B. 广阔　　　　C. 辽阔　　　　D. 广大

**二、HSK 仿真题：找出下面句子中错误的部分并改正。**

1. 宽广的广场上，已经整整齐齐地站了两三百人，年龄都在 50 岁以上，在跳迪斯科。
   A　　　　B　　　　C　　　　D

2. 现代人追求舒适的生活，房子越住越宽广，装修越来越漂亮，设备越来越高级。
   A　　　　B　　　　C　　　　D

**三、用句后括号中的词语完成句子。**

1. 她＿＿＿＿＿＿＿＿＿＿，所以常常和同学闹别扭。（宽广）
2. ＿＿＿＿＿＿＿＿＿＿，可是也越来越贵了。（宽敞）
3. 你的专业好，又找到这么好的工作，＿＿＿＿＿＿＿＿＿＿。（宽广）
4. ＿＿＿＿＿＿＿＿＿＿，但是下班高峰期还是会堵车。（宽阔）

## 参考答案

一、1. A　2. A　3. B　4. ①B ②B　5. ①C ②B

二、1. A　改为：宽阔的广场上

2. B　改为：房子越住越宽敞

三、1. 她＿心胸不够宽广＿，所以常常和同学闹别扭。

2. ＿现在的房子越来越宽敞＿，可是也越来越贵了。

3. 你的专业好，又找到这么好的工作，＿你将来的发展道路很宽广＿。

4. ＿虽然这条道路很宽阔＿，但是下班高峰期还是会堵车。

# 第二课 安稳、平稳 草率、轻率、轻易

## 安稳、平稳

### 讲一讲

“安稳”有三个意思。一是表示安全、稳当,常用来形容事物安放的状态或车、船行进时的状态。如:

这台仪器很贵重,要放安稳。

风平浪静,所以我觉得轮船在海上行驶得很安稳。(该句中“安稳”可换成“平稳”)

二是表示平静、安定,多形容生活、工作或睡觉的状态。如:

我们这几年一直过着安稳的生活。

爸爸希望哥哥能找一份比较安稳的工作。

三是形容人的举止沉静、稳重。如:

虽然小明是个男孩,但显得很安稳。

安稳一点!别到处乱跑!

“安稳”有AABB的重叠形式。如:

日子能过得安安稳稳,这就是老陈最大的愿望。

“平稳”有两个意思。一是表示平安、稳定,没有波动和危险,常常形容车、船等行进的状态、说话的语调、局势、物价等。如:

他开车的技术不错,车子开得挺平稳的。

最近房价比较平稳,不像前几年涨得那么厉害了。

这一用法的“平稳”可以作状语。如:

我国的经济正在平稳快速地发展。

二是表示(物体)稳定,不摇晃。如:

地上不平,桌子放不平稳。

**提示**

“安稳”和“平稳”的区别

| 词语 | 语义特点 | 形容对象 | 常用搭配 | 作状语 | 能否重叠 |
|---|---|---|---|---|---|
| 安稳 | 安全、稳当 | 形容事物安放的状态或车、船行进时的状态 | 放～　开得很～ | － | + |
| | 平静、安定 | 形容生活、工作或睡觉的状态 | ～的生活　～的日子　～的职业　～的生活　工作很～　睡得很～　局面很～ | | |
| | 沉静、稳重 | 形容人的举止 | 举止～ | | |
| 平稳 | 平安、稳定，没有上下波动和危险 | 形容车、船等行进的状态、说话的语调、局势、物价 | ～的物价　～的股票　～的汽车　～的轮船　语气～　情绪～ | + | － |
| | 稳定，不摇晃 | 表示物体的状态 | | | |

1．“安稳”和“平稳”都可以形容车、船行进时的状态，但强调的范围有所不同：“安稳”强调坐车(船)人的感觉是安全而稳当的；“平稳”既强调坐车(船)人觉得车开得稳，没有上下摇晃的感觉，也可以是外人观察车行进得平安、稳当。

2．“安稳”和“平稳”都可以形容物体放置后的状态，前者强调放得安全，后者强调不摇晃。

## 练一练

**一、用“安稳”“平稳”填空。**

1．轿车在大马路上__________地开着。

2．病人的病情目前比较__________，不过不要打扰他。

3．这是我第一次参加国际比赛，晚上怎么也睡不__________。

4．由于海湾战争的爆发，石油的价格最近很不__________。

5．孩子__________地坐在椅子上，听着大人们的讲话。

**二、HSK 仿真题：在下面的 A、B、C、D 中选择最接近画线词语的解释。**

1．最近房价不<u>稳</u>，建议不要着急购买。

A．安稳　　B．平稳　　C．平定　　D．稳重

2．汽车<u>稳稳</u>地停了下来。

A．安稳　　B．平稳　　C．稳定　　D．慢慢

3．经济增长已经进入了<u>稳定</u>期。

A．安定　　B．固定　　C．安稳　　D．平稳

**三、HSK 仿真题：在下面的答案中选择唯一正确的填在横线上。**

1．在公布考试__①__之前，大家心里都很不__②__。

① A．成绩　　B．成就　　C．成果　　D．成功

② A．安稳　　B．平稳　　C．稳定　　D．稳重

2. 他虽然心里很愤怒，却努力控制自己的___①___，说话的语气很___②___。

① A. 情景　　B. 情况　　C. 情绪　　D. 感情

② A. 安稳　　B. 平稳　　C. 稳定　　D. 稳重

**四、用句后括号中的词语完成句子。**

1. 她已经快70岁了，________________，可是她一定要去山区义务教书。（安稳）

2. 我们公司________________，改变了经营方式之后开始出现危机。（平稳）

3. 他知道车上坐的是个大人物，________________。（平稳）

4. 女孩子不要那么野，________________，离爸妈近点不挺好吗？（安稳）

## 参考答案

一、1. 平稳　2. 平稳　3. 安稳　4. 平稳　5. 安稳

二、1. B　2. B　3. D

三、1. ①A ②A　2. ①C ②B

四、1. 她已经快70岁了，本来可以过个安稳的晚年，可是她一定要去山区义务教书。

2. 我们公司发展一直很平稳，改变了经营方式之后开始出现危机。

3. 他知道车上坐的是个大人物，车开得格外平稳。

4. 女孩子不要那么野，找个安稳的工作，离爸妈近点不挺好吗？

# 草率、轻率、轻易

## 讲一讲

“草率”，形容词，表示不认真思考而马虎、匆忙地处理事情。常作状语、定语、谓语和宾语，是贬义词，可以重叠。如：

我们要多方面考虑才能避免草率从事。

现在，我们采取单方面的行动未免过于草率，并可能带来不良后果。

“轻率”，形容词，表示没有经过慎重考虑，（说话、做事）随随便便。常作状语、定语、谓语和宾语，是贬义词，不能重叠。如：

李明是有不对的地方，但是你也不该轻率地行动。

我突然觉得自己十分可笑，怎么能这么轻率地到一个男同学家里去？

“轻易”有两个意思。一是形容词，简单容易。可以作状语、谓语和定语，是中性词，可以重叠。如：

胜利不是轻易可以得到的，所以队员们每天都进行高强度的训练。

要想在这些问题上取得进展，决非轻易之事。

二是副词，随随便便。只能作状语，是中性词，不能重叠。常用在否定句或反问句中。如：

蛇并不轻易伤人，只要你不去理会它，它是不会主动攻击你的。

这么贵重的礼物哪能轻易送人呢？

**提示**

"草率""轻率""轻易"的区别

| 词语 | 语义特点 | 词义色彩 | 重叠 | 作宾语 | 对人 | 常用搭配 |
| --- | --- | --- | --- | --- | --- | --- |
| 草率 | (做事)不认真，敷衍了事 | 贬义 | + | + | – | 设计~　布置~　~安排<br>开得~　写得~　组织得~ |
| 轻率 | (说话做事)随随便便，没有经过慎重考虑 | 贬义 |  | + | + | 说话~　~批评　~指责<br>~签字　~答应　~表态 |
| 轻易 | (形)简单容易 | 中性 | + | – | – | ~得到　~获得　~找到<br>~解决　~获胜 |
| 轻易 | (副词)随随便便 | 中性 | – | – | + | ~放弃　~相信　~表态<br>~认输　~接受　~错过 |

1. 作形容词时，"草率"和"轻率"没有"轻易"的意思(详见上)。"草率"和"轻率"都可作谓语，副词"轻易"的意思与"草率"和"轻率"的意思相近，但不能作谓语，只能作状语，使用的句式也受限制。"草率"和"轻率"可以作宾语，"轻易"不可以(详见上)。

2. "草率"和"轻易"(第一个意思)都可以重叠，"轻率"不可以。

3. "草率"和"轻率"是贬义词，"轻易"是中性词(详见上)。

4. "草率"侧重"草"，强调的是不认真；"轻率"侧重"轻"，强调的是不重视；"轻易(第二个意思)"侧重"易"，强调的是随便。因此，"轻率"和"轻易"不仅可以用于事，也可以用于人；"草率"只能用于事。如：

我们不会轻率地批评每一个员工。

你怎么这么轻易就相信他了啊，他可是有名的大骗子啊！

这件事你处理得太草率了。

5. "轻率"和"草率"虽然都表示的是做事的态度，但前者主要体现在做事的心理上(不慎重考虑)，而后者则主要体现在做事时表现出的样子上(不认真)。

## 练一练

**一、用"草率""轻率""轻易"填空。**

1. 你没有调查就__________地下结论是不对的。
2. 这是个难题，我们也未必能够__________解决。
3. 还是和大家商量商量吧，你这样__________给病人做手术是不行的。
4. 这可不是小事情，闲谈中说起显得有点__________。
5. __________提及"离婚"这个词是最容易伤害夫妻感情的。

**二、HSK 仿真题：在下面的答案中选择唯一正确的填在横线上。**

1. 他一时激动出手打了对方球员，但当__①__下来后，他又为自己的__②__行事而后悔了。

① A. 镇定　　B. 镇静　　C. 平静　　D. 安静

② A. 草率　　B. 轻率　　C. 轻易　　D. 草草

2. 人工呼吸一般需要坚持较长＿①＿才能有效，千万不要＿②＿放弃。

① A 时候　　B. 时间　　C. 时期　　D. 时刻

② A. 轻率　　B. 轻易　　C. 草率　　D. 轻巧

**三、HSK 仿真题：找出下面句子中错误的部分并改正。**

1. 我们经常遇到一些急于出名的年轻人（A），甚至随手从草率可以收集的材料中（B），找出几条就进行大题目的论证（C），这样常常会事倍功半（D）。

2. 这两个孩子的父母去世早（A），只有兄弟俩相依为命（B），犯了错误我们能教育尽量教育（C），不能轻率地把他们关进看守所（D）。

**四、用句后括号中的词语完成句子。**

1. 这个问题很难，＿＿＿＿＿＿＿＿＿＿。（轻易）
2. 小明记性很好，见过一次面的人，＿＿＿＿＿＿＿＿＿＿。（轻易）
3. 这本书有很多错误，＿＿＿＿＿＿＿＿＿＿。（草率）
4. 你才认识他一个星期，就要跟他结婚，＿＿＿＿＿＿＿＿＿＿？（轻率）

## 参考答案

一、1. 草率　2. 轻易　3. 草率　4. 轻率　5. 轻率

二、1. ①C ②A　2. ①B ②B

三、1. B　改为：甚至随手从轻易可以收集的材料中

　　2. D　改为：不能草率地把他们关进看守所

四、1. 这个问题很难，＿不是一两句话就可以轻易说明白的＿。

　　2. 小明记性很好，见过一次面的人，＿他很轻易就记住了他们的名字＿。

　　3. 这本书有很多错误，＿可见编写得比较草率＿。

　　4. 你才认识他一个星期，就要跟他结婚，＿是不是太轻率了＿？

# 第三课 公平、公正、公道、平等 机灵、机智

## 公平、公正、公道、平等

### 讲一讲

“公平”，形容词，表示处理事情、分配东西的时候很平等，不偏向。如：

我觉得领导对我不公平。

希望您公平地处理这件事情，不要偏心！

“公正”，形容词，表示公平正直，没有因私心而产生的偏心，多形容人，也可用于表示评价的公平合理。如：

他是一个公正的好法官。

对这个历史人物这样评价，还是比较公正的。

“公道”，名词，表示公正的道理。如：

这位领导一向主持公道，所以我们有事都找他。

公道自在人心。（意思是：人们的心里很清楚谁对谁错）

“公道”也可作形容词，表示某人的行动符合公认的道理，公平合理。多用于办事、讲话、定价等。如：

他办事公道，从不偏心。

老王，你来说句公道话，我到底错没错？

“平等”表示人或者国家等主体的地位、权利相当。如：

他们俩在家里的地位，从来都是不平等的。

家庭地位不平等，男女在社会上就不可能平等。

### 提示

“公平”“公正”“公道”“平等”的区别

| 词语 | 语义特点 | 使用范围 | 其他词性 |
|---|---|---|---|
| 公平 | 很平等，不偏向 | 用于处理事情、分配东西时 | – |
| 公正 | 表示公平正直，没有因私心而产生的偏心 | 多形容人，也可用于表示评价的公平合理 | – |
| 公道 | 表示某人的行动符合公认的道理 | 多用于办事、讲话、定价等 | 名词，表示公正的道理 |

续表

| 词语 | 语义特点 | 使用范围 | 其他词性 |
|---|---|---|---|
| 平等 | 表示人或国家等主体的地位、权利相当 | 用于形容人或由人组成的集团、国家等的关系 | - |

1. “平等”涉及人与人之间、国家与国家之间的地位，比较正式，另外三个词比较口语化。
2. “公道”可以形容价格，另外三个词不可以。
3. “公道”可以直接修饰名词，另外三个词不可以。如：
   他是个公道人，这件事你就放心交给他办吧。
   你来说句公道话，她骂人还有理了？

## 练一练

**一、HSK 仿真题：在下面的答案中选择唯一正确的填在横线上。**

1. 目前，男女在工作方面还并没有完全______。
   A. 公平　B. 公道　C. 公正　D. 平等
2. 他能参加，我却不能参加，这实在不______！
   A. 公平　B. 公道　C. 公正　D. 平等
3. 我们都等待历史作出______的评价。
   A. 公平　B. 公道　C. 公正　D. 平等
4. 说句______话，这次确实是你不对。
   A. 公平　B. 公道　C. 公正　D. 平等
5. 在法律面前，总统和平民是完全______的。
   A. 公平　B. 公道　C. 公正　D. 平等
6. 这些都是一些__①__用品，怎么这么贵？这儿的价格也太不__②__了吧？
   ① A. 平常　B. 日常　C. 平时　D. 平凡
   ② A. 公平　B. 公道　C. 公正　D. 平等
7. 他是一位__①__的裁判，因此而__②__世界。
   ① A. 公平　B. 公道　C. 公正　D. 平等
   ② A. 有名　B. 闻名　C. 著名　D. 名气

**二、HSK 仿真题：找出下面句子中错误的部分并改正。**

1. 对青少年的事不要干涉太多(A)，要采取公正方式与他们交谈(B)，了解他们的各种想法(C)，鼓励他们独立做事(D)。

2. 生活其实总是平等的(A)，我们不应该抱怨什么(B)，而应该想一想那些失去了的东西(C)，怎么样努力才能补偿回来(D)。

**三、用句后括号中的词语完成句子。**

1. 这件事情,老师________________,大家都很有意见。(公平)
2. 法律面前,________________,平民和当官的应该一样对待。(平等)
3. 不要买他的东西,________________。(公道)
4. 我觉得,________________,我们不能签字。(平等)
5. 爷爷,________________,我这样做对不对,爸爸应不应该打我?(公道)

## 参考答案

一、1. D 2. A 3. C 4. B 5. D 6. ①B ②B 7. ①C ②B

二、1. B 改为:要采取平等方式与他们交谈

2. A 改为:生活其实总是公平的

三、1. 这件事情,老师<u>处理得很不公平</u>,大家都很有意见。

2. 法律面前,<u>人人平等</u>,平民和当官的应该一样对待。

3. 不要买他的东西,<u>他的价格不公道</u>。

4. 我觉得,<u>合同上的条文不平等</u>,我们不能签字。

5. 爷爷,<u>请您说句公道话</u>,我这样做对不对,爸爸应不应该打我?

# 机灵、机智

## 讲一讲

"机灵"指头脑灵活,反应快,侧重"灵"。多用来形容人的头脑、样子、动作,也可以形容动物。常作谓语、状语、定语,还可以直接作定语。如:

这孩子真机灵,不管学什么一学就会。

他是个机灵人,事先早已对各种可能会出现的情况作了充分的准备。

"机灵"后面可以加补语"点儿""些",表示人有意识地注意灵活应对。如:

出门在外可不比在家,你要机灵点儿,到时候看我的眼神行事。

分组的时候你要机灵些,不要把关系不好的人分在同一组。

"机智"指头脑聪明,有智慧,遇到突发情况或危险时能够想出办法应对。一般用来形容人的头脑、语言、作品、行为等。不能直接作定语,经常和"幽默""勇敢"一起用。如:

这个节目需要一个机智幽默的主持人。

战士们机智勇敢地同敌人战斗了一天,打退了敌人一次又一次的冲锋。

**提示**

"机灵"和"机智"的区别

| 词语 | 语义特点 | 适用对象 | 直接作定语 | 加补语 | 常用搭配 |
|---|---|---|---|---|---|
| 机灵 | 头脑灵活,反应快,侧重"灵" | 人的头脑、样子、动作;动物 | + | + | ~人　~鬼　~劲儿 |
| 机智 | 头脑聪明,有智慧,侧重"智" | 人的头脑、语言、作品、行为 | – | – | ~幽默　~勇敢 |

## 练一练

**一、用"机灵""机智"填空。**

1. 这孩子看上去很__________,大家都很喜欢他。
2. 这位作家才华横溢,文笔__________幽默。
3. 你真是一个__________鬼,怎么都骗不了你。
4. 这个问题很深奥,只有头脑__________的人才能看出其中的奥秘。
5. 一会儿见了女友的父母,你可得__________些。

**二、HSK 仿真题:在下面的答案中选择唯一正确的填在横线上。**

1. 《围城》是一部__①__小说,它最大的特色是语言__②__幽默。

①A. 有名　B. 著名　C. 闻名　D. 出名

②A. 机灵　B. 灵活　C. 机智　D. 智慧

2. 看着他那__①__的动作,简直是窜出来的,显然他是个__②__的小伙子。

①A. 灵敏　B. 敏捷　C. 灵活　D. 灵巧

②A. 机灵　B. 机智　C. 灵活　D. 智慧

**三、HSK 仿真题:找出下面句子中错误的部分并改正。**

1. 小王是个机智人(A),发现朋友不喜欢吃中国菜后(B),立刻让服务员换上了西餐(C),朋友吃得很满意(D)。

2. 一会儿校长找你谈话(A),你可得机智点儿(B),不要把咱们的计划告诉他(C),他会不高兴的(D)。

**四、用句后括号中的词语完成句子。**

1. 这部小说的文字________________,读起来很有趣。(机智)
2. 她那双乌黑的大眼睛不但很漂亮,________________。(机灵)
3. 这件事差点儿被部长发现,幸亏大卫________________。(机智)
4. 我觉得这孩子________________,很讨人喜欢。(机灵)

## 参考答案

一、1. 机灵　2. 机智　3. 机灵　4. 机智　5. 机灵

二、1. ①B ②C　2. ①B ②A

三、1. A　改为:小王是个机灵人

　　2. B　改为:你可得机灵点儿

四、1. 这部小说的文字<u>充满了机智和幽默</u>,读起来很有趣。

　　2. 她那双乌黑的大眼睛不但很漂亮,<u>还透着一股机灵劲儿</u>。

　　3. 这件事差点儿被部长发现,幸亏大卫<u>机智地应付过去了</u>。

　　或:这件事差点儿被部长发现,幸亏大卫<u>机智地回答了部长的问题,没有被发现</u>。

　　4. 我觉得这孩子<u>长得很机灵</u>,很讨人喜欢。

# 第四课 安静、平静、宁静、寂静 镇定、镇静、冷静

## 安静、平静、宁静、寂静

### 讲一讲

“安静”表示没有声音，不吵闹，用于具体的环境，使用范围较广。可作谓语、定语、状语、补语，可以接受程度副词的修饰。如：

教室里很安静，大家都在认真学习。

工人们都安安静静地坐在会场里等着开会。

“安静”还可以表示安稳、平静，常形容人的生活、性格或睡觉的状态。如：

大家终于又回到了安静的生活中。

吃了药以后，病人睡得很安静。

“平静”常形容水波没有大的上下起伏，或形容生活、局势、心情等比较平稳，不表示“没有声音”。可作谓语、定语、状语，补语，可以接受程度副词的修饰。如：

村子里很平静，感觉不到危险。

河水平静地流淌着，看不到什么浪花。

“宁静”常用来形容能使人心情安静的环境，一般是没有喧闹的大的开放的空间或某个时段。可作谓语、定语，一般不接受“很”等程度副词的修饰。如：

山里面这么宁静，感觉不到任何外界的喧闹。

宁静的夜晚，我们都在思念着对方。（夜晚是某个时段）

“宁静”也常形容人的心情很平稳，没有不安、忧虑等。如：

这位不速之客的到来，打乱了我们家宁静的生活。

现在社会竞争这么激烈，要保持内心的宁静是件不容易的事情。

“寂静”表示一点儿声音都没有，比“安静、宁静”程度还高。可作谓语、定语，不能接受“很”等程度副词的修饰。如：

周围一片寂静，什么声音都没有。

提示

"安静""平静""宁静""寂静"的区别

| 词语 | 表示没有声音,不喧闹 | 表示心情、生活等没有不安 | 作状语、补语 | 受"很"等程度副词修饰 | 能否重叠 | 形容人的性格 | 语体色彩 |
|---|---|---|---|---|---|---|---|
| 安静 | +,程度一般 | 很少使用 | + | + | +<br>AABB<br>ABAB | + | 用于口语和书面语 |
| 平静 | - | 使用最多 | + | + | +<br>AABB | - | 用于口语和书面语 |
| 宁静 | +,程度较高 | 较少使用 | - | - | - | + | 一般用于书面语 |
| 寂静 | +,程度最高 | - | - | - | - | - | 一般用于书面语 |

1. 表示没有声音的时候,"寂静">"宁静">"安静"。"平静"不能表示没有声音。

2. 形容开放的大的空间,"安静""宁静""寂静"都可以用。封闭的、小的空间,多用"安静",也可用"寂静",不用"宁静"。如:

教室里很安静。

教室里一片寂静,连针掉在地上的声音都能听见。

3. "宁静""寂静"可形容"夜晚""清晨"等时段,"宁静"还可形容"夜空";"安静"则不能(详见上)。

4. 表示人的心情、生活、社会没有不安的时候,"平静"用得最多,其次是"宁静","安静"用得很少,不能使用"寂静"。

5. "安静"和"宁静"还可以形容人的性格,"寂静""平静"则不可以。如:

她是一个非常安静的女孩子,大家都非常喜欢她。

6. 在用法上,"安静""平静"都可以在句中作状语、补语,都可受"很"等程度副词的修饰,可以构成"AABB"的重叠式(详见上);"宁静""寂静"则不能。

7. "安静""平静"可用于口语和书面语;"宁静""寂静"一般只用于书面语,不用于口语。

8. "安静"有"ABAB"的重叠形式,表示"使安静";而"平静""宁静""寂静"没有这种用法。

## 练一练

**一、HSK 仿真题:在下面的答案中选择唯一正确的填在横线上。**

1. 村子里的人们一直过着______的生活。

A. 安静　　B. 平静　　C. 宁静　　D. 寂静

2. 海湾地区的局势,最近很不______。

A. 安静　　B. 平静　　C. 宁静　　D. 寂静

3. 大家请______,校长马上就到了。

A. 安静　　B. 平静　　C. 宁静　　D. 寂静

4. 孩子们迈着______的步伐向我们走来。

A. 整洁　　B. 整齐　　C. 整整　　D. 清洁

5. 忙了一天，很想马上回到__①__整洁的小家，让__②__的身心得以休息。

① A. 安静　　B. 平静　　C. 宁静　　D. 寂静

② A. 疲倦　　B. 疲惫　　C. 疲劳　　D. 疲乏

**二、HSK 仿真题：找出下面句子中错误的部分并改正。**

1. 大暴雨过后(A)，这座教室前便变成了水塘(B)，学生们可以在安静的水面上看到自己的影子(C)，过了好几天水才退下去(D)。

2. 今天晚上特别安静(A)，连孩子们也平平静静的(B)，不说一句话(C)，今天到底怎么了(D)？

**三、用句后括号中的词语完成句子。**

1. 看完电影，大家激动的心情__________________。（平静）

2. 因为是假期，走进校园，__________________，听不到一点儿声音。（寂静）

3. 好了，好了，别说了，能__________________？（安静）

4. 听到爸爸出车祸的消息，他居然__________________，大家都很惊讶。（平静）

### 参考答案

一、1. B　2. B　3. A　4. B　5. ①A ②B

二、1. C　改为：学生们可以在平静的水面上看到自己的影子

2. B　改为：连孩子们也安安静静的

三、1. 看完电影，大家激动的心情__久久不能平静__

2. 因为是假期，走进校园，__到处都是一片寂静__，听不到一点儿声音。

3. 好了，好了，别说了，能__不能让我安静一会儿__？

4. 听到爸爸出车祸的消息，他居然__很平静__，大家都很惊讶。

## 镇定、镇静、冷静

### 讲一讲

“镇定”，形容词，表示遇到紧急情况不慌不乱。如：

张强在电话里的声音听起来像是故作镇定，一定发生什么事了。

“镇定”可以作动词，表示“使镇定”的意思。如：

这种花的香味能镇定神经，消除疲劳，促进睡眠。

“镇静”，形容词，形容情绪稳定或平静。常作谓语，也可作定语，多修饰表示药物的名词。如：

办公室的墙涂绿色吧，绿色能使人心绪安定、镇静。

大夫为了减轻她的疼痛，给她打了一针镇静剂。

“镇静”还可以作动词，使镇静的意思。如：

班长觉得心跳得厉害，便稍稍镇静一下自己，然后才开始讲话。

“冷静”，形容词，有两个意思。一是表示人少而安静，不热闹。如：

夜深了，街上显得很冷静。

这里的山村一到冬天就显得格外冷静。

二是表示沉着而不感情用事。如：

大卫是个头脑冷静的人。

**提示**

“镇定”“镇静”“冷静”的区别

| 词语 | 语义特点 | 直接作定语 | 形容环境 | 能否重叠 | 常用搭配 |
|---|---|---|---|---|---|
| 镇定 | 形容词，表示在紧急情况下不慌不乱 | – | – | – | 言行～ 态度～ 情绪～ 表情～ ～自若/自如 神色～ 心情～ 眼光～ |
| | 动词，使镇定 | – | – | – | ～情绪 ～心情 |
| 镇静 | 形容词，表示在动乱或受刺激的情况下，情绪平稳 | + | – | – | 言行～ 态度～ 情绪～ ～药物 ～自若/自如 ～作用 |
| | 动词，使镇静 | – | – | – | ～心情 ～自己 ～神经 |
| 冷静 | 形容词，少而静，不热闹 | | | | ～的乡村 街道～ |
| | 形容词，沉着而不感情用事 | – | + | – | ～思考 头脑～ 态度～ 环境～ |

1．“镇定”着重指在紧急情况下不慌不乱；“镇静”着重指在动乱或受刺激的情况下情绪平稳。两词都可以形容情绪、言行、态度等，但“镇静”的程度比“镇定”轻。“镇定”还常形容神色、表情、心情、眼光等，这是“镇静”所没有的用法。如：

为了使自己的情绪镇定/镇静下来，我放慢了脚步。

老人转头向李良瞧去，只见她神色镇定，一点儿也不害怕。

2．“镇静”可以直接作定语，修饰名词；“镇定”则不能(详见上)。

3．“镇定”和“镇静”可以作动词，都可以带宾语。“冷静”没有动词的用法(详见上)。“冷静”着重指不感情用事，反义词是“冲动”，常形容态度、头脑、思考等；“冷静”形容环境的频率不高，主要表示人少而静。“镇定”“镇静”不能形容环境(详见上)。

## 练一练

**一、用“镇定”“镇静”“冷静”填空。**

1．他要强迫自己的情绪______下来，让头脑______下来.

2. 遇到问题不要慌，要______思考，然后再作决定。

3. 面对危险，看到老师那______的目光，学生们似乎也不再那么害怕了。

4. 这种药通常可以______神经系统，使血管收缩，皮肤变白，毛孔紧缩。

5. 他的双脚、双臂以及头部都被烧伤，医生便给他服了一些止痛药和______剂。

**二、HSK 仿真题：在下面的答案中选择唯一正确的填在横线上。**

1. 这种情况下，我们要保持__①__清醒，__②__地分析一下利弊再做打算。

①A. 头脑　　B. 脑袋　　C. 脑子　　D. 脑筋

②A. 平静　　B. 冷静　　C. 镇静　　D. 镇定

2. 那天要不是他__①__自如地应对，__②__不堪设想。

①A. 镇定　　B. 安静　　C. 平静　　D. 冷静

②A. 结果　　B. 结论　　C. 后果　　D. 果然

3. 火灾发生后，居民们大为恐慌，慌乱的__①__直到救火车到来才__②__下来。

①A. 情况　　B. 情形　　C. 情景　　D. 景色

②A. 镇定　　B. 镇静　　C. 平静　　D. 冷静

**三、HSK 仿真题：找出下面句子中错误的部分并改正。**

1. 万一遭受抢劫(A)，要保持精神上的镇定和心理上的平静(B)，克服畏惧、恐慌情绪(C)，镇静分析(D)。

2. 对孩子来说(A)，母乳喂养扮演着天然镇静剂的角色(B)，正在哭闹的孩子，看见妈妈过来喂奶(C)，马上就安静下来了(D)。

**四、用句后括号中的词语完成句子。**

1. 参加辩论比赛时，不要紧张，必须________________，沉着应对。（镇定）

2. 我们走吧，让他一个人________________。（冷静）

3. 陈星是个勇敢的孩子，在如此危险的情况下，________________。（镇静）





## 参考答案

一、1. 镇定/镇静　冷静　2. 冷静　3. 镇定　4. 镇静　5. 镇静

二、1. ①A ②B　2. ①A ②C　3. ①B ②C

三、1. D　改为：冷静分析

2. B　改为：母乳喂养扮演着天然镇定剂的角色

四、1. 参加辩论比赛时，不要紧张，必须__镇定情绪__，沉着应对。

2. 我们走吧，让他一个人__冷静下来好好儿想想__。

3. 陈星是个勇敢的孩子，在如此危险的情况下，__还能和平时一样镇静__。

# 第五课 快乐、快活、欢乐、欢快 悲哀、悲伤、悲痛

## 快乐、快活、欢乐、欢快

### 讲一讲

“快乐”，形容词，表示精神上的幸福或满意。常作定语、谓语、状语、补语、主语和宾语，可带补语。如：

孩子是最快乐的，他们总是无忧无虑。

离开大城市后，他们在乡下盖了一所自己的房子，快乐地生活着。

“快活”，形容词，表示愉快、快乐。通常是人感官上得到满足而产生的感觉。常作定语、谓语、状语和宾语，可带补语。如：

老的时候，能和自己的爱人一起在海边漫步，该是多么快活。

终于回到家乡了，他们一个个都快活得不得了。

“快活”可以用于兼语句，表示使快活。如：

善良的女孩儿决心尽自己最大的努力让得了癌症的老人快活起来。

“欢乐”，形容词，多用于形容集体的状态。特别是节日或某个场景带给人们的欢喜和快乐。常作定语、谓语、状语、主语和宾语。如：

我们在欢乐的气氛中迎来了新的一年。

那年大年初一，鞭炮声此起彼伏，家家户户都在欢乐地吃饺子。

“欢快”，形容词，表示欢乐轻快。多形容音乐、舞曲、气氛等让人产生的轻松愉快的心情。常作定语、谓语和状语。如：

傍晚，他们燃起一堆堆篝火，吹起了笛子，唱着欢快的歌，围着篝火翩翩起舞。

北京，即使是连绵的雨季，也是欢快的、热烈的。

### 提示

“快乐”“快活”“欢乐”“欢快”的区别

| 词语 | 语义特点 | 常用搭配 | 能否重叠 | 语体色彩 |
| --- | --- | --- | --- | --- |
| 快乐 | 表示精神上的幸福或满意 | ~的心情 ~的日子 ~的样子 ~的节日 ~的人 ~地工作 ~地生活 ~地说 ~地唱歌 ~地回答 ~得很 ~得不得了 ~极了 感到很~ 显得很~ 带来~ 充满~ 追求~ 享受~ | +<br>AABB | 口语、书面语；可用于祝福语 |

| 词语 | 语义特点 | 常用搭配 | 能否重叠 | 语体色彩 |
| --- | --- | --- | --- | --- |
| 快活 | 通常是人感官上得到满足而产生的愉快心情 | ~的事情　~的表情　~的日子　~的笑声　~的小鸟　~地笑　~地叫　~地跳　~地说　~地点头　~得很　~得不得了　~得要命　~极了　好不~　~一下　~一点　感到很~　觉得很~　显得很/非常~ | + AABB | 多用于口语 |
| 欢乐 | 欢喜与快乐，多用于形容集体的状态 | ~的心情　~的感觉　~的气氛　~的节日　~的童年　~的人群　~的海洋　~地呼喊　~地过节　~地相聚　~地打闹　带来~　得到~　充满~ | + AABB | 多用于书面语 |
| 欢快 | 表示欢乐轻快。多形容音乐、舞曲、气氛等让人产生的轻松愉快的心情 | ~的歌声　~的笑声　~的铃声　~的气氛　~的脚步声　歌舞　~地跳　~地笑　~地奔跑　~地玩耍 | - | 多用于书面语 |

1. 四个形容词强调的重点和形容的范围很不一样(详见上)。

2. 除了“欢快”以外，“快乐”“快活”“欢乐”都有 AABB 的重叠形式，都可作状语，有的可作定语，使用频率不太一样。如：

夏威夷是个美丽的岛屿，你可以在那里快快活活地过一生。(最常用)

妻子期盼自己的丈夫能快快乐乐地出门、平平安安地回家。(较常用)

3. 这几个形容词中，只有“快乐”可以用于祝福语。如：

春节快乐/圣诞快乐/情人节快乐！

## 练一练

**一、HSK 仿真题：在下面的答案中选择唯一正确的填在横线上。**

1. ______的乐曲回荡在大厅的每一个角落。

A. 快乐　　B. 快活　　C. 欢乐　　D. 欢快

2. 听说可以去国外旅游，她的脸上露出了______的微笑。

A. 快乐　　B. 快活　　C. 欢乐　　D. 欢快

3. 他提前完成了任务，心里觉得很______。

A. 快乐　　B. 快活　　C. 欢乐　　D. 欢快

4. 在__①__的乐曲声中，__②__的人群载歌载舞，到处洋溢着节日的气氛。

① A. 快乐　　B. 快活　　C. 欢乐　　D. 欢快

② A. 欢乐　　B. 欢快　　C. 快乐　　D. 快活

5. 看着两个__①__可爱，喜气洋洋的娃儿，我的心头好不__②__。

① A. 高兴　　B. 活力　　C. 活泼　　D. 愉快

② A. 快乐　　B. 欢乐　　C. 快活　　D. 欢快

**二、HSK 仿真题：找出下面句子中错误的部分并改正。**

1. 上万名男女老少，身穿节日盛装，随着欢欢乐乐的歌声，围着会场翩翩起舞。

A　　B　　C　　D

2. 刚下飞机的人们与欢迎的人群组成了欢快的海洋，叫喊声、鼓掌声、欢笑声连成一片，声声问候，片片亲情。

A B C D

## 三、用句后括号中的词语完成句子。

1. 如果你能叫自己过得愉快，也就能叫其他人________________。（快乐）
2. 刚洗了个冷水澡，感觉________________！（快活）
3. 她就像一个________________，放声高歌起来。（快快乐乐）
4. 走廊上传来了一阵________________。（欢快）

## 参考答案

一、1. D 2. A 3. B 4. ①D ②A 5. ①C ②C

二、1. C 改为：随着欢快的歌声

2. A 改为：刚下飞机的人们与欢迎的人群组成了欢乐的海洋

三、1. 如果你能叫自己过得愉快，也就能叫其他人 过得快乐一点 。

2. 刚洗了个冷水澡，感觉 快活极了 ！

3. 她就像一个 快快乐乐的孩子 ，放声高歌起来。

4. 走廊上传来了一阵 欢快的笑声 。

# 悲哀、悲伤、悲痛

## 讲一讲

"悲哀"，形容词，表示遇到不幸、灾难或不该发生的事情而感到伤心、难过。如：

老人有三个孩子，却没有一个愿意主动照顾老人，大家都为老人感到悲哀。

解放前，老百姓都过着缺衣少食的悲哀的生活。

"悲伤"，形容词，表示伤心难过，多为由不幸、心酸的事情引起的伤心的心情。如：

她喜欢听悲伤的歌曲，看悲伤的电影，自己能和主人公一起伤心、流泪。

外婆的去世，让所有家人都非常悲伤。

"悲痛"，形容词，表示遇到重大的不幸，如朋友、亲人的去世，心里特别痛苦，程度很深。如：

领袖去世的消息让全国人民都非常悲痛。

鲁迅的去世让全国的文学青年都感到无比悲痛。

提示

"悲哀""悲伤""悲痛"的区别

| 词语 | 语义特点 | 程度 | 常用搭配 |
|---|---|---|---|
| 悲哀 | 为不幸、灾难等不应该发生的事情而伤心难过 | 较深 | 为……~　~的生活　~的日子　感到~ |
| 悲伤 | 由不幸、心酸的事情引起的伤心、难过 | 较深 | ~的电影　~的小说　心情~　令人~　~的故事 |
| 悲痛 | 因重大的不幸,如亲友去世而感到伤心和痛苦 | 最深 | 令人~　万分~　无比~　~的心情 |

1. 在程度上,"悲痛"的程度最高,比"悲哀""悲伤"更痛苦。如:

这种悲痛的心情超过了以往的任何时候。

2. 用"悲哀",一般都是有原因的,即"不该发生"的事情发生了,如战争、不孝等,可以用于为他人的遭遇或行为感到悲哀;而"悲伤"只表示动作者自己伤心的情绪,有的是因不幸的事情引起的,有的可以没有什么原因。如:

养了这样的子女,真是人世间最悲哀的事情。(子女不孝,很不应该)

小云悲伤地看着自己最心爱的人就这样离开了自己。(强调心情难过)

## 练一练

**一、HSK 仿真题:在下面的答案中选择唯一正确的填在横线上。**

1. 一个小小的大意,夺去了这么多年轻的生命,我们无不感到万分______。

A. 悲伤　　B. 悲哀　　C. 悲痛　　D. 悲苦

2. 在这场全球性的大战中,多少人失去了生命,这是人类的______。

A. 悲伤　　B. 悲哀　　C. 悲痛　　D. 悲苦

3. 女孩儿看着别人手中的奖状,______地哭了起来。

A. 悲伤　　B. 悲哀　　C. 悲痛　　D. 悲苦

4. 爷爷常常讲一些______的故事,孩子也常常会感动得流下眼泪。

A. 悲伤　　B. 悲哀　　C. 悲痛　　D. 悲苦

5. 这么一个__①__优秀的孩子,却一不小心走上了犯罪道路,我们都为他感到__②__。

① A. 成绩　　B. 成就　　C. 成果　　D. 绩效

② A. 悲伤　　B. 悲哀　　C. 悲痛　　D. 悲苦

6. 听到哥哥在战场上牺牲的消息的__①__,他很__②__。

① A. 时间　　B. 时候　　C. 时期　　D. 时代

② A. 悲伤　　B. 悲哀　　C. 悲痛　　D. 悲苦

**二、HSK 仿真题:在下面的 A、B、C、D 中选择最接近画线词语的解释。**

1. 错过了这次机会,就等于失去了所有的机会,大明非常<u>伤心</u>地低下了头。

A. 悲哀　　B. 悲伤　　C. 悲痛　　D. 悲苦

2. 你不要<u>难过</u>,成绩并不能说明一切,只要觉得自己已经尽了力,就足够了。

A. 悲哀　　B. 悲伤　　C. 悲痛　　D. 困难

**三、HSK 仿真题：找出下面句子中错误的部分并改正。**

1. <u>我对他那么好</u>，<u>从来没对他大声说过话</u>，<u>他却这么大声对我吼</u>，<u>我感到很悲痛</u>。
　　A　　B　　C　　D

2. <u>人死不能复生</u>，<u>你不要太悲伤了</u>，<u>我们应该化悲伤为力量</u>，<u>继续他未完成的事业</u>。
　　A　　B　　C　　D

**四、用句后括号中的词语完成句子。**

1. ____________________，很多人唱着唱着就会流泪。（悲伤）
2. 我们都非常悲痛，但是，____________________，走他没走完的路。（悲痛）
3. 小强考了倒数第一名，他越想越难受，____________________。（悲伤）
4. 作为一个中国人，你竟然不知道“四大发明”，____________________。（悲哀）

## 参考答案

一、1. C　2. B　3. A　4. A　5. ①A ②B　6. ①B ②C
二、1. B　2. B
三、1. D　改为：我感到很悲哀
　　2. C　改为：我们应该化悲痛为力量
四、1. <u>这首歌很悲伤</u>，很多人唱着唱着就会流泪。
　　2. 我们都非常悲痛，但是，<u>我们应该化悲痛为力量</u>，走他没走完的路。
　　3. 小强考了倒数第一名，他越想越难受，<u>悲伤地哭了</u>。
　　4. 作为一个中国人，你竟然不知道“四大发明”，<u>真让人感到悲哀</u>。

# 第六课　仓促、匆忙、急忙、慌忙　慌张、惊慌、恐慌

## 仓促、匆忙、急忙、慌忙

### 讲一讲

“仓促”，着急而匆忙。主要用于因时间不够，或因事出突然，在准备不充分的状态下着急地行动。可以作定语、状语、补语。用于较正式的语体中。如：

公司不得不承认这款新产品是仓促之作，在细节方面考虑得不周到。

一听到孩子被送进了外地的医院，她来不及准备，仓促地上了火车。

“仓促”可以作谓语、主语，可以是动词或“时间”，用来形容时间紧迫。如：

因为时间比较紧张，所以这次会议的准备有点儿仓促。

他时常因时间仓促而在车里刮脸，吃早餐。

“匆忙”，急急忙忙。形容能明显看出人行动时急急忙忙的样子。可以作谓语、定语（必须带“的”）、状语、补语。如：

刘医生走了进来，形色很匆忙。

爸爸匆忙吃了几口面包，就到医院去了。

“匆忙”可以重叠为“匆匆忙忙”，常作定语、状语。如：

你每天匆匆忙忙的样子，都在干些什么呢？

张老师匆匆忙忙地跑进办公室，一头的汗水。

“急忙”，形容词，表示因为心里着急而加快行动。常作状语。如：

听到了老朋友的说话声，老高急忙迎了出去。

刘医生听到这个消息后，没顾上吃早饭，就急忙赶到抢险现场。

“急忙”单独作定语的情况比较少，当重叠为“急急忙忙”后，常作定语，也常作状语。如：

大卫随即走了出来，好像比刚才更急急忙忙的样子。

看他那急急忙忙的样子，一定是有什么要紧的事。

“慌忙”，着急、慌张，多形容因紧张、害怕而显出的神情。常作状语。如：

那孩子看见我来，慌忙躲到了门后。

小偷看了看四周，见没人，便慌忙窜进了一条小胡同。

“慌忙”可以用于因动作者为了表示恭敬而着急地做某个动作。如：

看见部长走进来，王平慌忙站了起来。

“慌忙”可直接修饰“中”，表示在“慌忙的状态中”。如：

屋里都是烟，慌忙中，我连文件还没来得及拿，就被人推了出去。

"慌忙"可重叠为"慌慌忙忙"，常作状语。如：

看见外面冒起了浓烟，他一边叫着，一边慌慌忙忙地离开了阳台。

**提示**

"仓促""匆忙""急忙""慌忙"的区别

| 词语 | 语义特点 | 能否重叠 | 常用搭配 | 语体色彩 |
| --- | --- | --- | --- | --- |
| 仓促 | 或因时间不够，或因事出突然，在准备不充分的状态下行动 | － | 时间～　事出～<br>～上马　～上阵　～准备　～转移　～应战　～行动　～决定　来得～　走得～　写得～　～(之)间/中 | 多用于书面语 |
| 匆忙 | 形容人行动时急急忙忙的样子 | ＋ | ～吃饭　～完成　～签约　～写作<br>去得～　～说　～跑出　～赶过去 | 用于口语、书面语 |
| 急忙 | 强调因心里着急而加快行动 | ＋ | ～让　～招呼　～催　～喊<br>～通知　～刹车　～制止　～停下来　～找　～买　～(之)中 | 多用于口语 |
| 慌忙 | 多表示因紧张、害怕而显出着急、慌张的样子 | ＋ | ～请　～叫　～命令<br>～跳下车　～逃(走)　～站起来　～中 | 用于口语、书面语 |

从上表可知，这几个形容词有时可以与相同的词语搭配，区别主要在语义上。但在下面一些用法上是不同的。

1．"急忙""匆忙""慌忙"都可修饰"把"字句，表示动作者主动着急地实行某个动作，"仓促"一般是由于客观原因(时间或事出突然)不得不实行的动作，所以不能用于"把"字句。

2．"仓促"和"匆忙"可以受程度副词"很、非常、太"等修饰，可以作谓语和补语(详见上)"急忙"和"慌忙"则不能。

3．"急忙"常用于带兼语的"请、让、叫、要求、命令"等动词前；"慌忙"有时可以用于"请、叫、命令"之前，但使用的频率没有"急忙"高，语义上也有区别。如：

部长正在为这事发愁，急忙请大家坐下来商量。(因心里着急)

王平看后面的人追了上来，慌忙叫我赶快开车。(因紧张、害怕)

**练一练**

**一、HSK 仿真题：在下面的答案中选择唯一正确的填在横线上。**

1. 王平不得不承认这篇文章是______之作，存在着很多缺点。

A. 慌忙　　B. 匆忙　　C. 急忙　　D. 仓促

2. 大楼忽然停电，她很怕黑，______中没有站稳，摔下了楼梯。

A. 慌忙　　B. 匆忙　　C. 急忙　　D. 仓促

3. 看见爸爸推门进来，小明______把手里的小说书藏进书包。

A. 慌忙　　B. 匆忙　　C. 急忙　　D. 仓促

4. 接到一个电话后，小东神色__①__，一定是有什么__②__事。

① A. 慌忙　　B. 匆忙　　C. 急忙　　D. 慌张

② A. 重要　　B. 主要　　C. 要紧　　D. 关键

5. 他__①__应付老师的作业，写得很马虎，结果被老师__②__地批评了一顿。

① A. 仓促　　B. 慌忙　　C. 慌张　　D. 急忙

② A. 严格　　B. 严肃　　C. 严厉　　D. 严明

**二、HSK 仿真题：找出下面句子中错误的部分并改正。**

1. 因为时间比较紧张(A)，所以这次会议的准备有点儿慌忙(B)，如有不周之处(C)，请大家谅解(D)。

2. 上午接到通知(A)，让他上外地参加一个会议(B)，晚上就出发(C)，走得太急忙了(D)。

3. 一辆小车忽然从拐角处冲出来(A)，张阿姨吓得仓促把孩子拉了回来(B)，小车一个急刹车发出了刺耳的声音(C)，张阿姨搂着孩子狠狠地瞪了司机一眼(D)。

**三、用句后括号中的词语完成句子。**

1. 你看他____________，能写好作业吗？（匆匆忙忙）
2. 一听说家里出事了，李丽____________。（急忙）
3. 看见总理走进来，我____________握手。（慌忙）
4. 下周就举行演讲比赛，我觉得____________。（仓促）

## 参考答案

一、1. D　2. A　3. A　4. ①D ②C　5. ①A ②C

二、1. B　改为：所以这次会议的准备有点儿仓促

2. D　改为：走得太匆忙了

3. B　改为：张阿姨吓得急忙把孩子拉了回来

三、1. 你看他__匆匆忙忙的样子__，能写好作业吗？

2. 一听说家里出事了，李丽__急忙赶回了家__。

3. 看见总理走进来，我__慌忙站起来和他__握手。

4. 下周就举行演讲比赛，我觉得__稍微有点儿仓促__。

# 慌张、惊慌、恐慌

## 讲一讲

“慌张”，形容词，表示心里不沉着、动作忙乱，外表常显现出来。常作定语、谓语、状语和宾语，可以带补语。作定语时带“的”，作状语时常重叠。如：

隔壁传来徐太太慌张的声音：“你们家是不是着火了，我看到有烟。”

胡同里慌慌张张地跑出来三个小男孩。

“惊慌”，形容词，表示人由于受到惊吓而动作很慌乱。外表常显现出来。常作定语、谓语、状语和宾语，可以带补语。如：

爆炸事件发生后，记者赶到现场，只见惊慌的人群正匆匆疏散。

这少年的心肠就像是铁石做的，既不知道什么是惊慌，也不知道什么是恐惧。

“恐慌”，形容词，表示因十分担忧自己的生活或生命将受损害而慌张不安，重在表示内心的情绪而不重外表的状态。常作定语、谓语、状语和宾语，可以带补语。如：

她睁大了眼，恐慌地看着母亲：“妈妈，你不要我了吗？”

眼看轮船快要撞上前面的礁石，船上的人乱作一团，恐慌得不知所措。

“恐慌”多与会引起社会动荡不安的大的方面有关，是众多人的情绪，所以常受如“经济”“金融”“心理”“人心”等词语的修饰，常作“引起”的宾语。如：

这是二次世界大战引起的经济恐慌。

到处有人在说“非典”，引起了人心恐慌。

## 提示

“慌张”“惊慌”“恐慌”的区别

| 词语 | 语义特点 | 常用搭配 | 是否重叠 | 程度 |
|---|---|---|---|---|
| 慌张 | 心里不沉着、动作忙乱 | 显得～　不要～　毫不～　有些～<br>～地回答　～地跑　～地逃　～地走<br>～地叫　～地喊　神色～ | +<br>慌慌张张<br>慌里慌张 | 较轻 |
| 惊慌 | 受到惊吓而动作慌乱 | ～的人群　～失措　～不安 | － | 较重 |
| 恐慌 | 内心害怕、恐惧和慌乱 | 感到～　不要～　不必～　心理～<br>内心～　引起～ | － | 最重 |

1. “慌张”有两种重叠形式：“慌慌张张”（可作状语、定语）和“慌里慌张”（可作状语、谓语）；“惊慌”“恐慌”则没有重叠形式。如：

我心里怕极了，手脚直发抖，慌慌张张地跑进自己的房间。

别这么慌里慌张，态度要镇静。

2. “惊慌”可以形容“人群”，常与“失措”搭配；“慌张”“恐慌”很少或不这样用。

## 练一练

**一、用"慌张""惊慌""恐慌"填空。**

1. 刚询问了两句,这个人就显出了__________的神色。
2. 高个歹徒回头一看,屋里又多了一个对手,顿时__________失措,夺路而逃。
3. 城内的人非常__________,以为世界末日即将来临。
4. 妻子见他神色__________里__________,顿时紧张地站了起来,问:"出了什么事?"

**二、HSK 仿真题:在下面的答案中选择唯一正确的填在横线上。**

1. 昨晚发生了抢劫案件,给出租车司机造成严重的心理__①__,有些司机__②__不愿意继续在晚上出车了。

① A. 慌张　B. 惊慌　C. 恐慌　D. 慌忙

② A. 基本　B. 根本　C. 基本上　D. 根本上

2. 他做事总是__①__的,遇到__②__时刻,就慌得手忙脚乱的,一点儿也不稳重。

① A. 慌忙慌忙　B. 慌里慌张　C. 惊惊慌慌　D. 恐里恐慌

② A. 重要　B. 主要　C. 要紧　D. 关键

**三、HSK 仿真题:找出下面句子中错误的部分并改正。**

1. 据生还的船长说(A),客轮失事时气候条件恶劣,大雨滂沱(B),恐慌失措的乘客都向船一侧移动(C),致使客轮下沉(D)。

2. 如果可以的话(A),我希望今晚之前(B),你们装好所有的行李(C),这样我们就不用像以前那样惊惊慌慌的了(D)。

**四、用句后括号中的词语完成句子。**

1. 当长颈鹿发现远处的狮子时,它__________。(慌张)
2. 遇到危险时,首先__________。(惊慌　镇静)
3. 她一边压制住内心__________,一边__________。(恐慌　冷静)
4. 虽然对手的水平很高,但是王平__________,最后打败了他。(慌张)
5. 一接到公司的电话,他就__________,连手机都忘了拿。(慌里慌张)

## 参考答案

一、1. 慌张　2. 惊慌　3. 恐慌　4. 慌　慌张

二、1. ①C ②B　2. ①B ②D

三、1. C　改为:惊慌失措的乘客都向船的一侧移动

2. D　改为:这样我们就不用像以前那样慌慌张张的了

四、1. 当长颈鹿发现远处的狮子时，它<u>立刻慌张地跑开了</u>。

2. 遇到危险时，首先<u>不要惊慌，要保持镇静</u>。

3. 她一边压制住内心<u>的恐慌</u>，一边<u>试图冷静下来，思考如何去化解目前公司面临的危机</u>。

4. 虽然对手的水平很高，但是王平<u>毫不慌张</u>，最后打败了他。

5. 一接到公司的电话，他就<u>慌里慌张地跑出来了</u>，连手机都忘了拿。

# 第七课 疲劳、疲倦、疲乏、疲惫 重要、主要、要紧、关键

## 疲劳、疲倦、疲乏、疲惫

### 讲一讲

“疲劳”，形容词，因体力或脑力消耗过多而疲乏、劳累。如：

当时我已经很疲劳了，无心去理那个人。

将要和王晓燕相见的喜悦使她忘掉了几天来的疲劳。

“疲劳”还表示因运动过度或刺激过强，细胞、组织或器官的机能或反应能力减弱。如：

不协调的色彩，不伦不类的雕塑，会使人的注意力不集中，容易疲劳。

长时间地使用电脑，会引起眼睛疲劳。

“疲劳”可以比喻因外力过强或作用时间过久而使某些事物不能起正常反应。如：

毛绒服装连续穿着时间过长，容易产生弹性疲劳，不易恢复原状。

弹簧都是存在弹性疲劳的，绷的时间长了，弹性会减小。

“疲倦”，形容词，疲乏、困倦的意思，带有睡意。如：

他实在太疲倦了，一躺下便进入了梦乡。

一上午埋头于桌上的作业，到了下午会感觉有点疲倦。

“疲惫”，形容词，程度较重，指过度疲劳、疲乏，常用于书面语。如：

望着最后一位患者离去，王大夫脱下了白大褂，疲惫地躺到了沙发上。

她的热情接待，拂去了我几天来的疲惫。

“疲乏”，形容词，着重指体力缺乏，精神困乏，常指连续紧张工作，劳动过度，运动过分剧烈等情况。如：

当一天工作后感觉疲乏时，听一点轻松的音乐会舒服一点。

整日的奔波和过度的兴奋，使小丽感到非常疲乏。

## 提示

"疲劳""疲倦""疲乏""疲惫"的区别

| 词语 | 语义特点 | 常用搭配 | 作动词 | 用于无生命的东西 |
| --- | --- | --- | --- | --- |
| 疲劳 | 因人体力或脑力消耗过多而引起的自我感觉 | 解除~　消除~　减轻~　审美~　~过度 | + | - |
| | 因运动过度或刺激过强，人的细胞组织或器官的功能或反应能力减弱 | 眼睛~　神经~　大脑~ | - | + |
| | 比喻因外力过强或作用时间过久而使某些事物不能起正常反应 | 弹性~　金属~ | - | + |
| 疲倦 | 精神上感觉疲乏、困倦（别人也能看出来） | 满脸~　显得~　不知~　极度~ | - | - |
| 疲乏 | 疲劳，着重指体力缺乏，精神困乏（别人也能看出来） | 精神~ | - | - |
| 疲惫 | 过度疲劳、疲乏（别人也能看出来） | 身心~　拂去~　~不堪　极度~ | + | - |

1．"疲劳"可以用于有生命的东西，也可以用于无生命的东西；"疲乏""疲惫""疲倦"只能用于有生命的东西(详见上)。

2．"疲劳"一般是动作者自己感受到的；"疲倦""疲惫""疲乏"不仅自己可以感受到，别人也可以看出来。

3．"疲劳"可以表示因过度使用脑力和体力而产生的感觉，可以与"减轻""消除"或"解除"搭配使用；"疲倦""疲乏""疲惫"则不能。

4．"疲倦"时一般想睡觉；"疲劳""疲乏""疲惫"时想休息，但休息的方式可以是多种多样的。

5．"疲劳"有时候可以作动词用，使……疲劳的意思；"疲惫"也可以作动词，使……疲惫的意思；"疲倦"和"疲乏"没有这种用法。

## 练一练

**一、HSK 仿真题：在下面的答案中选择唯一正确的填在横线上。**

1．马克连续工作了 18 个小时__①__，感到十分__②__，想马上睡一觉。

① A. 前后　B. 上下　C. 左右　D. 大约

② A. 疲劳　B. 疲倦　C. 倦乏　D. 疲惫

2．家以奇特的魅力召唤人们去它那里松弛一下__①__，消除一天的__②__。

① A. 情绪　B. 感情　C. 情感　D. 思绪

② A. 疲倦　B. 疲乏　C. 疲惫　D. 疲劳

3．近几天的工作让她身心__①__，但同事的支持对她坚持下去有很大的__②__。

① A. 疲倦　B. 疲乏　C. 疲劳　D. 疲惫

② A. 用途　B. 用处　C. 作用　D. 功用

4. 在第一届“亚洲美女”评选活动__①__，选美活动越来越多，大家已经开始产生视觉__②__。

① A. 以后　　B. 之后　　C. 然后　　D. 后来

② A. 疲劳　　B. 疲倦　　C. 疲惫　　D. 劳累

5. 李医生从医院出来的__①__已经是第二天早上了，满脸的__②__，像是老了几岁。

① A. 时期　　B. 时间　　C. 时候　　D. 期间

② A. 疲劳　　B. 疲倦　　C. 疲乏　　D. 疲惫

二、HSK 仿真题：找出下面句子中错误的部分并改正。

1. 深夜 12 点的时候（A），办公室里还在开会（B），大家的眼角都堆满了疲劳（C），但没有一个人离开（D）。

2. 该饮品具有解除疲倦（A）、增强体力的功能（B），饮用安全（C），被中国长跑队指定为专用饮品（D）。

3. 一到深夜（A），在外打工的男人既惦念着家里的老婆和女儿（B），又挂念着住在另一处的老母亲（C），常常感到身心疲乏（D）。

三、用句后括号中的词语完成句子。

1. 一天比赛下来，他____________，嗓子都喊哑了。（疲惫）

2. ____________，可以听一点轻松的音乐。（疲乏）

3. 下了火车，他____________，直奔目的地。（疲劳）

4. 一次她深夜起来煮牛奶，____________，不知不觉睡着了，把衣服都烧了个洞。（疲倦）

## 参考答案

一、1. ①C ②B　2. ①A ②D　3. ①D ②C　4. ①B ②A　5. ①C ②B

二、1. C　改为：大家的眼角都堆满了疲惫

2. A　改为：该饮品具有解除疲劳

3. D　改为：常常感到身心疲惫

三、1. 一天比赛下来，他__已疲惫不堪__，嗓子都喊哑了。

2. __当你感到大脑疲乏时__，可以听一点轻松的音乐。

3. 下了火车，他__不顾旅途疲劳__，直奔目的地。

4. 一次她深夜起来煮牛奶，__由于太疲倦了__，不知不觉睡着了，把衣服都烧了个洞。

## 重要、主要、要紧、关键

### 讲一讲

“重要”，形容词，表示具有重大的意义、作用和影响的。如：

牛顿提出了相对论，他为20世纪的自然科学作出了重要贡献。

他是我们学校的重要人物，没有他，我们学校不可能会像今天这样成功。

“主要”，形容词，表示有关事件中重要的、起决定作用的。如：

这件事的主要责任在你，是你先动手打了他。

学习的主要目的不是为了获得文凭，而是为了学到更多的知识，为工作打好基础。

“要紧”，形容词，表示重要或者严重。如：

这段河堤要紧得很，一定要加强防护，这关系到老百姓的安全问题。

他只受了点儿轻伤，不要紧，你不用担心。

“关键”，本来是名词，本义是门闩，比喻事物的紧要部分，起决定作用的因素。如：

这次比赛输了，问题的关键在于我们对比赛的重视程度不够。

“关键”也可作形容词，表示最要紧的。如：

这次比赛输了，关键问题是我们对比赛的重视程度不够。

### 提示

“重要”“主要”“要紧”“关键”的区别

| 词语 | 语义特点 | 受“不”修饰 | 受“非”修饰 | 受“很”“非常”等修饰 | 带补语 | 常用搭配 |
|---|---|---|---|---|---|---|
| 重要 | 具有重大意义、作用和影响的 | + | − | + | + | ~会议　~讲话　~影响<br>~作用　~性 |
| 主要 | 强调起决定作用的、为主的 | − | + | − | − | ~（的）精力　~的作者 |
| 要紧 | 重要或者严重 | + | − | + | + | ~（的）事情　~（的）时刻<br>~得很　（最）~的是 |
| 关键 | 比喻事物的紧要部分，起决定作用的因素 | − | − | + | − | ~（的）问题　~（的）时刻<br>~性 |
| | 本是名词：门闩，比喻事物的紧要部分 | − | | | | 问题的~　事情的~<br>成功的~ |

1．“重要”和“主要”常可以修饰相同的名词，如“~问题、~人物、~目的、~原因”等。“重要”的反义词是“一般”，“主要”的反义词是“次要”。二者强调的方面不一样。“会议、讲话”常与“重要”搭配，“精力、作者”常与“主要”搭配。

2．“重要”“要紧”“关键”可以受“很”“非常”的修饰，可以作定语和谓语；“主要”不能作谓语，不能受“不”“很”“非常”的修饰，它只能受“非”修饰。

3．“要紧”除了可表示“重要”外，也可表示“严重”。这一意义是“重要”所没有的。

4．“重要”和“关键”都能构成“～性”。“重要性”一般单独出现，后面不加名词；而“关键性”后面常常与“问题”“作用”“因素”等名词搭配。“主要”和“要紧”不能与“性”结合。

## 练一练

**一、HSK 仿真题：在下面的答案中选择唯一正确的填在横线上。**

1．年轻女性是这家服装店的______消费者。

A．重要　　B．主要　　C．要紧　　D．关键

2．星期一的校会上，校长作了______讲话。

A．重要　　B．主要　　C．要紧　　D．关键

3．解决问题的______在于提高我们的环保意识。

A．重要　　B．主要　　C．要紧　　D．关键

4．这份报告______得很，一定要好好保存。

A．重要　　B．主要　　C．要紧　　D．关键

5．不要怕失败，失败一次不__①__，__②__是从哪里跌倒就要从哪里爬起来。

① A．重要　　B．紧张　　C．要紧　　D．主要

② A．关键　　B．主要　　C．重要　　D．要紧

**二、HSK 仿真题：找出下面句子中错误的部分并改正。**

1．两个相爱的人在一起，形式不主要，最要紧的是要开心，不要有任何目的或束缚。

A　B　C　D

2．在这次大会上，校长作了重要讲话，他指出培养学生的学习兴趣是提高成绩的关键性，所以家长要积极配合学校，以鼓励的方式激发孩子的学习兴趣。

A　B　C　D

3．在小李的心目中，最重要的不是工作，而是家庭的幸福，他的要紧精力都放在4岁的儿子身上，和儿子在一起能让他忘掉很多烦恼。

A　B　C　D

**三、用句后括号中的词语完成句子。**

1．他在大会上____________讲话。（重要）

2．你现在是学生，____________是学习，不要整天想着玩。（主要）

3．北京队在另一场____________以3∶0战胜广东队。（关键）

4．犯了错误____________，但要马上纠正它，避免下一次犯同样的错误。（要紧）

## 参考答案

一、1. B 2. A 3. D 4. C 5. ①C ②A

二、1. B 改为:形式不重要

2. B 改为:他指出培养学生的学习兴趣是提高成绩的关键

3. C 改为:他的主要精力都放在4岁的儿子身上

三、1. 他在大会上<u>发表了重要</u>讲话。

2. 你现在是学生,<u>主要任务</u>是学习,不要整天想着玩。

3. 北京队在另一场<u>关键性的比赛中</u>以3:0战胜广东队。

4. 犯了错误<u>不要紧</u>,但要马上纠正它,避免下一次犯同样的错误。

# 单元练习

**一、HSK 仿真题：在下面的 A、B、C、D 中选择最接近画线词语的解释。**

1. 你孩子怎么养成这种坏毛病的？

A. 习惯　　B. 风气　　C. 风俗　　D. 风尚

2. 这种场合，千万别乱说话！

A. 情况　　B. 场所　　C. 地方　　D. 场地

3. 机不可失，这次一定要成功。

A. 机遇　　B. 机会　　C. 机器　　D. 时机

4. 我昨天已经吃了药了，不过好像没什么用。

A. 用处　　B. 用途　　C. 作用　　D. 有用

5. 通过这件事，我突然有了一种从来没有过的幸福感。

A. 感觉　　B. 感受　　C. 感动　　D. 感到

6. 她的身体虚弱，病情不稳，建议你们换一家更大的医院治疗。

A. 稳妥　　B. 平稳　　C. 安稳　　D. 稳当

7. 她的成绩门门都是"优"。

A. 优美　　B. 优点　　C. 优秀　　D. 优良

8. 这家店价钱公道，我常常来。

A. 公正　　B. 公平　　C. 地道　　D. 合理

9. 对这件事，用这个办法比较稳，还是听听你的吧！

A. 稳定　　B. 安稳　　C. 稳妥　　D. 稳当

10. 我心里一直静不下来，老是想着她今天说的话。

A. 安静　　B. 平静　　C. 宁静　　D. 寂静

11. 看到对方生气了，她忙说对不起。

A. 连忙　　B. 仓促　　C. 繁忙　　D. 匆忙

12. 看到离家出走的孩子又回来了，他和妻子又悲又喜。

A. 悲伤　　B. 悲哀　　C. 悲痛　　D. 悲愤

**二、HSK 仿真题：找出下面句子中错误的部分并改正。**

1. 经常活动活动头、手、脚，这些看似普通的举动，对保持身体的灵活性，有很大的作用。

A（经常活动活动头、手、脚）　B（这些看似普通的举动）　C（对保持身体的灵活性）　D（有很大的作用）

2. 这种场合，我讲太多的话是不合适的，下次有时机，我再跟你们聊吧！

A（这种场合）　B（我讲太多的话是不合适的）　C（下次有时机）　D（我再跟你们聊吧）

3. 根据卫星云图，本地区明天将会有小到中雨，局部地区雨量较大，部分地点可能出现大到暴雨。
A　B　C　D

4. 他是一位平等的法官，一向办事公道，不知道这次怎么了，竟作出这样不公正的裁决。
A　B　C　D

5. 现在的情况很混乱，你先不要轻率下结论，也不要着急报警，等大家都平静下来再说。
A　B　C　D

6. 你说你这孩子，能不能宁静一会儿，怎么一点儿都不安稳，大人在讨论重要的事情呢！
A　B　C　D

7. 你爸你妈辛辛苦苦把你养大，他们多不容易啊，你这孩子怎么能说出这样的话，我们都替你感到悲伤。
A　B　C　D

8. 虽然是仓促上马，前后只花了3个月的时间，但是培育出了这种很优秀的小麦品种，是我们学院今年的优秀科技成果之一。
A　B　C　D

9. 几次比赛过后，他的成绩很不理想，于是不禁内心惊慌、紧张起来，心里的压力越来越大。
A　B　C　D

10. 听到对方是来上门要债的，他连忙提高嗓子说今天晚上没有空，不敢再谈下去，慌张慌张地挂上了电话。
A　B　C　D





**三、HSK 仿真题：在下面的答案中选择唯一正确的填在横线上。**

1. 中国大部分地区都有过年吃饺子的______。
A. 风俗　B. 习惯　C. 风气　D. 风尚
2. 你这个______难看死了，为什么老是眨眼睛？
A. 动作　B. 活动　C. 运动　D. 举动
3. 今天是小王的婚礼，这样的______，穿衣服不要太随便。
A. 地方　B. 场所　C. 场合　D. 地点
4. 2岁以内是孩子大脑发育的最好______。
A. 机会　B. 时机　C. 机遇　D. 部分
5. 我有一种______：她已经知道我们的来意了。
A. 想法　B. 看法　C. 感受　D. 感觉
6. 领导在任何时候都要注意发挥自己的带头______。

A. 作为　　B. 用处　　C. 用途　　D. 作用

7. 这个班级的学习______挺好的。

A. 风气　　B. 风尚　　C. 风俗　　D. 习惯

8. 举止______一点儿，也不看看这里是什么场合！

A. 安稳　　B. 平稳　　C. 稳定　　D. 稳稳

9. 学习先进文化的同时也不能忘记发扬______传统。

A. 优秀　　B. 优良　　C. 优美　　D. 美丽

10. 法律面前，人人______。

A. 公平　　B. 公正　　C. 公道　　D. 平等

11. 我们提倡______有序的竞争，而不是违法乱纪的竞争。

A. 公平　　B. 公正　　C. 公道　　D. 平等

12. ______自己的信心是成功的保证。

A. 坚决　　B. 坚持　　C. 支持　　D. 坚定

13. 看着______的夜空，回忆着尘封的往事。

A. 安静　　B. 宁静　　C. 平静　　D. 寂静

14. 他用______的语气告诉了我事情的真相。

A. 安静　　B. 宁静　　C. 寂静　　D. 平静

15. 本来那么老实的一个人，最终却走上了犯罪的道路，大家都觉得很______。

A. 悲伤　　B. 悲哀　　C. 悲痛　　D. 悲苦

16. 对于随地吐痰的不良__①__，必须以__②__的态度对待，对违反行为__③__的人应加以处罚。

① A. 动作　　B. 举动　　C. 行动　　D. 行为

② A. 严肃　　B. 严格　　C. 严寒　　D. 严峻

③ A. 规矩　　B. 规则　　C. 规定　　D. 规范

17. 很__①__能来参观著名的美国纽约百老汇大街，街上拥挤的人流、节奏__②__的爵士乐和闪烁着的各色霓虹灯，都让我兴奋不已。

① A. 高兴　　B. 兴奋　　C. 活泼　　D. 愉快

② A. 快乐　　B. 欢乐　　C. 快活　　D. 欢快

18. 遇到紧急的情况时，__①__是要沉住气，千万不要急急忙忙__②__行事。

① A. 关键　　B. 重大　　C. 重要　　D. 要紧

② A. 潦草　　B. 轻快　　C. 草率　　D. 轻率

19. 目前，我国政府将__①__精力放在发展经济、提高__②__人民的生活水平上。

① A. 重要　　B. 主要　　C. 要紧　　D. 关键

② A. 巨大　　B. 伟大　　C. 广大　　D. 广阔

20. 现在问题的__①__在于怎样为受了欺负的民工讨回__②__，让__③__人民感受到真正意义上的“法律面前，人人__④__”。

① A. 重要　　B. 要紧　　C. 主要　　D. 关键

② A. 公平　　B. 公正　　C. 公道　　D. 平等

③ A. 全部　　B. 全体　　C. 局部　　D. 整体

④ A. 公平　　B. 公正　　C. 公道　　D. 平等

四、用句后括号中的词语完成句子。

1. 大卫刚来中国，不懂这儿的语言，更________________。（风俗）

2. 这个城市里垃圾筒随处可见，人们都养成了________________。（习惯）

3. 每个人都有理想，但是如果________________，再好的理想也只是虚幻。（行动）

4. ________________在孩子心目中就是规范的体现。（行为）

5. 开玩笑没有错，但是________________，影响就不好了。（场合）

6. 由于这个小区________________，所以他们常常会到外面锻炼。（场所）

7. 4 月份我们游庐山________________：山下花朵已经凋谢，而山上桃花才刚刚盛开。（情景）

8. 我们需要________________来选择适合自己的事业。（情况）

9. 我们都希望两国________________不断取得新的进展。（友好）

10. ________________，我念一个通知。（安静）

11. ________________，但是找工作的时候男女还是有区别的。（平等）

12. 比赛总是有输赢的，你________________，要振作起来。（悲伤）

13. ________________，这件事不会对他有太大的影响。（宽广）

14. 我不喜欢小房子，________________，还是大房子看着敞亮。（宽敞）

15. 地上不平，________________，我们换个地方放吧。（平稳）

16. 我的爸爸是医生，晚上经常被电话叫走，很少能________________。（安稳）

17. 你接受一个只见过几次面的男人的求婚，________________？（轻率）

18. 看他贼眉鼠眼的样子，肯定不是个好人，________________。（轻易）

19. 干一样的工作，老板给他涨工资，不给我涨，________________。（公平）

20. 遇见坏人不要紧张，________________。（镇定）

21. 房子失火的时候，________________，先找灭火器。（恐慌）

22. 明天就是新年了，________________！（快乐）

## 参考答案

一、1. A　2. A　3. B　4. C　5. A　6. B　7. C　8. D　9. C　10. B　11. A　12. A

二、1. B　改为：这些看似普通的活动

2. C　改为：下次有机会

3. D　改为：部分地区可能出现大到暴雨

4. A　改为：他是一位公正的法官

5. B　改为：你先不要草率下结论

6. B　改为：能不能安静一会儿

7. D　改为：我们都替你感到悲哀

8. C　改为：但是培育出了这种优良的小麦品种

9. C　改为：于是不禁内心恐慌、紧张起来

10. D　改为：慌慌张张地挂上了电话

三、1. A　2. A　3. C　4. B　5. D　6. D　7. A　8. A　9. B　10. D　11. A　12. D　13. B　14. D　15. B　16. ①D ②A ③B　17. ①A ②D　18. ①A ②C　19. ①B ②C　20. ①D ②C ③B ④D

四、1. 大卫刚来中国，不懂这儿的语言，更<u>不知道这里的文化风俗</u>。

2. 这个城市里垃圾筒随处可见,人们都养成了 不随便丢弃垃圾的好习惯 。
3. 每个人都有理想,但是如果 不行动起来去追求 ,再好的理想也只是虚幻。
4. 老师和家长的行为 在孩子心目中就是规范的体现。
5. 开玩笑没有错,但是 不分场合地开玩笑 ,影响就不好了。
6. 由于这个小区 缺少体育锻炼场所 ,所以他们常常会到外面锻炼。
7. 4 月份我们游庐山 可以看到的情景是 :山下花朵已经凋谢,而山上桃花才刚刚盛开。
8. 我们需要 根据自己的情况 来选择适合自己的事业。
9. 我们都希望两国 友好合作关系 不断取得新的进展。
10. 请大家安静一下 ,我念一个通知。
11. 虽然说现在男女平等了 ,但是找工作的时候男女还是有区别的。
12. 比赛总是有输赢的,你 不要太悲伤了 ,要振作起来。
13. 他是个心胸宽广的人 ,这件事不会对他有太大的影响。
14. 我不喜欢小房子, 不够宽敞 ,还是大房子看着敞亮。
15. 地上不平, 桌子放不平稳 ,我们换个地方放吧。
16. 我的爸爸是医生,晚上经常被电话叫走,很少能 睡个安稳觉 。
17. 你接受一个只见过几次面的男人的求婚, 是不是太轻率了 ?
18. 看他贼眉鼠眼的样子,肯定不是个好人, 千万不要轻易相信他的话 。
19. 干一样的工作,老板给他涨工资,不给我涨, 真是不公平 。
20. 遇见坏人不要紧张, 要保持镇定 。
21. 房子失火的时候, 不要恐慌 ,先找灭火器。
22. 明天就是新年了, 祝新年快乐 !